PUBLIÉ SOUS LA DIRECTION
DE LA
SECTION HISTORIQUE DE L'ÉTAT-MAJOR DE L'ARMÉE

LA

CAMPAGNE DE 1793

À

L'ARMÉE DU NORD ET DES ARDENNES

TOME II
D'HONDTSCHOOTE A WATTIGNIES

PAR

V. DUPUIS

CHEF DE BATAILLON D'INFANTERIE BREVETÉ
A LA SECTION HISTORIQUE DE L'ÉTAT-MAJOR DE L'ARMÉE

PARIS
LIBRAIRIE MILITAIRE R. CHAPELOT ET Cie
IMPRIMEURS-ÉDITEURS
30, Rue et Passage Dauphine, 30

1909

LA

CAMPAGNE DE 1793

A

L'ARMÉE DU NORD ET DES ARDENNES

PUBLIÉ SOUS LA DIRECTION
DE LA
SECTION HISTORIQUE DE L'ÉTAT-MAJOR DE L'ARMÉE

LA
CAMPAGNE DE 1793

A

L'ARMÉE DU NORD ET DES ARDENNES

D'HONDTSCHOOTE A WATTIGNIES

PAR

V. DUPUIS

CHEF DE BATAILLON D'INFANTERIE BREVETÉ
A LA SECTION HISTORIQUE DE L'ÉTAT-MAJOR DE L'ARMÉE

PARIS
LIBRAIRIE MILITAIRE R. CHAPELOT ET Cⁱᵉ
IMPRIMEURS-ÉDITEURS
30, Rue et Passage Dauphine, 30
—
1909
Tous droits réservés.

INTRODUCTION

Un volume, publié en 1906 et intitulé : *La Campagne de 1793 à l'armée du Nord et des Ardennes* (1), contient l'exposé des opérations comprises entre la capitulation de Valenciennes et la bataille d'Hondtschoote inclusivement. La période qui fait l'objet de la présente étude commence au lendemain même de notre victoire du 8 septembre et se termine par le déblocus de Maubeuge, le 17 octobre 1793.

Au cours de ces deux phases successives, les éléments de la guerre ont été fort peu modifiés dans les deux camps. Au quartier général des Alliés, la conduite des opérations présente toujours les difficultés que l'on connaît, parce que les diplomates des différentes puissances coalisées, trop avides d'un butin encore problématique, ne laissent pas au généralissime toute sa liberté d'action. Mais, il faut bien l'avouer, les troupes ennemies conservent toujours sur les nôtres l'avantage qu'elles doivent à leur éducation professionnelle comme à l'instruction tactique de leurs chefs. La comparaison des effectifs en pré-

---

(1) Capitaine V. Dupuis, *La Campagne de 1793 à l'Armée du Nord et des Ardennes* (de Valenciennes à Hondtschoote), Paris, Chapelot, 1906. Ce volume sera désigné dans les références sous la rubrique : Tome Ier.

sence, dans les combats où les Républicains furent victorieux, donnera d'ailleurs la mesure de cette supériorité relative de nos adversaires. Du côté français, en effet, la « faiblesse en talents » du commandement, la valeur inégale des soldats qui appartiennent à des contingents très différents, l'énergie du gouvernement révolutionnaire et sa méfiance à l'égard des généraux, sont toujours aussi manifestes et, naturellement, ces mêmes causes produisent les mêmes effets. C'est pourquoi, à défaut de données nouvelles, on trouvera dans ces pages la confirmation des opinions que l'analyse de la première partie de la campagne avait permis d'émettre au sujet de la méthode de guerre de la France et de son état militaire pendant la Terreur.

Cette contribution à l'étude des guerres de la Révolution ne sera donc pas inutile. On espère du moins que, venant s'ajouter à d'autres travaux du même genre, elle permettra de dissiper le voile que le parti pris et la crédulité ont jeté sur cette époque, si féconde en enseignements, et de substituer à des légendes la vérité historique.

CAMPAGNE DE 1793

L'ARMÉE DU NORD ET DES ARDENNES

D'HONDTSCHOOTE A WATTIGNIES

CHAPITRE PREMIER

Les opérations militaires jusqu'à la destitution de Houchard (du 9 au 20 septembre). (Carte n° 1.)

Houchard se décide à opérer contre les Hollandais vers Menin. — Situation du contingent hollandais le 12 septembre. — L'affaire de Menin proprement dite (12 et 13 septembre). — Houchard se propose d'attaquer le camp de Cysoing. — La panique de la brigade Demars (dite du 67ᵉ), le 15 septembre. — Les Alliés remportent d'autres succès : a) capitulation du Quesnoy (11 septembre) ; b) l'attaque dirigée par Ihler sur le front Poix—Englefontaine, dans la matinée du 12, échoue complètement ; et le désastre d'Avesnes-le-Sec (12 septembre). — Une diversion dirigée le 12 sur Nouvion par Beaurgard et Parant ne donne aucun résultat. — Cette série d'événements fâcheux amène Houchard à concentrer ses forces à Gaverelle. — Les Alliés se décident à mettre le siège devant Maubeuge.

Houchard se dispose à attaquer les Hollandais vers Menin. — Au lendemain même de sa victoire d'Hondtschoote, Houchard, abandonnant toute idée de poursuite, ordonne les mouvements suivants :

1° Vandamme « prendra la défensive », dans la nuit du 9 au 10, depuis Hondtschoote jusqu'à Rousbrugghe avec ses 3,800 hommes qui seront portés le 10 à 5,000 hommes (1), à l'aide de trois bataillons prélevés sur le corps de bataille ; 2° Leclaire reviendra à Bergues avec 5,000 hommes environ (2) ; 3° la division Hédouville (3) se dirigera par Rousbrugghe et Poperinghe sur Reningelst où elle fera sa jonction avec la division Dumesny ; 4° le corps de bataille se mettra en marche le 10 au matin, passera à Cassel la nuit du 10 au 11 et se rendra le 11 au camp de Bailleul (4). De sorte que, si ces ordres avaient été exécutés pleinement, les troupes agissantes de l'armée du Nord auraient été ainsi réparties le 12 septembre :

A Dunkerque, non compris la garnison et le camp retranché (division Landrin)	7,000	hommes.
A Bergues (division Leclaire) (5)	5,000	—
A Hondtschoote (corps de Vandamme)	5,000	—
Vers Reningelst (l'avant-garde sous Hédouville).	6,500	—
A Bailleul et en avant { Division Dumesny	10,000	—
de Bailleul . . . . { Corps de bataille	10,000	—
Au camp de Gavrelle, sous Davaine	9,000	—
Au camp de la Madelaine, sous Béru, et dans les cantonnements de la Lys, sous Macdonald	18,000	—
A Maubeuge, sous Gudin	30,000	—
TOTAL	100,500	hommes.

(1) Registre XIII. A. H. G. — Ces trois bataillons sont le 9e de Paris, le 7e du Doubs, le 9e de Seine-Inférieure.

(2) Registre XIII.

(3) *Ibid.* Elle est composée comme à Hondtschoote, moins le 4e hussards envoyé à Colaud et le 17e de cavalerie envoyé à Vandamme.

(4) Berthelmy au Commissaire-ordonnateur. Reg. XIII.

(5) Leclaire (Théodore-François-Joseph) était né le 18 octobre 1752, à Dendermonde ou Termonde, dans le Brabant, sous le drapeau français (son père mourut capitaine de l'armée royale). Il passa les trente premières années de sa vie au régiment d'Anhalt, devenu plus tard Salm-Salm, puis le 62e, et y fut successivement « enfant du corps », sous-lieutenant (17 juillet 1764), lieutenant en premier (16 octobre 1768), lieutenant de grenadiers à la nouvelle formation (8 juin 1776), capi-

Mais le général en chef, qui a transporté son quartier général à Cassel le 10 (1), modifie le même jour les dispositions ci-dessus indiquées.

Le corps de bataille est maintenu à Hondtschoote, jusqu'à nouvel ordre.

4,500 hommes, appartenant au susdit corps, et 2,000 hommes (2) venus de l'armée du Rhin jusqu'à Cassel, sont dirigés sur le camp de la Madelaine où ils se tiendront à la disposition de Béru.

La division Leclaire, augmentée des excédents de Dunkerque et de Bergues (c'est-à-dire de ce qu'il y avait dans ces deux villes en plus de 7,000 hommes), doit se diriger sur Cassel le 11, sous le commandement de Deroques qui remplace Leclaire malade.

---

taine en second (4 juillet 1777), premier capitaine en second (1ᵉʳ septembre 1784). Il appartint ensuite au régiment de Bouillon, qui devint le 98ᵉ, et y fut major (5 novembre 1786), lieutenant-colonel (1ᵉʳ janvier 1791) et colonel (12 juillet 1792). L'année 1793 le vit général de brigade (8 avril) et général de division (22 septembre). Mais il était malade, souffrait des nerfs, ne pouvait plus résister aux fatigues du cheval et, d'autre part, Celliez l'accusait d'avoir tenu des propos inciviques au camp de Paillencourt et d'avoir dit que tous les Républicains étaient des coquins, le qualifiait d'aristocrate et d'ami de l'ancien régime, de Lamarche, d'Ihler et de « toute la clique ». Leclaire resta sans emploi jusqu'en 1797. Inspecteur général de l'infanterie à l'armée de Sambre-et-Meuse (25 décembre 1798), commandant d'armes à Lille (13 octobre 1800), commandant de la place de Strasbourg (3 décembre 1804), il mourut dans cette dernière ville le 13 janvier 1811. C'était, disait Houchard, un officier d'un vrai mérite (Gᵗ. Chuquet, *Hondtschoote*, p. 192).

(1) Registre XIII.

(2) Ces 4,500 hommes, prélevés sur le corps de bataille, appartenaient aux unités suivantes : 1° la 36ᵉ brigade d'infanterie, commandée par Ferrand, qui a remplacé Mengaud, blessé à Hondtschoote; 2° le 1ᵉʳ bataillon de Paris, le bataillon de la Butte des Moulins, le 1ᵉʳ du 83ᵉ (?), le 6ᵉ de cavalerie et la 25ᵉ compagnie d'artillerie légère. Dans les 2,000 hommes venus de l'armée du Rhin se trouve vraisemblablement le 6ᵉ bataillon du Haut-Rhin.

Houchard indique en ces termes au ministre de la guerre le but de tous ces mouvements (1) :

« Maintenant vous désireriez savoir ce que je vais faire. J'ai beaucoup pensé à cela. Je ne pense pas qu'il faille me porter sur Furnes, c'est un pays abominable où une pluie d'un jour enterrerait l'artillerie; en outre, les ennemis y sont trop en force pour espérer de les y forcer ; ils sont en aussi grand nombre que moi et ont pour eux tout l'avantage du pays. Il vaut mieux se mettre ici sur la défensive et me porter le long de la Lys pour battre les Hollandais et couper toute relation entre les Anglais et Cobourg. Les Hollandais battus à Menin, je contiendrai les Anglais par un corps de 20,000 hommes le long de la Lys et je me trouverai avec une armée de 30,000 hommes pour aller faire lever le siège du Quesnoy..... »

L'objectif principal du général en chef est donc maintenant le camp hollandais de Menin et les ordres donnés le 11 par Berthelmy préparent la mise en œuvre de ce nouveau plan.

Ainsi Vandamme est invité à brûler les villages de Rousbrugghe et Poperinghe, le château de Waetone et le bois de Saint-Six afin d'empêcher que les Anglais ne reprennent l'offensive sur le front compris entre Cassel et la mer (2); en outre la brigade Demars (3) et le 17e de cavalerie se mettent en route le 11, pour venir par Rousbrugghe et Poperinghe, se joindre à la division Hédouville en avant de Bailleul (4); d'autre part, on ramène vers Cassel une partie des forces maintenues

---

(1) Houchard à Bouchotte, 10 septembre. A. H. G. Cf. Charavay, t. III, p. 122.

(2) Registre XIII.

(3) A. H. G., reg. XIII. On sait que cette brigade est dite du 67e.

(4) Le 4e hussards doit également rejoindre le 13 au matin la division Hédouville, qui sera augmentée au total de 4,000 hommes (Berthelmy au Commissaire-ordonnateur, reg. XIII).

jusqu'alors dans la région Dunkerque, Hondtschoote, savoir :

1° La division Deroques (6,200 hommes) (1), anciennement Leclaire, est envoyée le 12 de Bergues à Cassel, où elle devra camper jusqu'à nouvel ordre ;

2° Le parc d'artillerie va de Cassel à Bailleul (2);

3° Le 16ᵉ bataillon de la Somme, le 17ᵉ des Fédérés, le 4ᵉ du Nord et le 5ᵉ de la Somme, se rendent le 13 de Bergues à Cassel (3);

4° Le quartier général est installé le 12 à Bailleul (4).

Le dispositif, qui avait été primitivement adopté pour le 12 septembre, a donc subi des modifications importantes qui ont eu pour conséquence :

1° De confier la garde de la région Dunkerque—Rousbrugghe à 18,000 hommes (5);

2° De concentrer 26,000 hommes entre Bailleul et Cassel (6);

3° De porter, de 18,000 à 24,000 hommes, l'effectif des troupes réunies sous Lille. A cet effet, on a disloqué

---

(1) Registre XIII.

(2) *Ibid.* — La 34ᵉ division de gendarmerie, d'après un ordre du 12, partira le 13, à 3 heures du matin, pour se rendre à Bailleul.

(3) *Ibid.*

(4) La division Landrin (6,000 hommes) est maintenue à Dunkerque; un ordre, daté du 11, avait tout d'abord prescrit qu'elle irait à Cassel, mais cet ordre fut annulé. Cette division se trouve ainsi placée sous les ordres de Souham, qui a pris le commandement de Dunkerque; il dispose des 6,000 hommes de Landrin et des troupes du camp retranché qui comprennent 7,800 hommes.

(5) Savoir : 7,300 hommes de la garnison de Dunkerque, 6,000 hommes de la division Landrin et 5,000 hommes qui sont à Hondtschoote, sous Vandamme.

(6) Savoir : 6,200 hommes de la division Deroques, 10,000 hommes de la division Dumesny et 10,000 hommes de la division Hédouville.

le corps de bataille de Jourdan, mais à Gaverelle et Maubeuge les choses sont restées en l'état.

Les 50,000 hommes ainsi groupés entre Cassel et Lille sont donc bien placés, dès le 12 septembre, pour attaquer le contingent hollandais campé aux abords de Menin, dans une situation tactique qu'il convient de préciser immédiatement.

Situation du contingent hollandais le 12 septembre. — On a vu que, à la date du 23 août, la partie principale du contingent hollandais, forte de 7,000 hommes environ (huit escadrons et quatorze bataillons), appuie sa gauche à Menin ; son front est couvert par la Lys ; ses avant-postes tiennent Wervick, Comines et Menin et se relient aux postes de la garnison d'Ypres, commandée par le colonel Salis (1). L'autre partie, forte de six bataillons et six escadrons (environ 3,000 hommes), a été détachée à Willem sous le commandement de Frédéric d'Orange ; ses postes occupent la ligne Gruson—Bouvines, et se relient à gauche à ceux du corps de Beaulieu composé de 5,000 Impériaux (2).

Le prince héréditaire d'Orange, désireux de rappeler à lui le détachement de son frère Frédéric, a décidé Cobourg, le 1er septembre, à porter de 5,000 à 8,000 hommes (huit bataillons et douze escadrons) l'effectif des troupes aux ordres de Beaulieu (3). Celui-ci, tout en maintenant le gros de ses forces au camp de Cysoing, a fait occuper Lannoy et Watrelos. Ce mouvement a permis au prince Frédéric d'Orange de passer sur la rive gauche de la Lys et d'établir son détachement près de Gheluvelt,

----

(1) Tome Ier, p. 262.
(2) *Ibid.*, p. 383.
(3) Lettres nos 1 et 32. K. K. Arch., de Menin, 1er et 2 septembre 1793.

d'où il se relie à la garnison d'Ypres forte de deux bataillons (1).

On devine que la bataille d'Hondtschoote et surtout la diversion dirigée sur Ypres par la division Dumesny les 8 et 9 septembre (2) n'ont pas laissé indifférent le commandement hollandais, ni même Cobourg.

Pensant que les Français sont déjà maîtres de Dixmude et de Furnes, Frédéric d'Orange s'est replié de Gheluvelt sur Menin et le prince héréditaire écrit à Cobourg en ces termes :

« Je reçois aussi la nouvelle que les Français attaquent Ypres et Votre Altesse verra par la lettre du colonel Salis (3), dont j'ai l'honneur de lui envoyer ci-jointe la copie, que les choses ne s'y trouvent point sur un pied pour en attendre une longue défense. D'après les nouvelles que j'ai reçues, les Hanovriens ont été totalement battus et leur infanterie tout à fait ruinée, de sorte qu'il n'y a qu'un renfort bien considérable et qui même doit arriver très vite pour pouvoir prévenir une invasion dans la Flandre. Comme mon aile droite se trouve à présent exposée aux forces de l'ennemi, j'ai déjà envoyé le bagage derrière Courtrai et je dois prévenir Votre Altesse que, selon toute apparence, les circonstances actuelles m'obligeront de quitter une position que j'avais eu le bonheur de conserver, durant la campagne, contre les différentes attaques de l'ennemi (4). »

A cela, Cobourg répond (5) que ces alarmes sont pro-

---

(1) Tome 1er, p. 263.

(2) *Ibid.*, p. 454.

(3) Le colonel Salis avait écrit au prince d'Orange que la place d'Ypres contenait des vivres et des munitions pour six jours, et que c'était là le terme de la durée de la résistance de cette place (K. K. Arch., n° 177).

(4) K. K. Arch., n° 177, Menin, 9 septembre.

(5) K. K. Arch. n° 183, Bermerain, 10 septembre.

bablement exagérées et que, la reddition du Quesnoy étant imminente, on ne peut pas affaiblir l'armée principale des Impériaux : en conséquence, il appartient au prince d'Orange de soutenir la garnison d'Ypres.

En même temps, Cobourg déclare à Ferraris que « la fausse manœuvre des Anglais sur Dunkerque fera peut-être manquer toute la campagne », que « les Hollandais auraient dû soutenir Ypres » et enfin que « le cas est bien embarrassant » (1).

Cependant une lettre de Salis parvenue le 10 au prince d'Orange est plus rassurante. Ce message annonce que l'ennemi, abandonnant ses entreprises, retourne à Bailleul et aux environs de Cassel, qu'un bataillon de Wenzel Colloredo envoyé par Alvinzy a renforcé la garnison d'Ypres et que l'armée du duc d'York arrivera vers cette ville le 11 ou le 12 (2).

Orange, reprenant alors confiance, espère « rétablir les affaires (3) » avec le concours de Beaulieu. Mais ce dernier déclare qu'il n'a pas de troupes en nombre suffisant pour s'étendre sur sa droite et qu'il peut tout au plus soutenir, par un renfort, les postes déjà détachés entre Sailly, Willem et Templeuve (4).

Il y avait dans cette réponse de Beaulieu de quoi réveiller les alarmes du Prince héréditaire; heureusement celui-ci était informé par Alvinzy (5), dans la soirée du 10 septembre, que l'armée du duc d'York se dispo-

---

(1) K. K. Arch., n° 189.

(2) *Ibid.*, n° 198. — La nouvelle était exacte puisque la division Dumesny se replia sur Bailleul dans la soirée du 9 septembre. T. Ier, p. 464.

(3) *Ibid.*, n° 197, Orange à Cobourg, Menin, 10 septembre.

(4) *Ibid.*, n° 203, Beaulieu au prince d'Orange, Cysoing, 4 heures du matin.

(5) Alvinzy à Cobourg, Furnes, 10 septembre, 3 heures de l'après-midi. K. K. Arch., n° 205.

sait à marcher au secours d'Ypres tout en laissant à Furnes, sous Abercromby, sept bataillons et douze escadrons. Enfin le 11, Cobourg dissipait toutes les inquiétudes de son lieutenant en lui faisant part (1) de la capitulation du Quesnoy et de l'ordre qu'il venait d'envoyer à Beaulieu, d'avoir à se diriger aussitôt avec six bataillons et six escadrons (environ 7,000 hommes), plus quatre pièces de 12, par Lannoy sur Menin, pour se réunir au contingent hollandais et délivrer Ypres (2). Complètement tranquillisé par ces dernières nouvelles, le prince d'Orange se décidait à ne pas quitter sa position de Menin qu'il occupait comme il suit à la date du 12 septembre :

Le prince de Hesse tient Comines et Wervick. Wartensleben, avec quatre bataillons, défend Roncq et la hauteur d'Halluin où l'on a construit des redoutes. Les brigades Guensau et Reizenstein sont à Tourcoing et Roubaix. Quant à Beaulieu, il entamait ce même jour sa marche de Cysoing sur Menin.

Telle était la disposition des troupes du prince d'Orange le 12 septembre, lorsque celles-ci subirent l'attaque des Républicains.

L'affaire de Menin proprement dite (12 et 13 septembre). — Les généraux Hédouville, Dumesny et Béru ont arrêté, dans un conseil tenu le 11 à Bailleul, les mesures à prendre pour attaquer le camp de Menin, tout en répandant le bruit que l'armée française devait se diriger sur Ypres. Le 12, les Républicains commencent leur mouvement offensif.

---

(1) Cobourg à Orange, Bermerain, 11 septembre. K. K. Arch., n° 210.

(2) *Ibid.*, n° 218. — Cet ordre a été envoyé, de Bermerain, par Cobourg à Beaulieu, dans la soirée du 11 septembre.

Hédouville et Dumesny s'avancent sur Menin en deux colonnes qui atteignent respectivement Messines et Comines dont elles chassent les Hollandais; mais nos troupes sont arrêtées en face de Wervick.

Béru part du camp de la Madelaine avec 10,000 à 11,000 hommes répartis en trois colonnes; celle de droite, sous Dupont, entre dans Tourcoing; celle du centre, sous Béru, s'empare de Roncq tandis que celle de gauche, sous Macdonald, vient occuper les hauteurs qui dominent Wervick au Sud (1).

Dans la matinée du 13, les Français continuent leur manœuvre. Hédouville et Dumesny reprennent l'attaque de Wervick à 7 heures du matin. Béru marche de Roncq sur Menin, flanqué à gauche par la brigade de Macdonald qui passe par Bousbeck et à droite par Dupont (2) qui se dirige sur Mouscron.

Le prince Frédéric qui commande à Wervick, en remplacement du prince de Hesse blessé la veille, résiste pendant quatre heures aux attaques de Dumesny et de Hédouville; finalement nos troupes entrent dans Wervick au pas de charge en criant : « Vive la République! »

A la suite d'un retour offensif, exécuté par trois escadrons impériaux sous Kreuz et deux bataillons d'infan-

---

(1) Béru à Bouchotte, 13 septembre, A. H. G.

(2) Pierre Dupont, né à Chabanais (Charente) le 4 juillet 1765, officier d'artillerie au service de Hollande de 1787 à 1790, sous-lieutenant au 12e d'infanterie le 21 juillet 1791, capitaine au 24e le 12 janvier 1792, lieutenant-colonel le 18 septembre 1792, adjudant général chef de brigade provisoire le 26 août 1793, confirmé le 31 octobre 1793, général de division le 2 mai 1797, comte de l'Empire en juin 1808, arrêté après la capitulation de Baylen le 22 septembre 1808, destitué le 1er mars 1812, ministre de la guerre du 13 mai au 3 décembre 1814, destitué par Napoléon le 3 avril 1815, ministre d'État le 19 septembre 1815, retraité le 13 avril 1832, mort à Paris le 7 mars 1840 (Cf. Charavay, t. III, p. 625).

terie sous le prince de Nassau-Weilburg (1), les Alliés
réussissent un instant à rentrer dans le village ; cependant, le prince de Nassau-Weilburg est blessé, Frédéric
d'Orange est jeté à bas de cheval et, finalement, Wervick reste aux mains des Français. Le Prince héréditaire
a envoyé, il est vrai, quatre bataillons et quatre escadrons, sa dernière réserve, au secours de son frère ; mais
ce renfort, destiné à opérer dans le flanc gauche des
Républicains, s'est égaré et son erreur l'a fait tomber
dans la division Hédouville vers Gheluvelt ; deux bataillons hollandais peuvent cependant gagner Ypres par
Gheluvelt tandis que les deux autres, dispersés, laissent
une grande quantité de prisonniers entre les mains des
Français.

D'autre part, l'artillerie de Béru a ouvert le feu à
7 h. 30 sur les retranchements d'Halluin qui sont enlevés
vers 10 heures par nos fantassins. « Toutes les troupes
sont mises en mouvement au pas de charge, dans le
même temps, écrit Béru (2), l'ennemi a disparu de ses
redoutes, s'est précipité dans Menin et s'est enfui sur
Ypres, Bruges et Courtrai. Sa déroute a été telle qu'il a
abandonné une quarantaine de pièces de canon de tout
calibre et des effets de tout genre en proportion ; ce sont
les premiers aperçus (3). Étant faible en troupes à
cheval, je n'ai pu continuer la poursuite assez rapidement ; avec quelques escadrons de plus j'aurais pris la
moitié de l'armée hollandaise. Le général d'Hédouville

---

(1) Chuquet, t. XI, p. 265.
(2) Béru à Bouchotte, 13 septembre. A. H. G.
(3) Le représentant Châsles, qui se trouvait en tête de la division
Dumesny, fut blessé d'un éclat d'obus à la jambe devant Wervick. Le
représentant Levasseur accompagnait la division Hédouville ; il cite la
belle conduite du 2e bataillon de Paris et du 4e des Bataves (Levasseur
au Comité de Salut public, Menin, 13 septembre. A. H. G.). Béru
vante le courage des troupes venues de l'armée du Rhin.

est arrivé deux heures après à Menin avec ses troupes
qui ont pris Wervick; un bataillon de grenadiers, qui
venait de Bousbeck se réfugier à Menin, a été fait en
entier prisonnier (1) sur le glacis de la place. Je compte
avoir fait de 1,000 à 1,200 prisonniers de guerre dont
un général et plusieurs officiers supérieurs. Notre perte
est de 300 à 400 hommes tant tués que blessés à l'affaire
de Menin; celle des ennemis est beaucoup plus considérable..... »

Malheureusement, une fois de plus, nos soldats se
livraient au pillage. D'après Béru, les horreurs qui
furent alors commises à Menin déshonoraient le nom
français, et Levasseur suppliait la Convention de prendre
des mesures répressives (2).

Pendant que le combat se déroulait autour d'Halluin,
le prince d'Orange avait envoyé le prince Waldeck prier
Beaulieu d'intervenir dans la lutte. Or Beaulieu, arrivé
le 12 au soir à Lauwe (4 kilomètres à l'Est de Menin), à
la tête de 6,000 hommes environ, avait été invité par
York à franchir la Lys, le lendemain 13 vers 8 heures,
après la soupe du matin, pour se diriger sur Wevelghem.
C'est en ce point que, d'après Witzleben, Waldeck
aurait trouvé Beaulieu à la tête de son détachement
rangé en bataille. Après avoir tout d'abord déclaré qu'il
ne voulait pas laisser les Hollandais entraîner les Autrichiens dans leur déroute, Beaulieu aurait, en fin de
compte, consenti à faire rompre ses troupes par la droite
pour venir occuper, vers Dadizeele, une position qui
menaçait le flanc gauche des Français (3).

---

(1) Un extrait de « Notes de plusieurs actions héroïques » du
23e régiment de cavalerie, adressé au Ministre de la guerre, contient
un exposé détaillé des circonstances qui ont accompagné la reddition
de ces grenadiers hollandais.

(2) Levasseur au Comité de Salut public, 13 septembre. A. H. G.

(3) Witzleben, t. II, p. 301 et 302.

Le prince héréditaire, abandonné par Beaulieu et par ses propres troupes qui fuyaient en désordre, se retira vers Courtrai, avec un bataillon, deux compagnies et deux escadrons qui avaient été chargés d'escorter le convoi ; il se rendit ainsi à Haerlebeke, puis à Rousselaere et enfin à Deynse, où il s'occupa, le 14 et le 15, à rassembler les débris de son armée (1).

Quant à Beaulieu, il se repliait, dans la soirée du 13, à Lendelede. Les pertes des Hollandais s'élevaient à 40 canons, 88 officiers et 3,000 hommes (2).

« Quoique je ne puisse pénétrer la cause d'une semblable déroute et d'un semblable malheur, écrivait Cobourg au prince d'Orange, je ne prends pas moins de part à la situation fâcheuse où se trouve Votre Altesse Sérénissime. Je m'en vais incessamment renforcer le général Beaulieu avec une partie très considérable de mon armée pour soutenir Courtrai et chasser l'ennemi de Menin (3). » En même temps, Cobourg (4) donnait l'ordre à Beaulieu de ne pas se laisser couper de Courtrai et de se replier au besoin sur Tournay.

Houchard se dispose à attaquer le camp de Cysoing. — Les Hollandais étant ainsi mis hors de cause, Houchard songe à poursuivre sa marche vers Cysoing. Il ignore d'ailleurs à ce moment que Beaulieu a dirigé le gros de ses forces sur Menin, et considère qu'il y a grand intérêt à couper de la sorte les communications entre Cobourg et York. Berthelmy estime même que cette offensive sur Cysoing pourrait dégager le Quesnoy dont on ne

---

(1) Witzleben, t. II, p. 302.

(2) *Ibid.*, p. 303.

(3) K. K. Arch., n° 276, Cobourg à Orange, Bermerain, 14 septembre.

(4) K. K. Arch., n° 281, Cobourg à Alvinzy, Bermerain, 14 septembre.

connaît pas encore la capitulation au quartier général.
« Je pense que le siège du Quesnoy ne doit pas tarder à
être levé, écrit Berthelmy, notre approche de Cysoing
pourrait bien engager Cobourg à regarder derrière
lui (1). »

Au surplus, Houchard expose nettement ses nouvelles
intentions à Bouchotte (2) :

« J'ai été forcé, écrit-il au Ministre, de laisser devant
Dunkerque 12,000 hommes (3) et 6,000 à Hondtschoote
dans la crainte que les Anglais ne revinssent. Je laisserai aussi le long de la Lys, pour empêcher qu'ils ne
viennent me prendre à revers, un corps de 20,000
hommes. Il ne me restera de mon corps d'armée que
15,000 hommes environ avec lesquels je compte marcher du côté de Tournay pour prendre Cobourg à
revers. Ce corps s'augmentera à mesure que j'avancerai sur ma droite, de sorte que j'espère le porter à
30,000 hommes. Demain je verrai plus clair dans mes
affaires. »

Sans attendre que des renseignements complémentaires aient dissipé l'obscurité de cette situation, l'état-
major lance les ordres de mouvement en vue du déplacement de l'armée vers le Sud-Est et de la mise en
œuvre du nouveau plan du général en chef.

---

(1) Berthelmy à Bouchotte, 13 septembre. A. H. G.

Il est étonnant que le quartier général installé à Bailleul n'ait
pas été avisé avant le 14 de la capitulation du Quesnoy. Le commandant temporaire de Lille, Dufresne, écrivait, en effet, le 13 septembre
à Bouchotte : « Le camp de Cysoing paraît levé ; le général Beaulieu
paraissait vouloir se porter sur Ypres, mais la colonne du général
d'Hédouville, qui s'est déjà emparée de Comines, sera en mesure de
couper cette jonction. »

(2) Houchard à Bouchotte, Lille, 13 septembre. A. H. G.

(3) Dans ce nombre, il faut compter 6,000 hommes de la division
Landrin et 7,000 hommes de la garnison de Dunkerque.

Le 14, la division Deroques et le parc d'artillerie se rendent au camp de la Madelaine dans ce dispositif :

Avant-garde .
{
8e de cavalerie ;
15e et 23e compagnies d'artillerie légère ;
Bataillons d'infanterie légère.
}

Gros........
{
Division Deroques ;
Parc d'artillerie ;
12e chasseurs à cheval.
}

Le 15 au matin, les divisions Hédouville et Dumesny se dirigent également sur le camp de la Madelaine (1). Toutefois la brigade Demars (3,000 hommes environ) doit être laissée en arrière avec « mission d'inquiéter l'ennemi du côté de Courtrai (2) ». Nous aurons, un peu plus loin, l'occasion de nous occuper tout particulièrement de cette brigade. De son côté Béru, auquel incombe le soin de garder la Lys, prend, à cet effet, les dispositions suivantes :

Dès le 14, 3,000 hommes ont pris position à Pont-à-Marque.

Sur les 20,000 hommes qui restent disponibles, 7,000 hommes sont répartis le long de la Lys, de Menin à Armentières ; 5,000 hommes, formant la réserve, occupent les hauteurs de Wervick ; le reste (8,000 hommes) est maintenu à Lille.

L'extrême gauche de la ligne française est, elle aussi, réorganisée. Leclaire, dont la santé se trouve à peu près rétablie, prend le commandement supérieur des troupes placées entre Steenworde et Dunkerque ; il installe son quartier général à Cassel et reçoit les renforts suivants (3) :

---

(1) Ordre donné le 13 septembre. Reg. n° XIII.
(2) *Ibid.*, 14 septembre.
(3) *Mémoires du général Leclaire*, p. 96. Chapelot, 1904.

1° Du général d'Hédouville, trois bataillons (1);

2° Du général Béru, deux bataillons qui se rendent à Bailleul (2).

Enfin la droite de l'armée, qui occupe le camp de Gaverelle, doit également être déplacée car un ordre, donné dans la matinée du 14, prescrit au général Davaine de venir au camp de Sin, le 15, avec les bataillons disponibles, le 4e hussards, deux pièces de 8 et deux obusiers (3). Il est vrai que, dans l'après-midi du 14, ce mouvement était contremandé et le corps de Davaine était maintenu, jusqu'à nouvel ordre, au camp de Gaverelle (4).

On retrouve aisément, dans cette série de prescriptions, la trace du trouble profond qui s'est alors emparé du général en chef, trouble dont Houchard a fait l'aveu le 13, en déclarant lui-même que le 14 il verrait « *plus clair dans ses affaires.....* » En effet, la dispersion des forces, qui résulte des ordres donnés le 14 par l'état-major, semble indiquer que le commandement redoute une attaque dans toutes les directions. L'aile gauche est renforcée ; on se met en état de défense sur la Lys ; on détache 3,000 hommes à Pont-à-Marque face à Cysoing ; le camp de Gaverelle n'est pas évacué ; enfin, la masse agissante, réunie le 15 au camp de la Madelaine, est réduite à 20,000 hommes (5). Il est vrai que si la marche sur Cysoing et Tournay avait été poursuivie, conformément aux intentions exprimées le 13 par Houchard,

---

(1) Savoir : le 9ª de la réserve, le 2º du 56e et le 2º de l'Orne. Reg. nº XIII.

(2) Savoir : le 1er bataillon de Paris, le bataillon de la Butte des Moulins.

(3) Registre nº XIII.

(4) *Ibid.*

(5) Savoir : 6,000 hommes de Deroques, 9,000 hommes de Dumesny, 4,000 hommes d'Hédouville.

celui-ci aurait pu renforcer ces 20,000 hommes à l'aide des 9,000 hommes du camp de Gaverelle. Cette concentration aurait alors mis les Républicains à même d'attaquer Beaulieu avec 30,000 hommes. Mais une série d'événements malheureux devait bientôt contraindre le commandant en chef de l'armée du Nord à modifier une fois encore son plan d'opérations.

La panique de la brigade Demars (1), *le 15 septembre.* — D'après les ordres du général en chef, la brigade Demars est chargée d'inquiéter l'ennemi du côté de Courtrai, pendant que Dumesny et Hédouville se dirigeront sur le camp de la Madelaine.

Le 14, cette brigade occupe Wevelghem ; le lendemain 15, entre 7 heures et 8 heures du matin, elle attaque les postes ennemis. Or, Beaulieu, qui a reçu l'ordre de ne pas se laisser couper de Courtrai, a occupé cette dernière ville le 14. Ses avant-postes tiennent Bisseghem et Moorseele (2). Les Français, en marche sur la route de

---

(1) Odo-Nicolas Loeillot Demars, né à Paris le 1er octobre 1751, sous-lieutenant au régiment de Nassau-Sarrebrück le 28 février 1768, lieutenant en novembre 1772, sert en Corse de 1773 à 1775, capitaine d'infanterie au Département de la guerre en 1778, aide-major du corps des volontaires étrangers de la marine le 1er septembre 1778 ; parti pour l'île de France le 27 février 1779, aide-major général des troupes de l'île de France le 1er janvier 1780, major du régiment de Pondichéry le 3 mars 1781 ; rentré en France en février 1784, chevalier de Saint-Louis le 9 mai 1788, garde national à Obernai en 1790, lieutenant-colonel du 2e bataillon des volontaires du Haut-Rhin le 5 octobre 1791, maréchal de camp à l'armée du Rhin le 27 septembre 1792 ; remercié le 15 mai 1793, mais sert jusqu'au 18 septembre suivant ; arrêté et conduit à l'Abbaye le 2 octobre 1793, mis en liberté le 9 fructidor, an II (26 août 1794) ; remis en activité à l'armée des Côtes de Cherbourg le 25 prairial an III (13 juin 1795), chef de la 5e demi-brigade des vétérans le 21 août 1807; mort le 11 août 1808 (Cf. A. Chuquet, *Hondtschoote*, p. 307).

(2) K. K. Arch., n° 281.

Menin à Courtrai, sont étonnés de la résistance qu'ils rencontrent à Bisseghem ; ils ouvrent un feu violent d'artillerie pour obliger l'ennemi à passer sur la rive gauche du Niederbeke. Mais tout à coup le capitaine Mulcamp, du régiment de Beaulieu, débouche sur le flanc gauche des Républicains avec un détachement mixte et fait entrer en action son artillerie (1).

Balland, qui s'avance sur Moorseele avec la demi-brigade du 49ᵉ, recule et Demars se replie sur Wevelghem. Heureusement Hédouville arrive sur le champ de bataille et arrête la retraite ; après quoi, nos affaires paraissant rétablies, il rejoint le gros de ses troupes. Mais Beaulieu poursuit son succès, lentement toutefois parce qu'il ne sait pas si son aile droite est, elle aussi, en bonne posture. Apprenant, vers 1 heure de l'après-midi, que cette aile droite progresse également, il ordonne de pousser de l'avant. La chose est d'ailleurs facile car Beaulieu a la supériorité numérique ; de plus le F. M. commandant Erbach de Russlar (2), à la tête de quatre bataillons (deux autrichiens et deux hessois) et de six escadrons détachés à Ledeghem par le duc d'York (3), lui apporte son concours. Nos troupes effrayées, se croyant enveloppées, et sachant que le gros de l'armée se dirige sur Lille, sont prises de panique et s'enfuient en criant : « A Lille ! ».

Daendels s'efforce d'arrêter la retraite. A cet effet, il place vers la porte de Courtrai, sur la rive gauche de la Lys, un bataillon de Paris, un de la Gironde, un esca-

---

(1) K. K. Arch., n° 293 1/2. *Relation über die Affaire von Menin.*

(2) Extrait des nouvelles de Bruxelles du 19 septembre. A. H. G.

(3) Le duc d'York est parti de Dixmude le 14 à la nouvelle du désastre des Hollandais ; il a poussé son gros jusqu'à Rousselaere ; son avant-garde et ses troupes légères occupent Ledeghem. Son intention est d'attaquer les Français et de sauver Ypres qu'il croit menacé. K. K. Arch., n° 290, 15 septembre.

dron du 21ᵉ de cavalerie, et conserve en réserve sur la place de Menin les Belges, les Bataves, une compagnie de grenadiers et un bataillon du 8ᵉ d'infanterie. Mais rien ne peut retenir le torrent des fuyards affolés qui sont poursuivis en front par Beaulieu et menacés en flanc par Erbach ; ils traversent Menin en courant, se bousculent pour franchir le pont de la Lys et continuent leur course désordonnée vers Roncq ou Linselles. Daendels tombe de cheval et disparaît. Levasseur et Bentabole tentent de retenir les plus braves avec le concours de Béru, qui vient d'arriver sur le lieu du combat (1).

On range quelques hommes en bataille à droite et à gauche de la route de Roncq et l'on met en batterie sur la chaussée quelques pièces d'artillerie légère. Les Impériaux s'arrêtent et réoccupent Menin. Leurs pertes s'élevaient à 100 tués ou blessés ; celles des Français à 500 tués ou blessés (2), 200 prisonniers, 2 canons et 16 cais-

---

(1) Levasseur et Bentabole au Comité de Salut Public, Lille, 16 septembre. A. H. G.

(2) Le 7ᵉ bataillon du Jura appartenait à la brigade du 67ᵉ. Joliclerc qui faisait partie de ce bataillon comme caporal à la 4ᵉ compagnie, écrivait à sa mère le 24 octobre : « Vous êtes instruite que j'ai été blessé à notre retraite de Menin. Un boulet me passa entre les deux cuisses et me les meurtrit ; mais ce n'était rien que cela. J'ai resté une dizaine de jours à l'hôpital d'Amiens en Picardie, et après cela j'ai rejoint mon bataillon qui était au camp de la Madelaine sous les murs de Lille en Flandre... » Loc. cit., p. 127.

Il avait également écrit à son oncle ce passage d'une lettre du 25 septembre : « Citoyen, mon cher oncle, c'est de race que les Joliclerc « marchent large », mais moi j'en peux remercier la nature. J'étais perdu sans cette conformation. Un boulet qui a tué le camarade qui était derrière moi a passé entre mes cuisses et n'a fait que me meurtrir un peu légèrement les deux cuisses auprès des genoux, ce qui fait que je me trouve aujourd'hui en ce lieu. J'ai été évacué des hôpitaux de Lille et d'Arras et j'ai été transporté en cette ville sur des voitures. Je ne crois pas y faire un long séjour. Ma guérison s'avance ; je crois aller rejoindre mon bataillon aux premiers jours. C'est dans la journée du 15

sons. L'intervention de Béru valait à celui-ci le grade de général de division (1), tandis que Hédouville et Dumesny, devenus suspects à la suite de cette affaire, étaient suspendus dès le 18 septembre ; ils furent plus tard emprisonnés à l'Abbaye.

Les Alliés remportent d'autres succès. — On a vu que, le 13 septembre, l'état-major français se proposait, après avoir délivré Dunkerque et séparé York de Cobourg, de dégager le Quesnoy dont il ignorait encore la capitulation. Que s'était-il donc passé, jusqu'à ce moment, dans le secteur compris entre Lille et Maubeuge ?

a) *Capitulation du Quesnoy (11 septembre)* (2). — Nous avons laissé Cobourg en face de la place du Quesnoy qu'il a investie, dès le 19 août, avec une armée de 33,000 hommes. Le bombardement a commencé le 2 septembre ; la première parallèle a été ouverte ce même jour, la deuxième le 4 septembre et la troisième le 10 (3). Estimant que la ville a beaucoup souffert du bombardement, car la moitié des maisons a été incendiée

---

de ce mois que j'ai été blessé entre Menin et Courtrai. Cette journée n'a pas été comme les précédentes ; elle n'a pas été glorieuse pour notre brigade ni avantageuse. Nous avons perdu de bien braves gens. Nous avons été mis totalement en déroute et obligés d'évacuer Menin que nous avions pris le 13..... » *Loc. cit.,* p. 121.

Voir également le récit de ce combat par M. Chuquet, t. XI, chap. IX.

On lit dans les *Mémoires* de Levasseur (t. II, p. 106) que la panique se produisit parce qu'un « *fusil partit au repos sur l'épaule d'un grenadier* ».

(1) Arrêté du 16 septembre, signé Bentabole et Levasseur, nommant Béru général de division. A. H. G.

(2) Se reporter au tome Ier, chap. X et à la carte n° 5 qui l'accompagne.

(3) Rapport de l'adjoint du génie Julliot, 16 septembre. A. H. G.

par les projectiles des Alliés, et que le nombre des
artilleurs n'est plus suffisant pour assurer le service des
pièces non démontées, cédant enfin aux instances du
conseil général de la commune qui le supplie de faire
cesser les misères subies par la population, le général
Goullus a fait, le 10 septembre, des ouvertures au
général Clerfayt afin d'obtenir, pour la garnison, la
faveur de sortir avec armes et bagages et de rentrer en
France (1). Cependant les fronts des bastions attaqués
étaient intacts et l'adjoint du génie Julliot estime qu'il
aurait fallu à l'assaillant au moins huit jours pour y faire
brèche (2). A ces avances, Clerfayt répond que la garnison devra déposer ses armes et qu'elle sera faite
prisonnière de guerre, puis dirigée sur le pays de
Liége.

Le conseil de guerre ayant accepté ces conditions, la
capitulation fut signée le 11. En conséquence, le 13 septembre à 9 heures du matin, la garnison, forte de
4,000 hommes, déposait ses armes et ses drapeaux à la
maison de la Paix à un quart de lieue de la place et se
dirigeait en trois colonnes sur Bruxelles (3). Le siège avait
coûté 4 officiers et 204 tués ou blessés aux Impériaux.
Les pertes françaises s'élevaient à 200 tués et 300 blessés (4). Goullus (5), qui avait été blessé à la jambe
gauche et gardait le lit, ne put suivre sa troupe.

---

(1) Rapport Julliot, 16 septembre. A. H. G.
(2) *Ibid.*
(3) Lettre de Goullus, le Quesnoy, 14 septembre. A. H. G.
(4) Rapport Julliot, 16 septembre. A. H. G.
(5) Goullus (François), né à Lyon le 4 novembre 1758, fils d'un
aubergiste, engagé au régiment de la Couronne, devenu le 45e (28 octobre 1776), caporal (1er décembre 1778), fourrier (20 décembre 1779),
sergent-major (22 juin 1787), adjudant (24 décembre 1789), lieutenant
(15 septembre 1791), capitaine (26 avril 1792), nommé lieutenant-
colonel par Dumouriez (1er octobre 1792), commandant à Namur
(15 décembre 1792) et à Maubeuge (1er mars 1793), promu chef de

Nous devons maintenant étudier les nombreuses tentatives qui avaient été faites par les garnisons de Maubeuge, Landrecies, Cambrai et Bouchain pour délivrer le Quesnoy.

Houchard, alors qu'il projetait son expédition sur Dunkerque, avait en effet recommandé aux commandants des diverses fractions du cordon chargé de protéger la frontière, de faire des diversions en agissant contre les troupes adverses qui leur faisaient face respectivement. Dans cet ordre d'idées, Gudin avait été invité à attaquer, dès le 4 septembre, l'armée de Cobourg avec un corps de 15,000 hommes prélevé sur la garnison de Maubeuge, tandis que Declaye, partant de Cambrai avec 6,000 hommes, marcherait sur Solesmes. Cette entreprise fut remise au 12 septembre par Gudin (1) et exécutée comme il suit.

---

brigade du 45e par Dampierre (12 avril 1793), envoyé au Quesnoy (29 juillet 1793), rentré de captivité au mois d'octobre 1795, confirmé chef de brigade (6 ventôse an IV), devint général de brigade le 17 février 1797 et fit la plupart des campagnes de la Révolution et de l'Empire en Allemagne, en Italie et en Espagne. Après avoir été commandant d'armes à Amsterdam (2 janvier 1811), il fut admis à la retraite le 25 mars 1814 et mourut à Brie, dans l'Ariège, le 7 septembre de la même année (Cf. Chuquet, *Hondtschoote*, p. 276).

(1) Étienne Gudin, né à Ouroux (Nièvre), le 15 octobre 1734, fils d'un conseiller du roi en l'élection de Château-Chinon, soldat au régiment d'Artois, le 1er octobre 1752, sergent le 1er avril 1756, lieutenant le 6 mars 1757, sous-aide-major le 1er février 1763, aide-major le 7 juin 1765, ayant rang de capitaine le 20 avril 1768, capitaine commandant le dépôt des recrues en 1776, capitaine de la compagnie colonelle le 29 mai 1778, chevalier de Saint-Louis le 1er mai 1780, capitaine de chasseurs le 20 août 1780, capitaine de grenadiers dans le régiment d'Artois le 14 juin 1786, major des régiments des grenadiers royaux de la Normandie le 3 février 1788 ; réformé la même année, commandant la garde nationale de Montargis en août 1789, lieutenant-colonel, commandant le 1er bataillon des volontaires du Loiret le 9 octobre 1791 ; général de brigade le 27 mai 1793, et de division le 22 juillet suivant ;

b) *L'attaque dirigée par Ihler sur le front Poix—*
Englefontaine, dans la matinée du 12, échoue complè-
tement (1). — Une colonne de 14,000 hommes sous les
ordres de Ihler (2) part de Maubeuge le 11 et arrive à
Landrecies le même jour afin d'attaquer le lendemain le
front Poix—Englefontaine, après avoir été renforcée par
quatre bataillons de la garnison de Landrecies. L'opération doit se faire en deux colonnes, l'une dite principale se dirigeant sur Englefontaine, l'autre dite secondaire, sous le général Colomb, marchant sur Poix. Le
mouvement commence à 5 heures du matin.

A peine la colonne de droite sort-elle de Landrecies
qu'elle se heurte aux avant-postes du colonel Jardin qui
tiennent la lisière Sud-Ouest de la forêt de Mormal; les
quatre bataillons de l'avant-garde avec la compagnie
franche les repoussent aisément jusqu'à la ligne principale de défense qui, hérissée de frises et d'abatis, s'étend
depuis le pont d'Hachette jusqu'à Preux-au-Bois à
travers la forêt (3). Surpris de rencontrer ces obstacles,
nos fantassins (4) s'arrêtent et Ihler, estimant qu'il ne
peut se porter sur Preux et Hecq avant de s'être emparé
de cette ligne qui menace son flanc droit, lance sans
succès trois autres bataillons sous le général Meyer

---

arrêté en septembre 1793, et détenu quatorze mois; autorisé à prendre
sa retraite le 8 vendémiaire an IV (30 septembre 1795), mort à Saint-
Maurice-Aveyron (Loiret), le 23 septembre 1820. Le général Gudin
avait fait les campagnes du Portugal en 1762 et 1763 et celle d'Amérique en 1783 (Cf. Charavay, t. III, p. 66).

(1) Se reporter à la carte n° 5 du tome Ier.

(2) Courtois à Bouchotte, Landrecies, 12 septembre. A. H. G.

(3) Rapport de Ihler à Bouchotte, 12 septembre. A. H. G.

(4) Le désir de vaincre animait les troupes; le représentant Collombel
écrivait de Maubeuge le 11 septembre au Comité de Salut public que
les bataillons de la garnison de Maubeuge se plaignaient de leur inaction et brûlaient du désir de marcher à l'ennemi. A. H. G.

contre les susdits obstacles. Vers 11 heures du matin, des prisonniers autrichiens certifient au général Ihler que le Quesnoy, dont on n'entend plus le canon, a capitulé ; d'autre part on est sans nouvelles de l'attaque que Declaye doit diriger sur Solesmes ; il s'ensuit que la colonne de gauche, qui, sous Colomb, (1) a enlevé les premiers retranchements de l'ennemi et se dispose à attaquer le village de Poix, risque d'être enveloppée par sa gauche. Ihler, redoutant cette éventualité et l'intervention des forces ennemies libérées par la capitulation du Quesnoy, ordonne de renoncer à l'attaque et de faire replier toutes les troupes sur Landrecies.

La colonne venue de Maubeuge se reposa pendant quatre heures sur les glacis de Landrecies et rentra dans la nuit du 12 au 13 à Maubeuge. Les quatre bataillons qui faisaient partie de la garnison de Landrecies restèrent dans cette place (2).

Les pertes des Alliés, tant en face d'Ihler qu'en face de Declaye, s'élevaient à 33 tués, 99 blessés et 20 disparus (3). Nous laissions entre les mains des ennemis 2 officiers et 34 soldats prisonniers. Dans son rapport Ihler évaluait à 92 le nombre des blessés sans compter les officiers ; il ne connaissait pas encore celui des tués.

c) *Le désastre d'Avesnes-le-Sec (12 septembre)* (4). — Le général Declaye (5), né à Liége en 1758, s'était engagé

_____

(1) Voir la dénonciation contre le général Colomb pour son ineptie. Registre du conseil de la commune de Landrecies. A. H. G.

(2) Lettre au citoyen Boudet, Landrecies, 16 septembre. A. H. G.

(3) K. K. Arch., n° 287. *Umständliche Relation.*

(4) Se reporter à la carte n° 2 du tome Ier.

(5) Nicolas Declaye, né à Liége le 8 juin 1758, était entré au service de la France à l'âge de 17 ans. Soldat au régiment de Berwick de 1775 à 1786, attaché comme « adjudant écrivain de place » à l'état-major de Saint-Martin de Ré (1787-1788), il regagna Liége où il devint aide-major au 1er régiment dit Municipal (18 avril 1790). Réfugié en France,

en 1775 dans le régiment de Berwick au service de la France. En 1792, il était colonel d'infanterie au service belge et en avril 1793 aide de camp du général de divi-

---

il fut nommé major de la légion belge et liégeoise (4 mai 1792), lieutenant-colonel de cette légion (19 août 1792), colonel d'infanterie au service belge (29 novembre 1792) et confirmé dans ce grade (20 mars 1793) par le Comité militaire belge. Lors de la trahison de Dumouriez, il était aide de camp du général de division Rosières (7 avril 1793). Il écrivit à Bouchotte qu'il avait publié deux ouvrages à l'usage des troupes liégeoises, un sur la petite guerre et un autre sur la tactique militaire, rappela sa tête mise à prix, sa femme et ses trois enfants massacrés, assura qu'il « brûlait de vengeance » et demanda le brevet de général de brigade : Bouchotte lui donna ce brevet (30 juillet 1793) en l'engageant à « continuer dans son attachement à la liberté ». Après son échec de Cambrai, Declaye fut envoyé à Lyon comme commandant temporaire (9 brumaire an II) et y exécuta les fameuses fusillades sur la place des Broteaux. « Une décharge, écrivait-il, suffit pour exterminer de la foudre nationale ces traîtres attachés à une corde tendue le long d'une rangée d'arbres ; j'espère que nous serons bientôt débarrassés de cette horde de muscadins ». Aussi fut-il nommé général de division par les Représentants (13 ventôse an II) et employé en cette qualité à l'armée des Alpes. Arrêté après le 9 thermidor « sous le nom vague de terroriste », relâché grâce à la recommandation de Fouché, il ne fut pas compris dans l'organisation du 25 prairial an III. Mais il protesta, déclara qu'il s'était trouvé à quarante batailles (!), qu'à Cambrai, il avait fait aux Autrichiens une réponse ferme et laconique. On l'avait réformé avec la pension de retraite d'un chef de bataillon (20 pluviôse an IV). Le Directoire l'envoya à Nevers, commandant de place à la suite (12 thermidor an IV). Là, Declaye se fit nommer chef de la garde nationale ; il défendit le commissaire du gouvernement Bezout assailli dans une auberge de Cosne par des séditieux (lettre de Bezout, 1er frimaire an IV) ; il gagna l'affection des Jacobins qui demandèrent pour lui le grade de divisionnaire parce qu'il « joignait l'amour de la patrie aux talents militaires » et qu'il avait « sauvé les patriotes détenus dans les maisons d'arrêt et menacés chaque jour d'être égorgés par les chouans ». Mais le commissaire du gouvernement Bouguelet le dénonça à Paris : Declaye, disait Bouguelet, était capable de tout ; c'était un vaurien et un brigand, il déclamait contre le gouvernement, il cherchait à égarer les ouvriers, il fréquentait les cabarets avec le général Sabatier, « le plus dégoûtant des coquins », et autres mauvais

sion Rosières. Bouchotte le nomma général de brigade
le 30 juillet de la même année et lui donna le commandement de la place de Cambrai dont la garnison s'élevait
à 3,803 hommes (1). Ce jeune général avait gagné la
confiance de la municipalité de cette ville surtout par sa
réponse énergique à la sommation que le général Boros
lui avait adressée le 7 août (2).

Invité par Houchard à attaquer le 12 le camp de
Solesmes, pour faciliter l'opération dirigée par Ihler sur
Poix, Declaye prend, d'accord avec la municipalité, des
précautions minutieuses pour que l'ennemi ne soit pas
informé des intentions de la garnison (3). Décidé à faire
son attaque le 12 à la pointe du jour, le général sort à
minuit 30 de Cambrai avec 3,463 hommes dont 250 cavaliers et 18 canons. Ses troupes forment deux colonnes,

---

sujets, il ne cachait pas dans ses orgies qu'il servirait celui qui le paie-
rait le mieux, « il nous aurait égorgés si Babeuf avait réussi », et Bouguelet proposait de débarrasser la ville de ce Declaye qui troublait
l'ordre public et qu'on voulait « voir à tous les diables », de l'employer
ailleurs, de le surveiller et de le casser à la moindre faute (lettre du
9 vendémiaire an V). Le 11 brumaire an V, Declaye dut cesser ses
fonctions à la suite de l'état-major de Nevers. Pourtant, le 13 vendémiaire an VII, il fut nommé de nouveau commandant de place de
3e classe à la suite à Vannes, puis chargé d'organiser les compagnies
franches du Morbihan et de commander le 1er bataillon franc formé de
ces compagnies (16 ventôse an VIII). Mais bientôt il fut derechef
réformé avec le traitement de chef de bataillon (2 germinal an X), et
vainement il sollicita la faveur de Napoléon en alléguant qu'il avait
composé un *citateur antibritannique* ainsi qu'un opéra, *Le Triomphe
de Mars*, allégorie des hauts faits de l'Empereur et un hymne guer-
rier dédié à l'armée de Boulogne (Cf., outre l'article de H. Wallon
dans la *Revue Bleue* du 8 août 1891, les documents de la guerre).
(Cf. Chuquet, *Hondtschoote*, p. 287-289).

(1) Voir situation générale de l'armée du Nord, t. Ier, p. 19.

(2) Se reporter au nota de la page 167 du tome Ier.

(3) Registre des délibérations du comité de la ville de Cambrai,
séance du 11 septembre A. H. G.

commandées, l'une par le chef de brigade Baquet, du 83e, l'autre par le chef de brigade Dussausoy, du batail-lon de l'Aube (1). Chaque colonne est dotée d'une pièce de 4 de position et d'un canon de 4 de campagne ; deux pièces d'artillerie légère sont adjointes au détachement de cavalerie. On suit ainsi la route Naves, Riew, Villers-en-Cauchie, Saulzoir.

Ajoutons que 1,200 hommes, dont 50 cavaliers et quatre bouches à feu sortis de Bouchain, s'étant joints au détachement de Declaye, celui-ci disposait au total de 4,663 hommes, dont 300 cavaliers, et de dix pièces de canon. Faute d'attelages, les pièces étaient traînées par des chevaux de réquisition et les munitions transpor-tées sur des voitures de paysan (2).

Tout se passa bien jusqu'au moment où les têtes de nos colonnes arrivèrent en face de Villers-en-Cauchie, qui était occupé par les Autrichiens. On sait, en effet, que les troupes de couverture de l'armée de siège du Quesnoy étaient ainsi réparties : à Saulzoir, dix esca-drons, quatre bataillons, trois compagnies, sous Ben-jowski ; vers Solesmes, dix-huit escadrons et huit com-pagnies, sous Bellegarde ; un poste du régiment de chevau-légers Kinsky avait été placé dans Villers-en-Cauchie (3).

Pendant deux heures les Français, obligés d'ouvrir le feu de leur artillerie, furent arrêtés devant ce village et cet arrêt procura à Bellegarde le temps d'accourir avec trois divisions de hussards impériaux et une divi-sion de Nassau et même de faire venir plus tard le batail-lon Spleny avec un peu de cavalerie (4). De même, le

---

(1) Rapport de Declaye à Bouchotte, Cambrai, 12 septembre.

(2) Rapport du chef d'escadron Sheppers du 7e hussards, Gave-relle, 14 septembre, envoyé par Ransonnet.

(3) K. K. Arch., no 240 a, et tome Ier, p. 259.

(4) K. K. Arch., nos 240 a et 287.

lieutenant-colonel Skipschitz du grand quartier général,
venu en toute hâte à Solesmes, eut le temps d'y prendre
avec lui trois bataillons de grenadiers, plus deux divisions de Nassau et de les diriger, par Haussy, sur le flanc
droit de nos colonnes déjà menacées de ce côté par les
escadrons de Bellegarde. Cependant les Français ont
réussi à s'emparer de Villers-en-Cauchie, mais, à ce
moment, Declaye découvre la colonne de Skipschitz
alors parvenue entre Haussy et Saulzoir et les escadrons de Bellegarde qui évoluent à l'horizon. La situation est grave ; le détachement français comprend fort
peu de cavalerie, sa position peut être tournée et sa
retraite coupée par ces masses ennemies. Considérant
d'autre part que son rôle est simplement de faire une
diversion (1), Declaye prend le parti de se replier sur
Avesnes-le-Sec. Dans le but de protéger son infanterie,
pendant qu'elle traversera un bas-fond situé entre Villers-en-Cauchie et Avesnes-le-Sec, il laisse sur une hauteur ses 200 cavaliers et deux pièces d'artillerie légère.
Ce que voyant, le prince Hohenlohe (Feldzeugmeister)
donne à sa cavalerie l'ordre de charger ; nos artilleurs et
cavaliers d'arrière-garde sont taillés en pièces et la
charge se précipite sur le gros de l'infanterie qui a
formé deux carrés à quelques centaines de mètres au
Sud d'Avesnes-le-Sec (2). Quatre escadrons de Kinsky
(chevau-légers) abordent de front ces carrés, les hussards impériaux se précipitent sur leur flanc droit, deux
escadrons de Nassau et un escadron de Royal-Allemand
les attaquent dans le flanc gauche. Nos pièces tirent à
mitraille et l'infanterie reçoit cette cavalerie par une
décharge de mousqueterie à 45 pas. Cependant nos

---

(1) Rapport de Declaye à Bouchotte, Cambrai, 12 septembre. A. H. G.

(2) Dans le rapport cité ci-dessus, Declaye écrit que l'infanterie forma
deux carrés, un grand et un petit.

fantassins se débandent et s'enfuient dans la direction de Bouchain. D'après la relation autrichienne, 2,000 Français restaient sur le champ de bataille ; 2,000 étaient prisonniers ; 5 drapeaux, 18 canons, 2 obusiers et 3,000 fusils tombaient aux mains de l'ennemi. Les pertes des Alliés s'élevaient à 19 tués et 63 blessés, 45 chevaux tués et 142 blessés (1).

Vers 8 heures du soir, Declaye rentrait à Cambrai avec 200 hommes, tandis que 60 hommes de la garnison de Bouchain regagnaient cette place (2).

Dans l'après-midi, des fuyards plus ou moins blessés avaient apporté la nouvelle de ce réel désastre à Bouchain et à Cambrai où les autorités et la population étaient consternées. Un courrier était aussitôt dépêché aux Représentants du peuple à Arras et au général Houchard « pour les informer de ce fâcheux événement et leur demander du renfort (car il ne restait plus à Cambrai que 350 volontaires (3) et à Bouchain 400 hommes (4) de garnison) ».

Immédiatement Declaye devenait suspect et les Représentants écrivaient : « Nous ferons bientôt tomber le voile qui couvre cette perfidie, car on ne peut pas se refuser de croire que la trahison n'ait occasionné ce désastre (5). » En outre, ils demandaient aussitôt au général Davaine (6) d'envoyer 1,500 hommes du camp de Gaverelle à Cambrai. « L'affaire de Cambrai est bien malheureuse, déclarait Berthelmy. Declaye n'était pas mili-

(1) K. K. Arch., n° 287.
(2) Séance du Comité de Cambrai, 14 septembre. A. H. G.
(3) Ibid., 12 septembre. A. H. G.
(4) Commandant de Bouchain aux administrateurs de Cambrai, Bouchain, 14 septembre.
(5) Les représentants Élie, Lacoste et Peyssard au Comité de Salut public, Arras, 13 septembre. A. H. G.
(6) Les mêmes à Davaine, 13 septembre. A. H. G.

taire : c'est beaucoup d'être patriote, c'est la première chose, mais ce n'est pas tout. Si Declaye était patriote, pour la patrie il se serait fait tuer ; il n'avait pour vivre que ce moyen-là (1). »

Declaye était du reste arrêté le 15 septembre et ses papiers mis sous scellés (2) ; Chapuis prenait en son lieu et place le commandement de Cambrai, et le représentant Laurent était chargé par le ministre de la guerre de faire une enquête sur ces faits (3). Le malheureux inculpé s'excusait en rejetant la faute sur la lâcheté des charretiers qui avaient coupé les traits des attelages de l'artillerie et semé le désordre dans les rangs.

Une diversion dirigée le 12 sur Nouvion par Beaurgard et Parant ne donne aucun résultat (4). — Le général Gudin avait ordonné à Beaurgard, alors à Guise, de participer à la fameuse offensive générale, prévue pour le 12, en prononçant une attaque sur le Nouvion. En conséquence Beaurgard (5) prescrivait au général Parant,

---

(1) Berthelmy à Bouchotte, Lille, 14 septembre. A. H. G.

(2) Arrêté des représentants Lacoste et Peyssard, 15 septembre. A. H. G.

(3) Bouchotte à Declaye, 16 septembre. Reg. XIV. A. H. G.

(4) Se reporter à la carte nº 1 du tome Iᵉʳ.

(5) Charles-Victor Beaurgard, dit Woirgard, né à Metz le 16 octobre 1764, fils d'un ancien militaire, engagé au régiment suisse de Diesbach, en août 1782, caporal en juin 1784, sergent en février 1785, congédié en janvier 1788, lieutenant au 1ᵉʳ bataillon de la Seine-Inférieure le 16 janvier 1792, adjudant-major le 14 mars 1792, lieutenant-colonel en second le 10 septembre 1792 ; général de brigade provisoire le 12 avril 1793, confirmé le 30 du même mois, suspendu le 9 octobre 1793, mis en liberté le 10 août 1794 ; réintégré et employé à l'armée de l'Ouest le 17 du même mois, réformé le 14 mai 1795, remis en activité à l'armée de l'Ouest le 31 août 1795, destitué le 30 janvier 1796, réintégré le 13 décembre suivant, remis en activité le 30 juillet 1799 ; réformé le 21 mai 1801, commandant d'armes de la place

commandant à Saint-Quentin, de se trouver avec ses troupes disponibles le 12, à 8 heures du matin, à Mazinguet, près le Cateau ; là, il se joindrait à une colonne de 1,200 hommes (y compris 150 cavaliers tirés des dépôts) que Beaurgard devait amener de Guise (1) ; une fois cette jonction opérée, toutes ces troupes se porteraient ensemble sur Nouvion. L'étude de cette opération fait ressortir nettement l'insuffisance du commandement ; c'est à ce seul titre qu'elle mérite de retenir un instant l'attention.

Parant (2), parti de Saint-Quentin le 11, à 3 heures de l'après-midi, avec 1,479 fantassins et 100 cavaliers, passe la nuit du 11 au 12 au bivouac à Croix (15 kilomètres de Guise) ; le 12, la colonne reprend sa marche, elle passe par Bohain, fouille le bois de Liessies, continue son mouvement sur Wassigny, arrive vers 7 heures du soir à la ferme du petit Blocus où elle aperçoit une autre troupe (3). Parant se dispose aussitôt à l'attaquer lorsqu'on lui

---

d'Alexandrie en Piémont le 11 février 1802, réformé le 4 septembre 1802, remis en activité le 17 avril 1809, commandant d'une brigade de dragons à l'armée d'Espagne le 19 juin 1809 ; tué au combat de Valverde, près de Badajoz, 19 février 1810. (Cf. Charavay, t. III, p. 209.)

(1) Beaurgard à Bouchotte, Guise, 14 septembre. A. H. G.

(2) Barthélemy-Etienne Parant, né à Lesse (Meurthe) le 26 juillet 1742, soldat au régiment de Foix, le 13 juin 1763, caporal le 1er juillet 1764, sergent le 7 avril 1765, fourrier le 12 mai 1766, adjudant le 1er juillet 1776, porte-drapeau le 8 avril 1785, lieutenant le 16 septembre 1791, capitaine le 12 janvier 1792, général de brigade à l'armée du Nord le 27 avril 1793, général de division le 22 brumaire an II (12 novembre 1793) ; a cessé ses fonctions le 13 thermidor an III (2 septembre 1795) et retraité le 11 germinal an IV (31 mars 1796), retiré à Saint-Gobain (Aisne), mort le 17 février 1817. Le général Parant avait servi à Saint-Domingue de 1762 à 1765 et avait fait la campagne de Genève en 1782 (Cf. Charavay, t. III, p. 209).

(3) Parant à Bouchotte, Saint-Quentin, 14 septembre. A. H. G.

apprend que cette colonne, supposée ennemie, est celle de Beaurgard.

Le renseignement était exact. En effet, Beaurgard, après avoir formé son détachement à la Capelle, avait fouillé la forêt de Nouvion et marché sur le Cateau; arrivé à Mazinguet vers 10 heures du matin et ne trouvant pas Parant, il faisait stopper, et pourchassait quelques patrouilles ennemies dans la direction du Cateau. Mais, ayant alors appris qu'une colonne cherchait à le couper du côté de Bohain (il s'agissait probablement de la colonne Parant, qui opérait de ce côté comme on vient de le voir), Beaurgard se repliait « sur Henappe pour mettre à couvert Guise et Saint-Quentin (1) ». Voilà pourquoi ces deux colonnes, après s'être réciproquement induites en erreur, se rencontraient enfin aux environs du Grand Blocus vers 7 heures du soir. A ce moment, leurs chefs décidaient de concert de battre en retraite purement et simplement. Beaurgard se plaignait de « l'insouciance » du général Parant. Celui-ci, de son côté, protestait contre les allégations de son collègue (2). En somme chacune de ces colonnes avait exécuté une marche militaire sans conséquence.

Cette série d'événements fâcheux décide Houchard à concentrer ses forces à Gaverelle (3). — Tous ces échecs, c'est-à-dire la capitulation du Quesnoy, le désastre d'Avesnes-le-Sec et la panique de la brigade Demars, déterminaient Houchard à ramener le gros de ses forces plus au Sud et à faire converger ses divisions disponibles sur le camp de Gaverelle. « Après l'expédition de Menin, dont je vous ai rendu compte, citoyen ministre, écrivait-

---

(1) Beaurgard à Bouchotte, Guise, 14 septembre. A. H. G.
(2) Parant à Beaurgard, Saint-Quentin, 16 septembre. A. H. G.
(3) Se reporter aux cartes nᵒˢ 1 et 2 du tome Iᵉʳ.

il le 19 septembre (1), j'ai cru devoir ramener les troupes de la République au camp de Gaverelle pour y reformer l'armée et porter du secours aux places de Cambrai et de Bouchain dont les malheureuses garnisons ont été exterminées (2). D'ailleurs Cobourg ayant pris le Quesnoy, il pouvait venir se porter sur Arras et prendre l'armée à revers. Ce sont ces considérations qui m'ont déterminé. » On a résumé dans le tableau ci-dessous, les mouvements ordonnés par l'état-major en vue de cette nouvelle concentration.

Tableau de marche (3).

DATES.	QUARTIER général de l'armée.	DIVISION Dumesny (10,000 h.).	DIVISION Hédouville (8,000 à 9,000 h.).	DIVISION Deroques (7,000 h.).	DÉTACHÉS du camp de la Madeloine (3,000 h.).	DÉTACHÉS de Lille (5,000 h.).
14 sept....	Lille.	Menin.	Menin.	Lille.	Lille	Lille.
15 sept....	Id.	Seclin.	Lille.	Épinoy.	Id.	Seclin.
16 sept....	Lens	Entre Vitry et Gaverelle.	Épinoy.	Gaverelle.	Id.	Épinoy.
17 sept....	Gaverelle.	Id.	Gaverelle.	Id.	Épinoy.	Gaverelle.
18 sept ...	Id.	Id.	Id.	Id.	Gaverelle.	Id.

L'effectif total concentré à Gaverelle vers le 18 septembre se trouvait ainsi porté à 42,000 hommes, y com-

---

(1) Houchard à Bouchotte, Gaverelle, 19 septembre. A. H. G.

(2) Un ordre parti le 15 du quartier général, alors installé à Lille (Faubourg des Malades), prescrit au général Davaine d'envoyer aussitôt de Gaverelle trois bataillons à Cambrai et un bataillon à Bouchain. « Il arrive dès demain matin, est-il dit dans l'ordre, des corps considérables de troupes à Gaverelle, moyennant quoi vous ne devez avoir aucune inquiétude sur le vide que laisseront les quatre bataillons. » Reg. XIII, p. 106.

(3) D'après le registre XIII. A. H. G.

pris la division Davaine, qui, à la date du 13 septembre, comprenait 7,292 présents sous les armes (1).

En arrivant à Gaverelle, Houchard était en proie aux mêmes incertitudes que lorsqu'il y était venu, pour la première fois, un mois auparavant. Après avoir tout d'abord redouté, comme on l'a vu, une offensive de Cobourg sur Arras, Cambrai ou Bouchain, il imagine maintenant que son adversaire a l'intention de s'emparer de Lille ou de Dunkerque et conséquemment il songe à transporter une fois de plus sa « masse agissante » vers le Nord.

Dès le 20, il donne l'ordre au général Davaine de partir de Gaverelle avec une division forte de 5,283 hommes et 365 chevaux pour se rendre à Cassel par Lens et Saint-Venant (2). « Cobourg marche avec 40,000 hommes sur Tournay, écrit-il le 19 septembre au ministre de la guerre, Beaulieu est au camp de Cysoing avec 18,000 hommes. J'ai laissé devant Dunkerque et sur la Lys des troupes et je vais m'y porter. Sûrement Cobourg voudra faire quelques entreprises sur Dunkerque pour tâcher de renouer la coalition; ils disent qu'ils veulent faire le siège de Lille. J'en doute, à moins d'avoir l'espérance que le peuple se révolterait comme à Valenciennes. Je vais toujours prendre le moyen de renforcer le camp de Cassel et de le mettre à la hauteur de l'ennemi (3). »

Or nous allons voir que toutes ces hypothèses de Houchard étaient absolument erronées.

---

(1) La composition détaillée de la division Davaine le 13 septembre se trouve dans le carton des situations. A. H. G. Elle est reproduite parmi les documents annexes.

(2) La composition de cette division envoyée à Cassel est la suivante : 1er bataillon de l'Aisne, 2e bataillon du 81e, 2e bataillon des Basses-Alpes, 2e bataillon de la Corrèze, 2e bataillon du 74e, 3e bataillon du Lot, 5e de l'Oise, 1er bataillon du 22e, le bataillon de Popincourt et le 4e de Seine-et-Oise. Reg. XIII, p. 114. A. H. G.

(3) Houchard à Bouchotte, 19 septembre. A. H. G.

Les Alliés se décident à assiéger Maubeuge. — La nouvelle du rassemblement des Français dans la région de Douai au milieu de septembre déconcerte Cobourg, qui ne discerne pas le but poursuivi par son ennemi : « Cela me force, écrit-il, à me diviser et à adopter les combinaisons qu'indiquent les conjonctures et que nécessitent les événements qui varient d'un jour à l'autre (1). » C'est ainsi que le 16 septembre, le prince d'Orange avait été invité à venir prendre une position près de Tournay (2). Mais dès le 17 on adoptait à Marquain, dans une conférence à laquelle assistait le chevalier Murray, représentant le duc d'York, un nouveau plan d'opérations dont voici la substance.

Désormais, le but de la campagne est, dans l'ordre d'urgence, « la prise de Maubeuge et celle de Dunkerque ». Pourquoi Maubeuge d'abord? Parce que l'armée impériale est à proximité de la place et peut commencer le siège immédiatement. Une fois ce siège terminé, il sera facile de mettre 30,000 Impériaux à la disposition du duc d'York qui pourra alors s'emparer aisément de Dunkerque (3).

Un ordre général, daté de Marquain, 18 septembre, prescrivait aussitôt que l'armée impériale serait ainsi disposée à la date du 20 septembre (4) :

---

(1) K. K. Arch., 311 et 312, Cobourg à Mercy, Marquain, 17 septembre.

(2) *Ibid.*, lettre 296, Cobourg à Orange, Saint-Amand, 16 septembre.

(3) *Ibid.*, lettre 312, Marquain, 17 septembre.

(4) K. K. Arch. 317 a. Disposition de l'armée impériale pour les opérations ultérieures.

	Bataillons.	Escadrons.	Compagnies.
Sous Otto { à Orchies et Marchiennes.	4	8	6
à Denaing et Douchy	3	10	4
Sous Riesch, vers Solesmes.........	»	14	6
Sous le colonel Sporck, à Saulzoir....	2	10	4
Sous Wenkheim, à Englefontaine et dans la forêt de Mormal..........	8	14	6
Sous Bellegarde, devant Maubeuge (avant-postes de l'armée d'observation)........................	»	14	8
Sous Clerfayt, au camp devant Maubeuge........................	15	18	4
Sous Colloredo, l'armée de siège.....	14	8	10
Sous Seckendorf, à Charleroi........	1	7	3
TOTAL........	47	103	51

Les dix-huit bataillons et quatorze escadrons impériaux, qui ont été rattachés au contingent anglais et conduits par Alvinzy au siège de Dunkerque, restent à la disposition du duc d'York auquel Cobourg confie une mission nouvelle qui entraîne la dispersion de son contingent en trois masses ainsi disposées :

10,000 hommes (dont 4,000 cavaliers et quelques troupes légères) relèveront les troupes impériales de Beaulieu et occuperont les camps de Cysoing et Lannoy;

Une autre fraction importante s'installera près de Menin et tiendra par des postes Tourcoing, Roubaix, Roncq, Wervick français et Comines;

Le reste occupera Ypres et sera couvert par des avant-postes qui seront disposés de Dixmude à Furnes. La liaison des deux armées d'York et de Cobourg se fera à Nomain.

D'autre part, Cobourg emploie toutes les ressources de sa diplomatie à décider le prince d'Orange à venir vers Bettignie, avec les troupes hollandaises. Celles-ci feraient alors partie de l'armée chargée de mettre le siège devant Maubeuge et le commandement de cette armée de siège serait confié au prince d'Orange lui-même (1). On verra plus loin que, pour des motifs très spécieux qui justifient mal les lenteurs de leur chef, les troupes hollandaises, fortes de 12,000 hommes et de 5,000 chevaux, n'arrivèrent sous Maubeuge que le 5 octobre.

Le général en chef des armées coalisées estimant que la conquête de Maubeuge exigerait un siège régulier et méthodique, d'au moins quatre semaines, il s'ensuit que l'adoption de ce nouveau plan devait localiser l'offensive de nos ennemis autour de cette place, pendant un mois (2). Par conséquent, la stratégie des Coalisés procurait, une fois de plus, au commandement de l'armée du Nord et au gouvernement révolutionnaire, le temps de perfectionner l'organisation des troupes républicaines et de riposter convenablement à cette nouvelle agression. Houchard qui, le 19 septembre, songeait encore à sauver une deuxième fois Dunkerque, en rééditant la manœuvre d'Hondtschoote, n'était pas homme, il est vrai, à tirer un grand parti de cette situation particulièrement favorable à nos armes. Mais il avait cessé de plaire et son remplacement était imminent.

---

(1) K. K. Arch., 371, Bavay, 23 septembre ; 450, Bavay, 25 septembre.

(2) *Ibid.*, 409 a, Cobourg à Orange, Hautmont, 29 septembre.

CHAPITRE II

La réorganisation du haut commandement.

Les critiques formulées par les représentants du peuple et par les commissaires exécutifs. — La nouvelle épuration des cadres supérieurs. — Jourdan prend le commandement de l'armée du Nord et des Ardennes, le 25 septembre, à Gaverelle : a) ses premières préoccupations ; b) comment il envisage tout d'abord la situation stratégique.

Les critiques formulées par les représentants du peuple et par les commissaires exécutifs. — Les résultats obtenus par l'armée du Nord et des Ardennes, depuis la prise de commandement de Houchard jusqu'au 20 septembre, ne sont pas tous glorieux. La défaite des Hanovriens à Hondtschoote, la délivrance de Dunkerque, l'échec des Hollandais à Menin ont été suivis d'une série de succès remportés par les Coalisés. La reddition du Quesnoy, la panique de la brigade Demars et le désastre d'Avesnes-le-Sec ont dissipé les espérances que la victoire d'Hondtschoote avait fait naître. Un pessimisme justifié a maintenant fait place à l'optimisme exagéré d'un lendemain de triomphe, et, le 20 septembre, la masse agissante de l'armée française se retrouve au camp de Gaverelle dans une situation analogue à celle du 10 août. Les 50,000 hommes, qui constituent les contingents anglais et impériaux, n'ont pas été battus ; leurs forces physiques et morales ne sont pas amoindries ; en outre leurs chefs (York et Cobourg) ont recouvré la liberté de diriger leurs efforts sur un nouvel objectif. Aussi voit-on Houchard, dont la perspicacité se trouve encore en défaut, être en proie aux mêmes inquiétudes et aux mêmes angoisses qu'un mois auparavant.

Il est donc évident, pour quiconque s'est pénétré de

l'esprit du temps, que le commandement ne devait pas tarder à porter la responsabilité de cet état de choses et que, peu à peu, son incapacité professionnelle prendrait, aux yeux d'un gouvernement devenu très méfiant, la couleur de la mauvaise volonté et finalement celle de la traîtrise. Les plaintes des représentants du pouvoir central sont, à cet égard, caractéristiques.

« Nous allons nous occuper de la réforme de bien des abus qui règnent et de la suspension d'une foule d'officiers lâches et même royalistes, écrivent Hentz et Duquesnoy. C'est à la valeur seule des soldats que nous devons nos succès et nous n'apprenons pas sans peine que plusieurs officiers n'étaient pas à la tête de leurs troupes dans les dernières affaires. Quand nous les connaîtrons nous les destituerons (1). »

Varin estime que, le 13 septembre, à Menin « le succès eût été double si un corps de 4,000 hommes, détaché par le général Hédouville pour aller à Gheluve, fût arrivé plus tôt (2) ».

Levasseur déclare que l'armée du Nord « paraît bien mal organisée (3) », que des « officiers et des soldats, en trop grand nombre, se livrent au pillage ». « Je crois, écrit-il, que si après l'affaire d'Hondtschoote nous eussions de suite marché sur le chemin de Furnes, nous aurions coupé la retraite aux Anglais..... D'Hédouville est brave, mais ce ne sera jamais un général; cette affaire (celle de Menin) ne lui fait pas honneur. » Enfin il estime que le Conseil exécutif ne tient pas un compte suffisant des préférences exprimées par les représentants du peuple, au point de vue du choix des généraux (4).

---

(1) Hentz et Duquesnoy au Comité de Salut public, Cassel, 15 septembre. A. H. G.

(2) Varin à Bouchotte, 15 septembre. A. H. G.

(3) Levasseur au Comité de Salut public, Lille, 16 septembre. A. H. G.

(4) *Ibid.*

De Maubeuge, Isoré Bar et Drouet écrivent, le 18 septembre, « qu'on ne doit la perte du Quesnoy qu'à
l'apathie des généraux qui commandent ici (à Maubeuge). En effet, comment se persuader qu'avec une
armée disponible de 15,000 hommes, tous remplis d'ardeur et ne respirant que le combat, on n'ait pu voler au
secours du Quesnoy que le 12 septembre, le jour de la
reddition, lorsque aucune force ennemie ne tenait l'armée de Maubeuge en échec (1) ». D'après eux le général
Gudin est impotent ; on manque à Maubeuge de 300 à
400 sabres et pistolets, de 300 milliers de poudre et
bientôt aussi de capotes. Enfin le Gouvernement devrait
préciser le sens du mot *ancienneté*, car on ne sait pas si,
en matière d'avancement, on doit entendre par là « l'ancienneté du grade, de service dans l'armée, ou dans le
corps ».

Le 18, le représentant Hentz, malade, s'est rendu à
Paris, porteur d'un dossier d'accusation établi contre
l'état-major par Élie Lacoste et Peyssard et destiné au
Comité de Salut public.

« Vous avez reçu, écrivent ces deux conventionnels,
les notes que nous avons remises le 18 de ce mois à
notre collègue Hentz. Il vous aura lui-même fait part de
quelques observations qui portent sur des faits dont le
rapprochement démontre le système de perfidie du
général en chef et de son état-major (2). »

A leurs yeux, c'est « le système de Lafayette qui

---

(1) Les Représentants au Comité de Salut public, Maubeuge, 18 septembre. A. H. G.

(2) Élie Lacoste et Peyssard au Comité de Salut public, 20 septembre. A. H. G.

L'original de cette lettre (carton du 16 au 30 septembre. A.
H. G.) porte au crayon la mention suivante qui est très probablement
de la main de Carnot : « Accuser la réception ; prévenir nos collègues

reparaît sur la scène »; Berthelmy n'est pas moins dangereux que Gay-Vernon et tous deux doivent être suspendus.

Le représentant Duquesnoy accuse également le commandement d'hésitation et de négligence (1) :

« Il nous paraît, écrit-il au Comité de Salut public, que l'on aurait pu travailler l'ennemi davantage ; l'un de nous en a fait l'observation au chef d'état-major dans le temps, et il lui a montré de l'hésitation en lui répondant que nos soldats n'avaient pas de souliers. D'autre part, le général Landrin, chargé de poursuivre l'ennemi n'en a rien fait et a tellement négligé la division qu'il commandait que cette circonstance, réunie à d'autres, ont déterminé nos collègues à le suspendre. »

Le gouvernement révolutionnaire, déjà indisposé contre Houchard parce que celui-ci n'avait pas tiré le meilleur parti possible de sa victoire d'Hondtschoote (2), était prêt à accueillir favorablement tous ces griefs. Aussi, les pouvoirs publics estimant que, comme en juillet 1793, il était devenu nécessaire de frapper à la tête, décidèrent de procéder à une nouvelle épuration des cadres supérieurs.

La nouvelle épuration des cadres supérieurs. — Dès le 12 septembre, Bouchotte a suspendu de ses fonctions l'adjudant général Gay-Vernon (3).

---

que les mesures qu'ils proposent ont été prises sur les propositions d'Hentz ».

(1) Le représentant Duquesnoy au Comité de Salut public, 20 septembre. A. H. G.

(2) Voir la lettre de Bouchotte à Houchard du 15 septembre (A. H. G.) et entre autres ce paragraphe : « L'on a bien regretté ici que les Anglais n'aient pas été réduits à un total anéantissement, la connaissance du local avait pu le faire espérer..... »

(3) Voir parmi les pièces justificatives (18 septembre) la lettre où

« Cette décision afflige le général Houchard, écrit Varin, au point que je ne serais pas étonné qu'il offrît sa démission. Je crois pourtant qu'il en sera empêché par les conseils des sans-culottes Berthelmy et Allain, adjudants généraux (1). »

Houchard avertit, en effet, le ministre qu'il refuse de demeurer à son poste, si on lui enlève son collaborateur le plus précieux.

« Je ne puis pas m'empêcher, déclare-t-il, de vous témoigner ma douleur de la privation de Gay-Vernon qui est un officier et un patriote du plus grand mérite, et s'il ne l'avait pas été je sentirais moins sa privation parce que je ne l'aurais pas pris près de moi pour m'aider dans mes pénibles fonctions ; et je vous parle avec la franchise d'un vrai Républicain que ses secours me sont d'un si grand besoin tant pour ma correspondance que pour ses connaissances locales et militaires, que je ne puis continuer le commandement de cette armée ; elle est au-dessus de mes forces et de mes moyens ; et si j'ai accepté le commandement c'est dans l'espérance que je trouverais des hommes amis de la chose publique qui voudraient bien m'aider de leurs conseils : Gay-Vernon a bien voulu me seconder, même au détriment de sa santé. Je vous prie, citoyen ministre, de me donner un successeur. Je ne puis plus me charger du commandement sans tromper la République sur les espérances qu'elle a conçues de moi : il me faut des coopérateurs et des conseils et, je ne crains pas de le dire, rendez-moi Gay-Vernon (2). »

Mais ces protestations étaient vaines, car à ce moment

Gay-Vernon affirme son loyalisme et déclare qu'il donnera l'exemple des vertus républicaines aux habitants des campagnes avec lesquels il vivra. A. H. G.

(1) Varin à Bouchotte, Arras, 19 septembre. A. H. G.

(2) Houchard à Bouchotte, 19 septembre. A. H. G.

le Comité de Salut public avait décidé de remplacer Houchard dans son commandement, à cause « *des plaintes graves* » qui lui étaient parvenues contre l'état-major général de l'armée du Nord (1). Carnot exprime ainsi l'opinion du Comité sur ce sujet :

« La multitude des traîtres auxquels le sort de nos armes a été confié jusqu'à ce moment, écrit-il le 21 septembre, doit nous rendre attentifs à connaître mieux le caractère des hommes que nous pouvons employer. Nous vous engageons donc, chers collègues, à vous faire une étude particulière de cet objet majeur et à recueillir tous les renseignements que vous pourrez acquérir sur les talents et le civisme des hommes qui peuvent être portés aux emplois supérieurs dans les armées. Attachez-vous surtout à découvrir le mérite modeste parmi les commandants de bataillon ou même parmi les officiers d'un grade inférieur, nous nous en reposons avec confiance sur votre zèle et votre dévouement (2). »

Aussitôt Bouchotte proposait à la Convention, au nom du Conseil exécutif, d'approuver les nominations suivantes au grade de commandant d'armée : Jourdan à l'armée du Nord, Delmas à celle du Rhin et Moreau à l'armée de la Moselle, en remplacement de Houchard, Landremont et Schauenbourg qui étaient destitués. Ces propositions soulevèrent au sein de la Convention un débat tellement passionné que Barère dut monter à la tribune pour y défendre à la fois le Comité et le ministre (3).

---

(1) Carnot à Trullard et Berlier, à Dunkerque, Paris, 21 septembre. A. H. G. Cf. Charavay, t. III, p. 178.

(2) *Ibid.*

(3) Séance de la Convention nationale du 24. Lettre de Bouchotte au Président de la Convention. Cf. Charavay, t. III, nota p. 199.

« Quant aux nominations que le Comité a concer-
tées avec le ministre, s'écria-t-il, il n'a appelé à cette
régénération de l'armée que des sans-culottes par état
et par principes, combattant pour leurs propres droits,
car il est inouï que la noblesse, contre laquelle on se bat,
dirige cette guerre dans le succès de laquelle elle a tout
à perdre. Nous avons voulu ôter des armées les nobles,
les Irlandais, les gens suspects. Nous l'avons fait avec
les connaissances qu'a le ministre de la guerre dans
ses bureaux, avec celles qu'ont recueillies Carnot et
quelques autres membres du Comité public ainsi que les
Représentants du peuple délégués à cette armée, enfin
avec les notions que les bons citoyens s'empressent de
nous donner sur tel ou tel militaire (1). »

Cependant la destitution ne suffisait pas au représentant Hentz. « Borné, entêté et soupçonneux (2) », celui-ci
s'imagina que Houchard s'entendait en sous-main avec
les Coalisés et que Berthelmy et Gay-Vernon étaient
dans le secret de la conspiration ; par suite, il n'hésita
pas à demander au Comité de Salut public la punition de
tous ces officiers. Robespierre, Barère, Jeanbon Saint-
André, Carnot et Bouchotte, peu satisfaits des résultats
de la campagne, accueillirent trop aisément ces dénonciations calomnieuses et le Comité décida que Houchard,
Berthelmy, Gay-Vernon, Joseph de Hédouville, Landrin, Dumesny et Demars seraient amenés à Paris (3).

Hentz, revenu aussitôt de Paris à Arras, s'empressait,
avec Lacoste et Peyssard, de faire appréhender les prétendus traîtres.

Dans la soirée du 23 septembre, Berthelmy et Hou-

---

(1) Séance de la Convention du 25. Extrait du discours de Barère.
Cf. Charavay, t. III, nota p. 199.
(2) Chuquet, t. XI, p. 317-319.
(3) Recueil Aulard, t. VI, p. 377. Séance du 20 septembre.

chard étaient arrêtés (1) et Peyssard, Élie Lacoste et
Hentz adressaient aussitôt au Comité de Salut public le
récit détaillé de ces diverses arrestations. « Berthelmy
et Houchard, écrivaient-ils le 24 septembre (2), sont en
arrestation depuis hier au soir ; ils partent aujourd'hui
pour Paris » ; ces conventionnels étaient d'ailleurs convaincus qu'ils avaient « renversé une des grandes batteries de l'ennemi » en éloignant le général en chef et son
chef d'état-major, parce que ceux-ci voulaient livrer à
l'ennemi les départements du Nord et du Pas-de-Calais.
Deux jours plus tard ils accusaient même Houchard
d'avoir entretenu une correspondance suspecte avec le
prince de Hohenlohe et le duc de Brunswick (3). Aussi
peut-on lire dans la proclamation ci-dessous, adressée à l'armée du Nord par Hentz, Élie Lacoste et Peyssard, que le vainqueur d'Hondtschoote trahissait sa
patrie :

« Soldats républicains, la Convention nationale a
toujours ses regards sur vous ; vous êtes les objets de sa
plus tendre sollicitude, et lorsqu'un général, au lieu de
vous conduire dans le champ de la victoire, prépare des
défaites par la trahison, elle frappe avant qu'il ait con-
sommé ses attentats. Vous applaudirez donc à ces
mesures ; les Républicains ne voient que la Patrie, et
Houchard n'est plus rien à vos yeux : il était indigne
d'être votre chef, dès que le salut de la République ne
commandait pas toutes ses actions et que la trahison
dirigeait tous ses mouvements (4). »

---

(1) Voir Chuquet, t. XI, p. 325.

(2) Hentz, Peyssard et Élie Lacoste au Comité de Salut public,
Arras, 24 septembre. A. H. G. Cf. Charavay, t. III, p. 200.

(3) Hentz, Peyssard, Isoré et Duquesnoy au Comité de Salut public,
Arras, 24 septembre. A. H. G.

(4) Placard in-folio, Arch. nat. W. 296, n° 250, reproduit dans le
tome III, Charavay, p. 202.

Il ne semble pas d'ailleurs que la destitution de Houchard suscita dans les rangs de l'armée un trouble analogue à celui qui s'y manifesta, vers la fin de juillet 1793, lors de l'arrestation de Custine.

« La destitution de Houchard n'a pas produit de sensation désagréable, écrivaient Trullard et Berlier. L'armée est bonne et la créature de Custine n'est regrettée de personne. Il peut encore exister des traîtres, mais le règne de l'idolâtrie est passé et nous devenons de vrais Républicains (1) ».

Jourdan prend le commandement de l'armée du Nord. — On lit dans le texte de la lettre adressée par Bouchotte à Jourdan, pour lui notifier sa nomination de commandant en chef de l'armée du Nord, que le Conseil exécutif a fait choix du citoyen Jourdan, « pour remplir près desdites troupes *provisoirement* les fonctions de général en chef (2) ».

Cette lettre de service *provisoire* fut remise à Jourdan le 23 septembre. Le nouveau promu, qui venait d'arriver à Maubeuge, en qualité de général en chef de l'armée des Ardennes, prétend dans ses Mémoires qu'il ne fut pas très satisfait du choix dont il était l'objet.

« Le général Jourdan, écrit-il (3), qui avait eu le bonheur de se distinguer à la bataille d'Hondtschoote en enlevant les retranchements à la tête de ses troupes, nommé général en chef dans une circonstance aussi critique, représenta que, n'ayant ni les talents, ni l'expérience que nécessitait un commandement si important, il était de son devoir de le refuser ; mais les commissaires de la Convention lui ayant rappelé un décret qui

---

(1) Arch. nat. AF11 238, Cf. Charavay, t. III, p. 214.
(2) Cette lettre est datée du 22 septembre. A. H. G. Cor.
(3) *Mémoires* de Jourdan. A. H. G. Cf. Charavay, t. III, p. 203.

4

ordonnait l'arrestation de tout citoyen français qui n'accepterait pas l'emploi auquel il était appelé, il fut contraint d'obéir. Il se mit donc en route pour Gaverelle où il arriva dans la soirée du 25 après avoir passé la nuit du 24 à Guise (1). »

Puis il dépeint ainsi l'état général de son armée au moment où il en prit le commandement.

« Inférieure en nombre à celle des Alliés, et surtout en cavalerie, l'armée était en même temps dans une situation pitoyable. Les généraux et les officiers supérieurs, parvenus dans l'espace de peu de mois des rangs subalternes aux plus hauts grades, n'avaient encore que du zèle et du courage. Les troupes étaient dénuées d'effets d'habillement et d'équipement et les arsenaux dépourvus d'armes et de munitions. La cavalerie souffrait de la disette des fourrages ; enfin les anciens régiments ne recevant plus de recrues depuis longtemps, étaient réduits de moitié. La Convention, par son décret du 23 août, avait prescrit, il est vrai, la levée de tous les Français de 18 à 25 ans ; mais en les autorisant à se former en bataillons et à choisir parmi eux les officiers, elle accumula sur la frontière des nouveaux corps privés de chefs expérimentés, qu'on ne put mener à l'ennemi que quand, quelques mois plus tard, le général en chef eut obtenu l'autorisation de les incorporer dans les anciens cadres. D'ailleurs il était plus aisé de lever des bataillons que de les armer. Le plus grand nombre

---

(1) La lettre ci-dessous, adressée par Jourdan au Ministre, de Guise, le 24 septembre 1793, fixe les dates de cette prise de possession de commandement :

« J'ai reçu hier à Maubeuge, citoyen Ministre, votre lettre par laquelle vous me prévenez que le Conseil exécutif m'a nommé pour commander en chef l'armée du Nord à la place d'Houchard destitué. Je me suis mis de suite en route pour me rendre au quartier général de cette armée et j'espère y arriver dans la journée » (A. H. G).

n'étaient munis que de piques et de bâtons. Cependant comme ils figuraient sur les états de situation, le Comité du gouvernement, qui fondait les forces de la République sur la multitude, croyait qu'on pouvait entreprendre les plus grandes choses. »

Ses premières préoccupations. — Dès son arrivée, Jourdan se plaint au ministre du désordre qui règne au quartier général. « Je ne peux pas, écrit-il à Bouchotte, connaître encore positivement le nombre des troupes que j'ai à commander, ni les officiers généraux qui sont sous mes ordres. Le citoyen Ernouf, chef de l'état-major, travaille à mettre de l'ordre dans cette partie et j'espère qu'il y réussira (1) ».

Les nombreuses vacances qui existent dans le cadre des officiers généraux sont une cause de faiblesse des plus graves.

Comme Souham et Davaine ont été envoyés à Dunkerque et à Cassel, il reste au camp de Gaverelle seule-

---

(1) Jourdan à Bouchotte, Gaverelle, 26 septembre. A. H. G. Cf. Charavay, t. III, p. 210.

Il faut croire qu'Ernouf put facilement se procurer tous les renseignements nécessaires, car nous avons retrouvé aux A. H. G. une situation dite « Rapport général du 26 au 27 septembre 1793 » et signée d'Ernouf. Ce document donne la composition détaillée de l'armée du Nord. Il ne semble pas d'ailleurs qu'Ernouf ait voulu rejeter sur l'état-major de Houchard cet état de choses, car le 25 il écrivait au Ministre la lettre suivante, datée de Gaverelle :

« Je vous préviens, citoyen Ministre, que les mouvements que nous avons été obligés de faire, depuis trois semaines, nous ont empêchés de vous envoyer les relevés d'ordres ainsi que les états de situation, etc., par la négligence des différents corps ; mais actuellement que nous sommes plus tranquilles, vous les recevrez le plus souvent possible.

« *Le Général de brigade, chef de l'état-major de l'armée,*

« *Signé :* ERNOUF. »

Registre n° XIII. A. H. G., p. 129.

ment deux généraux de division, Duquesnoy et Balland (1). La pénurie de généraux de brigade est encore plus grande ; c'est pourquoi Jourdan conserve auprès de lui Cordellier et Fromentin nouvellement arrivés à Biache (2) ; il réclame surtout un général de cavalerie, « il faudrait m'en donner un et un bon, écrit-il au ministre, je n'en connais pas dans cette armée (3) ».

Le général Merenveüe signale qu'il lui manque 800 chevaux pour le service du parc d'artillerie, 4,000 obus de 6 pouces et que « l'atelier établi à Péronne pour l'approvisionnement de l'armée » n'a pas assez de poudre (4). En conséquence, Jourdan prie le ministre de « donner des ordres afin que tous ces objets essentiels soient fournis le plus tôt possible (5) ». « L'ennemi, écrit-il également à Bouchotte, a beaucoup de cavalerie sur tous les points de cette frontière et surtout à Solesmes ; nous, au contraire, en avons peu et le défaut de fourrages et principalement d'avoine finit d'exténuer les chevaux. Je demanderais, et il est de la dernière importance que vous fassiez un effort pour m'en procurer et jeter dans cette armée toute celle qui est dans l'intérieur... » Il faudrait également constituer à l'armée « des magasins de souliers et de chemises, le soldat en a très grand besoin de même que d'habits, vestes et

---

(1) Jourdan à Bouchotte, Gaverelle, 29 septembre. Cf. Charavay, t. III, p. 221.

(2) Registre n° XIII, p. 131. A. H. G.

(3) Jourdan à Bouchotte, Gaverelle, 28 septembre. Cette lettre publié in extenso par Charavay (t. III, p. 215) porte en marge cette observation écrite par Bouchotte : « Colaud, Despinoy, Bonnaire, Duquesnoy, sortent de la cavalerie. Les carabiniers ont ordre de se rendre au Nord. J'envoie ordre à Baget, général de cavalerie, de se rendre au Nord. »

(4) Ibid.

(5) Gaverelle, 29 septembre. Cf. Charavay, t. III, p. 221.

culottes ... (1) ». Comme il ne reste au quartier général
« aucuns fonds pour la partie secrète et pour les dépenses
extraordinaires », le général en chef prie les Représentants de mettre à sa disposition « une somme de 50,000
livres pour ces objets (2) ».

D'autre part la composition et la répartition des troupes
ont subi, dans la période du 16 septembre au 1er octobre,
quelques modifications qu'il serait oiseux d'exposer en
détail (3). On se bornera donc à les récapituler dans le
tableau ci-dessous, extrait d'un « État de situation de
l'armée du Nord à l'époque du 1er octobre 1793 (4) ».

	Fantassins.	Cavaliers.
Aux environs de Dunkerque, sous le général Souham : 17 bataillons et 1 régiment de cavalerie	8,852	430
Aux environs d'Hondtschoote, sous le général Gigaux : 15 bataillons	7,269	»
Aux environs de Cassel, sous le général Vandamme : 19 bataillons et 1 régiment de cavalerie	8,984	325
Aux environs de Cassel, sous le général Filon : 9 bataillons	3,705	»
Aux environs de Bailleul : 10 bataillons	4,166	»
Aux environs d'Armentières : 19 bataillons et 4 régiments de cavalerie	9,644	1,338
Au camp de la Madelaine, sous Béru : 28 bataillons et 3 régiments de chasseurs	13,564	817

(1) Jourdan à Bouchotte, Gaverelle, 29 septembre. Reg. n° 1 a/44,
p. 5. A. H. G. Cf. Charavay, t. III, p. 221.

(2) Jourdan aux Représentants du peuple, Gaverelle, 1er octobre.
Reg. n° 1 a/44, p. 18. A. H. G.

(3) Les ordres relatifs à ces modifications n'ont pas été retrouvés
dans les archives ; quelques-uns cependant sont contenus dans le registre n° XIII. A. H. G.

(4) Cet état, qui provient des papiers Jourdan, se trouve aux Archives
de la Guerre dans les cartons des « situations de l'Armée du Nord et
des Ardennes », 2e semestre 1793.

	Fantassins.	Cavaliers.
A Mons-en-Pesvèle, sous le général Gratien :		
9 bataillons............................	3,521	»
Au camp de Gaverelle, sous Jourdan :		
Flanqueurs de gauche : 14 bataillons et 3 régiments de cavalerie..............	6,821	1,323
Avant-garde : 8 bataillons et 5 régiments de cavalerie............................	4,821	1,901
Flanqueurs de droite : 15 bataillons et 5 régiments de cavalerie	6,048	1,602
Division du centre : 6 bataillons et 2 régiments de cavalerie	4,077	428
Attaché au parc : 2 bataillons...............	732	»
Camp retranché de Maubeuge, sous Ferrand : 32 bataillons et 4 régiments de cavalerie...	13,823	830

On voit ainsi que, à la date du 1er octobre, les forces actives de l'armée du Nord ont été réparties en quatre groupes, savoir :

	Fantassins.	Cavaliers.
1° De Dunkerque à la Lys................	32,676	755
2° De la Lys à Mons-en-Pesvèle inclus.......	26,729	2,155
3° Au camp de Gaverelle	22,499	5,252
4° A Maubeuge, camp retranché...........	13,823	830
TOTAL.............	95,727	8,992

Total des présents sous les armes : 104,720.

De plus, le commandement s'est préoccupé de mettre les places de Bouchain et de Cambrai en état de soutenir « rigoureusement » un siège, le cas échéant (1).

Le 1er octobre, la garnison de Bouchain est forte de 2,840 hommes (2), celle de Courtrai compte le 11 octobre

---

(1) Jourdan à La Martinière, directeur de l'artillerie à Douai, Gaverelle, 30 septembre. Reg. n° 1 a/44, p. 11. A. H. G.

(2) État de situations. Carton des situations, 2e semestre 1793. A. H. G. La situation y est détaillée par corps.

9,110 hommes (1) et Jourdan a prescrit d'envoyer, dans ces deux places, des fonds, des munitions d'artillerie, des armes et des mineurs (2).

Comment Jourdan envisage tout d'abord la situation stratégique. — Le 23 septembre, le Comité de Salut public a chargé Carnot de se rendre sans délai aux armées du Nord et des Ardennes pour s'y « concerter avec les Représentants du peuple près ces armées et les généraux sur les mesures à prendre pour la défense des frontières (3) ».

En vertu de cet arrêté, Carnot, muni d'un passeport,

---

(1) État de la garnison. Carton des situations. A. H. G.

(2) Registre n° 1 a/44. Lettres de Jourdan au payeur général de l'armée, à La Martinière et à Chapuy, 30 septembre. Le général Chapuy commande les places de Bouchain et Cambrai.

Ci-dessous une notice sur sa carrière militaire :

René Bernard Chapuy, né à Nancy le 18 juin 1746, soldat au régiment des colonies le 6 septembre 1765, sergent en novembre 1766, fourrier en décembre 1770, engagé au régiment de la Guadeloupe et embarqué pour les îles du Vent le 28 décembre 1772, sous-lieutenant le 1er mai 1775, lieutenant le 4 février 1779, aide de camp du gouverneur du Sénégal, de 1783 au 1er janvier 1786, chef du 3e bataillon franc de l'armée du Nord le 12 septembre 1793, blessé de deux coups de sabre et fait prisonnier le 7 floréal an II (26 avril 1794) ; rentré en France par échange le 1er vendémiaire an IV (23 septembre 1795), réintégré en brumaire an IV (octobre 1795), admis à la retraite le 3 nivôse an VII (23 décembre 1798), mort à Étain (Meuse) le 15 avril 1809. Le général Chapuy avait fait sous l'ancien régime les campagnes d'Amérique de 1778 à 1782. (Cf. Charavay, t. III, p. 181.)

(3) Arch. nat. A. F. 244. Reproduit par Charavay, t. III, p. 197. Dans une note du bas de la page, on lit que le 23 un passeport est délivré à Carnot (Archives de la famille Carnot) et que le 24, le Comité prend l'arrêté suivant : (Cf. Aulard, t. VII, p. 28) « Le Comité de Salut public arrête que le maître de poste de Paris fournira trois chevaux de limonière au porteur pour demain 25 du courant, 10 heures précises du matin. » La destitution de Houchard, ajoute Charavay, et son remplacement par Jourdan étaient en partie la cause de cette mission qui ne dura que jusqu'au 28.

quitte Paris le 25 à 10 heures du matin dans une diligence à trois chevaux ; il arrive à Gaverelle probablement dans la soirée du 25. Le 26, il s'entretient avec Jourdan et part pour la capitale où il est de retour le 28 (1). On peut croire que Jourdan et Carnot ont alors discuté le nouveau plan de campagne à adopter ; la lettre ci-dessous autorise du moins cette supposition :

Jourdan au général Béru, à Lille (2).

Je vous préviens, citoyen général, que je viens d'avoir une conférence avec le citoyen Carnot, membre du Comité de Salut public, qui est venu ici pour conférer avec moi. Il est résulté de notre entrevue que nous sommes décidés d'employer de grands moyens pour chasser les tyrans du territoire de la République : mais comme ces grands moyens demandent des détails et que vous devez beaucoup contribuer à cette opération, je vous engage à vous rendre en poste de suite auprès de moi pour nous concerter, à moins que votre présence ne fût absolument nécessaire et dans ce cas vous m'enverriez le général Dupont. Tâchez de venir vous-même.

Signé : JOURDAN.

Il est impossible de savoir exactement ce qui fut dit dans ces conférences, soit par Carnot, soit par Béru, soit enfin par Jourdan. Toutefois, on doit constater que celui-ci entrevoyait avec beaucoup de perspicacité les intentions de l'adversaire, car, le 28, il soumettait au ministre les considérations stratégiques ci-dessous (3) :

---

(1) Le 28, Carnot s'empressa de renvoyer à l'administration des voitures et selleries de la République la diligence qui avait été mise à sa disposition (Archives de la famille Carnot, Charavay, t. III, note p. 213). On lit d'autre part dans le recueil Aulard (t. VII, p. 183) que Étienne Henry, courrier du Comité de Salut public, parti mercredi 25 septembre pour l'armée du Nord au quartier de Gaverelle et de retour samedi 28 devra toucher la somme de 130 livres, 12 sols, 6 deniers. Il est vraisemblable qu'il s'agit là du voyage de Carnot.

(2) Gaverelle, 26 septembre. Reg. n° 1 a/44, A. H. G.

(3) Jourdan à Bouchotte, Gaverelle, 28 septembre. Reg. n° 1 a/44. Cf. Charavay, p. 215.

« Je vous préviens, citoyen ministre, qu'il est entré dans Bouchain un trésor et un convoi de fourrages ; j'y ai pareillement jeté des troupes. L'ennemi, quoique très près de cette place, ne paraît pas devoir l'attaquer ; tous les rapports s'accordent à dire qu'il se porte sur Maubeuge..... Bergues et Dunkerque témoignent des craintes. Je travaille à un plan d'opérations pour m'opposer aux progrès des tyrans sur la terre de la liberté. Je vous le soumettrai lorsqu'il sera achevé..... »

Dès le lendemain, Jourdan communiquait à Bouchotte (1) et au Comité de Salut public (2) « ses idées sur les moyens à prendre » pour s'opposer aux projets des Alliés. Ces idées peuvent se résumer ainsi :

Il faut chasser l'ennemi, ou, tout au moins, ne pas permettre qu'il s'avance davantage en territoire national. A cet effet, l'armée du Nord, augmentée de 15,000 hommes environ, sera divisée en deux fractions de 60,000 hommes chacune. L'une chassera l'adversaire du camp de Cysoing et viendra occuper le camp de Maulde (entre Saint-Amand et Tournay) ; l'autre délivrera Maubeuge s'il y a lieu, ou bien, franchissant la Sambre au-dessus de Jeumont, attaquera le camp de Bettignie et s'emparera de Bavay. Si ces deux opérations réussissent, il est probable que cette pression opérée sur les deux ailes de l'ennemi, obligera celui-ci à évacuer la région Solesmes, forêt de Mormal (3).

_____

(1) Jourdan à Bouchotte, Gaverelle, 29 septembre. A. H. G. Cor. Cf. Charavay, t. III, p. 221.

(2) On lira dans le tome III de Charavay, page 221, la lettre d'envoi adressée par Jourdan au Comité de Salut public. Elle se termine ainsi : « La défiance de mes seules lumières et l'intérêt que je mets à sauver la République m'ont engagé et me détermineront toujours à soumettre à votre décision les opérations d'un genre aussi conséquent que celles qu'il nous faut concerter en ce moment ». Reg. n° 1 a/44, p. 7. A. H. G.

(3) Il faut remarquer l'analogie qui existe entre ce plan offensif et

Mais, « si ce projet paraît trop audacieux » au Gouvernement, il faut *se tenir sur la défensive,* en formant une armée de 45,000 hommes, à l'aide des 30,000 hommes campés à Gaverelle et de 15,000 hommes prélevés sur le cordon qui s'étend de Mons-en-Pesvèle jusqu'à Dunkerque. Avec cette masse, Jourdan « s'opposera à toutes les tentatives de l'ennemi » et le « chassera de devant Maubeuge s'il a cerné cette place ».

A la nouvelle du siège de Maubeuge par le gros de l'armée impériale, le général en chef décida de courir au plus pressé ; il abandonna complètement le premier projet pour ne plus envisager que le plan défensif.

Toutefois, avant d'étudier la manœuvre exécutée par Jourdan, à l'effet de délivrer Maubeuge, il est nécessaire de savoir comment cette place fut investie.

---

celui qui fut adopté pour la campagne de 1794. Jomini a constaté cette analogie en ces termes (t. IV, p. 117) : « Projet qui servit de base au plan de la campagne suivante et qui eut tant de succès par les fausses dispositions des Alliés et l'énorme supériorité des masses employées. Les événements ne permirent pas cette fois l'exécution de ces manœuvres et ce fut sans doute un bonheur ». On peut lire dans la *Campagne de 1794, Opérations,* t. 1er, de M. le colonel Coutanceau, une discussion magistrale de ce plan de 1794. Enfin on trouvera dans les *Opérations militaires sur la Sambre en 1794,* de M. le commandant Dupuis, une étude détaillée des conditions dans lesquelles ce plan fut appliqué à l'aile droite de l'armée du Nord.

CHAPITRE III

Le siège de Maubeuge (28 septembre au 16 octobre 1793).

Les Alliés mettent le siège devant Maubeuge : *a)* le passage de la Sambre (29 septembre); *b)* les tergiversations des Pays-Bas; *c)* dispositif des armées adverses le 5 octobre. — État de la place de Maubeuge au moment de l'investissement. — La défense proprement dite; les sorties.

Les Alliés mettent le siège devant Maubeuge (1). — On sait (2) que Cobourg a pris la résolution de s'emparer de Maubeuge avant de coopérer, avec le contingent anglais, à une entreprise qui aurait pour but la conquête de Dunkerque.

A cet effet, un ordre général daté de Bavay, le 27 septembre (3), prescrit une série de mouvements préparatoires à commencer dès le 28 au matin, aussitôt la soupe mangée.

Le général Mikowiny, avec trois bataillons, deux escadrons, se rendra à Bettignie; le colonel Lichtenstein, avec deux bataillons, deux escadrons, rejoindra à Pont-sur-Sambre le bataillon Jellachich; Colloredo, avec six bataillons et deux escadrons, viendra à Neufmaisnil; la légion Bourbon, à la Longueville; Clerfayt, avec sept bataillons et douze escadrons, à Berlaimont.

Le quartier général s'installera à Neufmaisnil. Les

---

(1) Voir la carte n° 2 jointe à ce volume.
(2) Se reporter au chapitre 1er, p. 37.
(3) K. K. Arch., n° 430.

troupes devront être pourvues de tout ce qui leur est
nécessaire jusqu'au 29 inclusivement ; les bagages ne
suivront pas les unités. Le 29, l'opération se poursui-
vra, à moins d'avis contraire, dans les conditions suivantes et dès le point du jour (1).

Clerfayt passera la Sambre à Berlaimont, chassera
l'ennemi de la région comprise entre Aulnois et Baschamp et établira son camp, la droite à Aulnois, la
gauche à Baschamp.

Le général Hoditz, avec trois bataillons et six esca-
drons, provenant de la réunion du détachement Lich-
tenstein avec quatre escadrons prélevés sur le corps de
Latour à Bettignie, passera la Sambre à Pont, attaquera
Baschamp et marchera par Saint-Remy-Malbâti sur
Hautmont.

Mikowiny restera à Bettignie.

Le colonel baron Seckendorf, avec trois bataillons,
six escadrons et les volontaires de Carnneville, s'avan-
cera jusqu'à Coursolre et Colleret. Latour poussera
deux bataillons et deux escadrons par Elesmes sur
Boussois ; lui-même, avec cinq bataillons et huit escadrons, viendra, par Grandreng, vers Jeumont et Marpent ; il prendra position l'aile droite à Rocq, la gauche à
Colleret. Si l'ennemi ne résiste pas et replie ses postes
dans le camp retranché, les diverses colonnes occuperont les positions de contrevallation, en ayant soin de
veiller à ce que le point de Colleret ne puisse être pris
par l'ennemi. Dans ce but, Clerfayt se rapprochera le
plus possible du susdit point dès le 30, afin de pouvoir,
en cas de besoin, soutenir les troupes qui s'y trouveront. Le quartier général restera, le 29, à Neufmaisnil.

Le général Unterberger et le colonel Froon accom-
pagneront Cobourg le 29. Chaque colonne sera suivie de

----

(1) K. K. Arch., n° 430.

quelques voitures destinées au transport des blessés; les blessés de Latour seront évacués sur Mons, les autres sur Bavay.

Le dispositif d'attaque étant connu, il convient maintenant, pour préciser les emplacements des troupes républicaines affectées à la défense de Maubeuge, de se reporter à la situation ci-dessous qui est précisément datée du 28 septembre (1).

(1) Carton de situations de l'armée du Nord et des Ardennes (2e semestre 1793) A. H. G.

Situation effective aux ordres du général de division Ferrand
(28 septembre).

NOMS DES BATAILLONS.		FORCE D'AUJOURD'HUI.		POSITION des TROUPES.
		Officiers.	Sous-officiers et volontaires.	
Cantonnements de droite aux ordres du général de brigade MEYER..	3e de l'Yonne............	36	630	Rousies.
	2e de chasseurs belges.....	26	72	Rocq.
	7e régiment de dragons....	48	200	Marpent.
	22e d'infanterie légère.	58	340	
	1/2 comp. d'artillerie légère.	1	36	
	1er du Hainaut...........	32	574	Jeumont.
	2e de la Nièvre...........	35	613	
	1er du 18e..............	30	668	
	1er du Loiret............	35	728	
	6e de Jemmapes.........	27	358	Requignies.
	10e d'infanterie légère....	28	844	Colleret.
	3e de chasseurs liégeois ..	23	143	Ferrière-la-Petite.
	24e d'infanterie légère (1)...	33	432	Cerfontaine.
	12e de dragons...........	17	251	
	2e du Calvados...........	36	698	Ferrière-la-Grande.
	TOTAUX.........	435	6,357	
La garnison aux ordres du général de division GUDIN.	6e de l'Yonne...........	35	610	Maubeuge.
	12e des fédérés...........	33	723	
	Bataillon de la levée en masse.................	»	»	
	1er régiment de cavalerie...	29	419	
	4e compagnie de mineurs...	4	86	
	Parc d'artillerie..........	4	230	
	TOTAUX.........	105	2,068	
Le camp aux ordres du général de brigade COLOMB (3).	7e des fédérés	35	422	Le camp (2).
	1er du 25e...............	30	646	
	2e du 18e...............	29	428	
	1er de la Meurthe.........	32	702	

(1) Le général Thiébault servait alors comme capitaine au 24e bataillon d'infanterie légère de la division Meyer. Il conte dans ses *Mémoires* (tome 1er, chapitre XVI) quelques anecdotes assez curieuses et qui se rapportent au blocus de Maubeuge. On les citera à l'occasion.

(2) Il s'agit du camp retranché appuyé à la fortification de Maubeuge.

(3) Colomb (Joseph-Antoine), fils d'un avocat au Parlement du Dauphiné et Premier Consul de la ville d'Embrun, né le 26 septembre 1735 à la Seyne, volontaire au régiment de Piémont (10 juin 1752), sous-lieutenant de grenadiers (1er septembre 1755), lieutenant le 16 mars 1757, capitaine (22 mai 1759), réformé (7 avril 1763), aide-major du régiment des recrues de Lyon (1er octobre 1763), capitaine commandant au régiment de Piémont (24 mars 1769), capitaine titulaire (19 juin 1771), capitaine commandant de la compagnie colonelle (28 août 1777), lieutenant-colonel au 47e régiment (25 juillet 1791), colonel (16 mai 1792), général de brigade (15 mai 1793). Il avait été blessé à Bergen (13 avril 1759); il était à l'attaque du fort Villate, à la bataille de Neerwinden où il eut son cheval tué sous lui;

NOMS DES BATAILLONS.	FORCE D'AUJOURD'HUI.		POSITION des TROUPES.
	Officiers.	Sous-officiers et volontaires.	
Le camp aux ordres du général de brigade COLOMB. *(Suite).* — 1er du 94e ...	27	544	
2e de la Marne...	32	844	
2e des Hautes-Alpes...	34	608	
1er de la Sarthe...	28	623	
1er de la Vendée...	33	632	Le camp.
10e des fédérés...	44	437	
1er de Cambrai...	36	328	
Artillerie de redoutes...	13	284	
TOTAUX...	367	6,438	
Cantonnements de gauche aux ordres du général de brigade DESJARDIN. — 1er bataillon du 74e...	22	855	
1er régiment de hussards...	15	200	
Compagnie de Durieux...	2	93	
4e bataillon franc...	29	595	Baschamp.
1er des fédérés...	35	1,045	
5e —	35	500	
1er du 68e...	29	596	
1er chasseurs de Jemappes...	29	439	Dans le bois du Quesnoy.
3e de l'Eure...	34	819	Fontaine et Lismont.
13e des fédérés...	29	851	A Saint-Rémy-Malbâti.
1er escadron du 12e dragons...	7	82	
6e de l'Oise...	35	943	Au camp de Saint-Rémy-Malbâti.
1/2 comp. d'artillerie légère.	1	34	
3e de la Haute-Marne...	29	757	A Beaufort.
TOTAUX...	331	7,809	

Récapitulation.

Cantonnements aux ordres du général DESJARDIN.	331	7,809
Camp aux ordres du général COLOMB.	367	6,557
Garnison aux ordres du général GUDIN.	405	2,068
Cantonnement aux ordres du général MEYER.	435	6,435
TOTAL.	1 238	22,869

il sauva le trésor de l'armée lors de la défection de Dumouriez. Mais Celliez avait écrit que s'il était bon à conserver, on devait l'entourer de patriotes purs (26 juillet, à Bouchotte). Le Ministre le crut noble et le suspendit le 2 octobre ; sa suspension, lui écrivait Jourdeuil, était la suite d'une mesure générale nécessitée par les circonstances. Colomb ne fut réintégré que le 29 frimaire an IV, après avoir défendu la représentation nationale en prairial et en vendémiaire ; envoyé à l'armée d'Italie où il fit la campagne de l'an V, il passa ensuite à la 19e division militaire ; lorsqu'on le réforma le 1er prairial an IX, il comptait cinquante-deux ans de service. Il ne faut pas le confondre avec un autre général du même nom, Pierre Colomb, Nîmois de naissance, ancien gendarme de la Garde et colonel du 2e dragons, qui servait également à l'armée du Nord, mais qui venait de demander sa retraite (5 août 1793), pour causes d'infirmités et d'obtenir congé (Cf. Chuquet, *Hondtschoote*, p. 280).

Certifié par nous, colonel, adjudant général, chef de l'état-major à Maubeuge, ce 28 septembre 1793, l'an II de la République française.

Grâce aux *Mémoires inédits* du général Desjardin (1),
il est possible d'indiquer en outre dans tous ses détails
la situation particulière de la division, dite de Haute-
Sambre, qui supportera le choc des Impériaux le 29 septembre.

Ce général de brigade a pris, le 13 septembre, le
commandement de la division chargée de garder la
Sambre entre Hautmont et Baschamp. Son quartier
général est établi à Saint-Remy-Malbâti. Dans la nuit du
14 au 15 septembre, les Autrichiens ont établi ou rétabli trois ponts, en face de la Fosse, de Notre-Dame-des-
Quartes et de Berlaimont. Desjardin, craignant de provoquer un engagement général dans de mauvaises
conditions, ne s'est pas opposé à cette opération ; il s'est
contenté de faire non plus cantonner, mais camper, son
infanterie, de fortifier quelques avant-postes et de distribuer 30 cartouches à chaque homme : le 25, les coalisés ont construit un nouveau pont en face de Mécrimont. A partir de ce jour, les rapports des émissaires
français font prévoir que les troupes autrichiennes fran-
chiront bientôt la Sambre en grandes masses. Desjardin,
ainsi prévenu du danger qui le menace, fait la reconnaissance du cours de la Sambre, après quoi il propose
au général Ferrand de faire lever le camp de Baschamp
et de Saint-Remy-Malbâti « pour prendre en arrière
une position plus resserrée entre Hautmont et le bois
de Beaufort », tout en laissant sur place la cavalerie
légère, afin d'éviter toute surprise. C'était là, en somme,
une combinaison qui consistait à battre en retraite
avant l'attaque de l'ennemi. « Elle ne fut point goûtée,
écrit Desjardin, par la crainte que l'on eut, en faisant
un mouvement rétrograde, d'inspirer de l'audace à
l'ennemi, de lui donner l'idée d'une attaque et d'un pro-

----

(1) *Mémoires* n° 14 (A. H. G.).

jet que l'on croyait devoir se borner à de simples démonstrations. » D'ailleurs, ajoute-t-il, « la situation, où se trouvaient presque tous les généraux, les contraignait à ne suivre que le torrent des événements et même à négliger ces moyens salutaires où des hommes égarés ne voyaient que trahison..... ». En conséquence, Desjardin se borne à renforcer sa position à l'aide de redoutes ; comme leur construction fut commencée le 26, on ne put pas les utiliser le 29. Quoi qu'il en soit, la division de Haute-Sambre était ainsi disposée au moment où les Alliés prirent l'offensive, le 29 au matin (1).

Trois bataillons : (1er du 74e, 1er des fédérés, 5e des fédérés) au camp de Baschamp ; un bataillon dans le village de ce nom ;

Un bataillon d'infanterie légère et quatre compagnies d'infanterie (4e voltigeurs francs, compagnie Durieux) à Pantinie, au Bois-Georges et à la Puissance ;

Trois bataillons et quatre compagnies au camp de Saint-Remy-Malbâti (13e des fédérés, 6e de l'Oise, 1er du 68e, quatre compagnies du 3e de la Haute-Marne) ;

Quatre escadrons de cavalerie légère entre les camps de Baschamp et Saint-Remy-Malbâti (1er hussards) ;

Quinze compagnies d'infanterie légère, environ deux bataillons, tiennent Hautmont et le bois du Quesnoy (1er des chasseurs de Jemmapes) ;

Deux bataillons en réserve sur les hauteurs de Lismont entre Fontaine et Éclaibes (3e de la Haute-Marne, 3e de l'Eure).

a) *Le passage de la Sambre* (2). — Les Impériaux com-

---

(1) *Mémoires inédits* n° 14 (A. H. G.).

(2) Cette relation a été rédigée principalement à l'aide des *Mémoires* de Desjardin et de la relation de Cobourg (K. K. Arch., n° 454 a).

mencent le 29, dès le point du jour, l'exécution des
mouvements prescrits par l'ordre du 27. Suivons successivement chacune des trois colonnes Clerfayt, Hoditz
et Colloredo.

L'aile droite de l'armée alliée, sous Clerfayt, franchit
la Sambre en deux colonnes ; celle de droite passe la
rivière sur le pont jeté en face de Mécrimont et s'empare, après une escarmouche sans importance, des villages de Val-Saint-Vaast et Saint-Remy-Chaussée,
qui étaient occupés par des postes français détachés
de la garnison d'Avesnes. Après quoi cette colonne
secondaire, formant flanc-garde, observe la direction
d'Avesnes.

La colonne principale s'avance par le pont de Berlaimont sur la Malmaison et la ferme de l'Hôpital, c'est-à-
dire sur le flanc gauche des bataillons de Desjardin, qui
sont au camp dit de Baschamp. Elle se forme alors en
bataille et coopère à l'attaque de front dirigée sur ce
même camp par Hoditz.

Celui-ci débouche sur la rive droite de la Sambre en
trois colonnes : la première par Pont-sur-Sambre, la
deuxième par le pont de Notre-Dame-des-Quartes, la
troisième par le pont de la Fosse. Après avoir suivi un
instant la chaussée Brunehaud, la première attaque de
front les trois bataillons républicains au camp de Baschamp. Ceux-ci, menacés en même temps sur leur flanc
gauche par Clerfayt, se replient en désordre sur la
réserve, du côté de Lismont et d'Éclaibes, en abandonnant une pièce de 4.

La deuxième colonne est arrêtée quelque temps par
les troupes légères qui défendent Pantinie et le Bois-
Georges ; mais la colonne principale, débouchant par
la Fosse, oblige celles-ci à se retirer vivement. Cette
colonne poursuit sa marche vivement. Notre artillerie,
inférieure comme nombre et comme calibre à celle de
l'adversaire, n'a pu battre efficacement ni le pont de

Notre-Dame-des-Quartes, ni celui de la Fosse. Un de nos obusiers de 6 pouces a même été démonté. Cependant la ligne des bataillons du camp de Saint-Remy-Malbâti résiste honorablement jusqu'à ce que Colloredo intervienne à son tour. Dans la nuit, ce général a rétabli le pont d'Hautmont qui a été franchi dès l'aube, sous la protection de deux puissantes batteries, par la colonne partie de Neufmaisnil. Celle-ci traverse Hautmont et se dirige sur le bois du Quesnoy, menaçant de couper la retraite des Français qui défendent les hauteurs de Saint-Remy-Malbâti; en outre, le saillant Nord-Ouest de ce village est également menacé par un petit détachement que Lichtenstein a envoyé vers le gué de Boussière. La droite et la gauche françaises courant ainsi le danger d'être tournées, toutes nos troupes battent en retraite sur le bois de Beaufort, en abandonnant trois canons et six caissons. La division se rallie aux abords du bois. Un bataillon, resté en arrière, tombe sous le feu de l'artillerie ennemie en traversant le ruisseau de Saint-Remy-Malbâti; il est pris de panique et sa déroute entraîne celle du gros de la division qui se trouvait alors près du bois de Beaufort. « Ces troupes, écrit Desjardin, abandonnent leurs postes sans que les prières, les ordres, les menaces du général Desjardin et du représentant du peuple Drouet pussent arrêter leur fuite honteuse jusqu'au camp retranché de Maubeuge (1). »

Fricasse, qui faisait partie du 3e bataillon de la Haute-Marne, placé en réserve sur les hauteurs d'Éclaibes, relate ainsi, dans ses *Mémoires*, les péripéties de cette retraite (2).

---

(1) *Mémoires*, p. 33 (A. H. G.).
(2) *Journal* de marche du sergent Fricasse, *loc. cit.*, p. 12. Fricasse déclare en outre que, dans la matinée du 29 « il faisait un brouillard très obscur ».

« *Retraite sur la ville de Maubeuge.* — Malgré notre vigoureuse résistance nous n'avons pas tardé à être bloqués par leur nombreuse cavalerie qui cherchait à s'emparer des villages et des bois où nous devions passer. Comme nos tirailleurs ne leur donnaient pas assez d'occupation et ne nous laissaient pas le temps de défiler, nous avons été obligés de nous mettre en bataille en avant de la forêt de Beaufort. A l'approche de l'ennemi, nous avons fait feu de file pendant trois quarts d'heure. Son artillerie nous a forcés une seconde fois à la retraite, après avoir perdu un canon et plusieurs canonniers tués et blessés. Vingt hommes de notre bataillon mis hors de combat. Notre route étant coupée, il ne restait plus pour notre retraite qu'à nous enfoncer dans le bois et sortir comme on pourrait.

« Nous voilà donc en marche. Après avoir fait une demi-heure dans cette forêt, étant prêt de sortir, un régiment ennemi, qui se dérobait à notre vue, nous force à chercher un autre passage. Sur une autre lisière du bois l'ennemi nous cerne de même. Ma foi ! il n'y avait plus à balancer. Rester prisonniers ne nous accommodait pas ; nous avons passé au travers de l'ennemi, qui n'a cessé de faire une fusillade continuelle.

« De cette forêt nous avons rejoint la colonne, qui se rassemblait dans la plaine ».

En résumé, dans la soirée du 29 septembre, la division Desjardin était ramenée en désordre dans le camp retranché de Maubeuge ; elle avait perdu, d'après les *Mémoires* de Desjardin, 150 hommes, deux pièces de canon et un caisson.

Quant à Colloredo et Hoditz, après avoir rassemblé leurs troupes, ils installaient leur camp, la droite au bois de Beaufort, la gauche à Hautmont.

Pendant ce temps, au Nord-Est de Maubeuge, le feldzeugmeister comte Latour conduisait l'attaque conformément aux prescriptions de l'ordre du 27, et la division Meyer, dont les emplacements sont indiqués par la situation reproduite au début de ce chapitre, eut à subir le choc des Impériaux dans cette partie. Ceux-ci conservent, sur la rive gauche seulement, trois bataillons et deux escadrons, laissés au camp de Bettignie, sous le commandement de Mikowiny.

Quatre bataillons et douze escadrons, sous Latour, s'installent sur la hauteur de Marpent.

Un bataillon et quatre escadrons commandés par le général-major Cobourg, s'établissent sur la hauteur de Jeumont.

Enfin, Seckendorf se trouve avec trois bataillons à Merbes-le-Château, où il doit franchir la Sambre. Les Impériaux ont d'ailleurs profité de la nuit pour jeter deux ponts entre Marpent et Jeumont. Au point du jour les diverses colonnes se mettent en marche (1).

Seckendorf, passant par Montignies et Bersillies, vient s'établir sans encombre entre Colleret et Cerfontaine.

Les colonnes de Cobourg et de Latour, précédées de compagnies de chasseurs, franchissent la Sambre et chassent successivement nos bataillons de leurs cantonnements ; elles s'emparent d'Austregnies, du bois de Bonpaire, de Seru et de Cerfontaine, se réunissent, près de ce village, à la colonne Seckendorf et s'avancent ensemble jusqu'à Férierre-la-Grande. A défaut d'autres documents français relatifs à cette opération on peut citer cet extrait des *Mémoires* de Desjardin, où il est question de l'attitude de la division Meyer (2).

---

(1) Jomini estime que les Alliés auraient dû passer la Sambre avec deux masses de 20,000 à 25,000 hommes, l'une par Baschamp, l'autre par Requignies. « Le résultat inévitable de cette manœuvre eût été de séparer le corps de Meyer de Maubeuge, de lui intercepter toute retraite et de le refouler sur Charleroi ; lorsque, de son côté, Clerfayt, passant la rivière à Pont, eût, au contraire, rejeté Desjardin dans le camp retranché » (Tome IV, p. 119).

(2) *Mémoires*, p. 33 (A. H. G.).

« Il (1) (Meyer) fit sa retraite en désordre par Colleret, sur Cerfontaine, derrière lequel il prit position et voulut livrer bataille, mais la supériorité de l'ennemi rendit ses mesures inutiles et il se détermina à la retraite. La cavalerie autrichienne s'ébranla pour charger son arrière-garde et l'eût taillée en pièces sans la bravoure du 12ᵉ régiment de dragons et la contenance audacieuse du 2ᵉ bataillon du Calvados qui reçut ces escadrons à la baïonnette et les arrêta par une décharge générale de son artillerie et de mousqueterie. » Le général Meyer ayant fait rentrer sa division dans le camp retranché, et l'ennemi ayant occupé Féricrre-la-Grande, la communication avec Avesnes était désormais coupée et le blocus de Maubeuge réalisé. D'après les documents autrichiens, les pertes des Français, au cours de cette journée du 29, s'élevaient à 1,000 tués ou bles-

---

(1) Pierre-Arnould Meyer, né à Gap (Hautes-Alpes) le 22 septembre 1762, fils d'un marchand fabricant de bas de soie; volontaire à la compagnie de chasseurs du régiment de Champagne, le 10 août 1782, caporal le 17 janvier 1788, congédié par ancienneté le 10 août 1790, instructeur dans la garde nationale des Hautes-Alpes, élu lieutenant-colonel en second du 2ᵉ bataillon des volontaires de ce département, le 28 novembre 1891, commandant de ce bataillon le 1ᵉʳ août 1793, général de brigade le 27 août et de division le 25 septembre 1793, commandant de la division de Maubeuge le 29 octobre suivant, destitué le 26 brumaire an II (16 novembre 1793); mis en liberté le 29 thermidor (16 août 1794), Meyer fut réintégré comme chef d'escadron au 8ᵉ de cavalerie le 23 frimaire an III (13 décembre 1794), devint adjudant général à l'armée du Rhin le 5 vendémiaire an IV (26 septembre 1797), pour sa participation au coup d'État du 18 fructidor, servit l'année suivante à l'armée d'Helvétie et fut envoyé dans le département de la Lozère en l'an IX. Il mourut en l'an X. Il avait été blessé à la bataille de Jemmapes. Le nom de ce général a été omis dans la *Biographie du Dauphiné*, d'Adolphe Rochat (Cf. aux Archives administratives de la guerre, une brochure intitulée : *L'ex-général de division Meyer à ses concitoyens*, et aux Archives nationales, Af. II 306, à la date du 29 thermidor an II, une autre brochure intitulée : *Pétition du frère du général Meyer à la Convention nationale*) (Cf. Charavay, t. III, p. 101).

sés, 300 prisonniers, onze canons et quinze caissons. Desjardin évalue celles des Impériaux à 500 tués ou blessés.

b) Les tergiversations des Pays-Bas. — Il faut remarquer que, le 29 au soir, les Impériaux n'ont conservé, sur la rive gauche de la Sambre, que trois bataillons, deux compagnies et deux escadrons, installés au camp de Bettignie. L'investissement de la place est donc très précaire dans le secteur Nord et Nord-Ouest. Cela tient à ce que Cobourg se propose alors de confier le commandement du corps de siège au prince d'Orange qui doit amener, sous les murs de Maubeuge, une armée de 12,000 hommes (1). Mais cette armée n'arrivera que le 5 octobre à Bettignie ; nous allons dire pourquoi.

On a déjà vu, dans notre tome 1er (2), que la direction stratégique des opérations présentait des difficultés très réelles dans le camp adverse où l'opposition des intérêts, chers aux différentes puissances alliées, troublait l'harmonie des relations et tendait à faire diverger les efforts. C'est ainsi que la conquête de Maubeuge, agréable aux Autrichiens, n'était pas désirée au même degré par la Grande-Bretagne et la Hollande. Le roi d'Angleterre avait, il est vrai, adopté le plan arrêté dans la conférence de Marquain le 17 septembre, mais, ce faisant, il espérait bien que la conquête de Dunkerque suivrait de très près celle de Maubeuge. Quant aux Pays-Bas, qui convoitaient la Flandre maritime, ils n'avaient aucune raison d'être satisfaits de ces combinaisons. C'est pourquoi les États généraux de La Haye, ne voulant

---

(1) Ces 12,000 hommes proviennent de l'armée qui a été battue à Menin le 13 septembre. Des renforts reçus de Hollande ont permis de reconstituer cette troupe et de porter son effectif à ce chiffre (Witzleben, *loc. cit.*, t. II, p. 314).

(2) De Valenciennes à Hondtschoote, *loc. cit.*

pas laisser leurs troupes s'éloigner beaucoup des Flandres, prescrivirent que le contingent hollandais resterait sur la rive gauche de la Sambre. Le prince d'Orange ne s'avançait donc qu'à regret vers le Sud ; aux vives instances de Cobourg (1) il opposait des difficultés de ravitaillement pour expliquer la lenteur de ses marches. Arrivé à Alost le 30 septembre, à Anderlecht le 2, le contingent hollandais atteignait Mons seulement le 5 octobre.

Cette « *singulière conduite des Hollandais* (2) » déconcertait Cobourg, qui écrivait au prince d'Orange cette phrase où il montre son dépit :

« Comme je vois que c'est un parti pris, j'ai l'honneur de prévenir V. A. S. que j'expédie les ordres pour que nos troupes occupent le terrain sur la rive droite de la Sambre en laissant à celles de V. A. l'étendue depuis Boussois jusqu'au pont de la rive gauche vis-à-vis d'Hautmont (3). »

Orange se décidait alors à venir jusqu'à Bettignie : « Je puis avoir l'honneur de marquer à V. A., écrivait-il le 5 octobre, que je me dispose à marcher en avant à Bettignie aujourd'hui, à midi, avec treize bataillons, les troupes légères et la moitié de la cavalerie, tandis que le reste suivra demain (4). »

c) *Dispositif des armées adverses le 5 octobre.* — Les forces des coalisés concentrées aux environs de Maubeuge sont donc divisées, à la date du 5 octobre, en deux fractions qui constituent respectivement une *armée de siège* et une *armée d'observation*.

---

(1) K. K. Arch., nos 371, 453, 458.
(2) *Ibid.*, n° 20 b, Pont-sur-Sambre, 6 octobre.
(3) *Ibid.*, n° 103 (5 octobre), Pont-sur-Sambre.
(4) K. K. Arch., n° 131, de Mons, 5 octobre.

Seize bataillons, dix compagnies, huit escadrons impériaux, au total 14,000 hommes, sous Colloredo, investissent la place sur la rive droite de la Sambre, depuis Cense-Forest jusqu'à Boussois, en passant par le bois de Beaufort, Férierre-la-Petite, et Cerfontaine (1).

Un corps de 12,000 Hollandais, sous le prince d'Orange, ferme le cercle sur la rive gauche depuis Boussois, par Glisuelle et Douzies, jusqu'à Hautmont.

L'armée de siège proprement dite, sous le commandement supérieur du prince d'Orange, est donc forte de 26,000 hommes.

L'armée d'observation, comprenant vingt et un bataillons, trente-cinq compagnies et soixante-trois escadrons est ainsi disposée (2) :

Sept bataillons, vingt compagnies, vingt-huit escadrons, sous Wenkheim, sont répartis depuis Solesmes par Englefontaine, jusqu'à la forêt de Mormal. La couverture immédiate du corps de siège vers le Sud est assurée par onze bataillons, huit compagnies et vingt-huit escadrons sous Clerfayt. Ces troupes sont ainsi placées le 5 octobre (3) :

1° Cinq bataillons, huit escadrons, entre Saint-Remy-Malbâti et le bois de Beaufort, sous Degenschild ;

2° Quatre bataillons, six escadrons, depuis le bois de Beaufort jusqu'à Obrechie, sous Terzy ;

3° D'Obrechie à la Thure, deux bataillons, quatre compagnies et quatorze escadrons, sous Bellegarde (4) ;

4° Un corps de neuf bataillons, dix compagnies et

---

(1) K. K. Arch. n° 17, *Eintheilung Truppen. Bericht des Prinzen von Coburg.*

(2) Witzleben, t. II, p. 315.

(3) K. K. Arch. *Eintheilung Truppen*, n° 17.

(4) D'après Murray, chef d'état-major de York, les bataillons comptent 750 hommes, les escadrons 150 et les compagnies 100 hommes (C^f. Witzleben, t. II, p. 316).

vingt-quatre escadrons, soit 11,000 hommes, sous Otto, est détaché entre Orchic, Marchiennes, Denaing, Douchy et Saulzoir ;

5° Enfin, il y a, entre Beaumont et Thuin, sous Hoditz, douze bataillons, trois compagnies et vingt-cinq escadrons qui font face à l'armée des Ardennes. Le quartier général de Cobourg, qui commande l'ensemble, est installé à Pont-sur-Sambre.

On voit ainsi que l'ensemble de l'armée d'observation comprend :

	Fantassins.	Cavaliers.
Sous Wenkheim................	7,250	4,200
Sous Clerfayt, protection immédiate.	9,000	4,200
Sous Hoditz....................	9,300	3,750
Total..........	25,550	12,150

Et en tout, de Thuin à Solesmes, 37,700 hommes (1).

Si l'on ajoute, à ces 37,000 hommes, la fraction du détachement d'Otto qui est échelonnée entre Saulzoir et Douchy, on constate que l'armée alliée, disposée entre la Sambre et l'Escaut, compte bien 40,000 hommes, ainsi que Cobourg l'écrivait au prince d'Orange dès le 26 septembre (2).

De même, l'effectif de l'armée impériale et anglaise qui, sous York, est chargée de la défense de la Flandre et placée entre l'Escaut et la Manche, s'élève à 40,000 hommes.

Il en résulte que, à la date du 5 octobre, l'armée alliée forme trois masses importantes :

1° Sous York, une armée de 40,000 hommes dont le centre est à Tournay ;

-----

(1) K. K. Arch., n° 17.
(2) *Ibid.*, lettre n° 409 a, de Bavay, 26 septembre.

2º Sous Clerfayt, une armée d'observation de 40,000 hommes, stationnée entre Douchy et Thuin ;

3º Sous le prince d'Orange, une armée de siège de 26,000 hommes qui investit Maubeuge.

Vis-à-vis de ces trois groupes, les troupes françaises sont divisées en quatre fractions distinctes, savoir :

1º 22,000 hommes, sous Ferrand, sont assiégés dans Maubeuge ;

2º Au camp de Gaverelle, où se trouve le quartier général de Jourdan, il y a 30,000 hommes ;

3º A Lille et au camp de la Madeleine, Béru dispose de 25,000 hommes ;

4º Entre Cassel et Dunkerque, 25,000 hommes sont groupés sous le commandement de Davaine.

Enfin 10,000 hommes sont dispersés en cordon entre ces quatre masses.

Tel était le dispositif des forces adverses au moment où Jourdan se décida à marcher au secours de Maubeuge, à la tête d'une armée de 45,000 hommes environ.

État de la place de Maubeuge au moment de l'investissement. — Le but poursuivi par Vauban, en construisant les fortifications de Maubeuge, était de « procurer à cette frontière un point d'appui et de communication entre les places de Valenciennes et de Philippeville, trop éloignées l'une de l'autre, de se rendre maître du cours de la Sambre et de donner un moyen de plus pour porter la guerre dans le comté de Namur, le pays de Liége et de Brabant (1) ». Or, le corps de place était dominé, à 800 mètres environ, par quatre hauteurs, entre autres celle de Falize, d'où l'assaillant pouvait croiser ses feux dans l'enceinte très

---

(1) Mémoire militaire sur la place de Maubeuge, par Marescot (carton nº 1, archives de la chefferie du génie de Maubeuge).

étroite. Aussi le célèbre ingénieur de Louis XIV, reconnaissant que l'emplacement était mal choisi (1), donnat-il des instructions en vue de remédier aux inconvénients de cette position. Voici les plus essentielles : « Élever des cavaliers et de nombreuses traverses ; construire des parados et des casernes le long des remparts ; établir des inondations ; planter sur tous les terre-pleins et les talus du rempart des ormes et des tilleuls, afin que l'épaisseur de leur feuillage aide à dérober les défenseurs aux vues de revers (2) ».

Cependant ces divers moyens semblèrent insuffisants, et l'on jugea indispensable de fortifier les susdites hauteurs, si dangereuses pour les défenseurs (3).

En 1791, Rochambeau, qui commandait alors l'armée du Nord, donna l'ordre au colonel du génie Lafitte, directeur à Valenciennes, de se rendre à Maubeuge pour y tracer un camp retranché. Ce tracé fut exécuté dans les premiers jours du mois d'août, avec le concours de M. de Juzancourt, lieutenant-colonel et chef du génie à Maubeuge. Une lettre ministérielle, en date du 8 août 1791, approuva le travail et fit un fonds de 20,000 livres pour le commencer ; on se mit aussitôt à l'œuvre.

Pendant les premiers mois de l'année 1793, on coupa les haies et les arbres qui masquaient les vues autour de la ville, et le général de division Tourville fit même abattre une partie du bois de Beaufort. On construisit sur la rive gauche les redoutes avancées du Tilleul et du bois d'Assevent (4), avec baraques et magasins ;

---

(1) Marescot déclare qu'on aurait dû construire la fortification entre Philippeville et Maubeuge.

(2) Archives de la chefferie du génie de Maubeuge, art. 1, n° 43, carton n° 1.

(3) Archives de la chefferie du génie de Maubeuge, art. 1, n° 47. Résumé des travaux de défense faits en 1791, 1792 et 1793.

(4) La redoute d'Assevent existe encore.

leurs communications avec le corps de place étaient défilées aux vues et aux coups par des talus appropriés.

Les redoutes du Loup et de la Sambre, également avec magasins et baraques, furent élevées à la droite du camp ; enfin, le 30 mai, par ordre du général Tourville, on entreprit la construction des fortins F. et F¹. dans l'intérieur du camp retranché.

Ce système défensif a été critiqué sévèrement par Marescot (1). Cet ingénieur, qui n'était pas, en principe, partisan des camps retranchés, a formulé contre celui de Maubeuge les remarques ci-dessous :

1º Il est vu de dos des hauteurs du Tilleul et d'Assevent ;

2º Ses deux tranches extrêmes ne s'appuient pas au corps de place, qui, par suite, ne les flanque pas ;

3º Les deux fortins destinés à servir de refuge aux défenseurs ne sont pas bien flanqués, et leurs gorges fortifiées fourniraient à l'ennemi, qui aurait pris ces fortins, des emplacements de batterie et des retranchements tout faits et utilisables contre la place.

Quoi qu'il en soit, lorsque les alliés se présentèrent, le 29 septembre, devant Maubeuge, « les fortifications de la place, écrit Joseph de Montfort (2), étaient en bon état de défense, aussi bien que celles du camp retranché, des redoutes d'Assevent et du Tilleul sur la rive gauche de la Sambre et de la redoute de Sambre sur la rive droite. Il restait à perfectionner aussi sur la rive droite la redoute du Loup, située à la tête du faubourg

---

(1) *Mémoire* du 25 floréal an II, Archives de Maubeuge, carton nº 1. Marescot pense que les camps retranchés, dont les ouvrages sont en terre, peuvent toujours être emportés de vive force, que les défenseurs, en se repliant dans la place, y jettent l'effroi. D'après lui, il est préférable de construire des redoutes sur des points dominants et de les bien défendre.

(2) Extraits de ses *Mémoires* (Cf. Foucart et Finot, t. II, p. 218).

de Louvroil, sur la chaussée d'Avesne, et deux fortins
commencés dans l'intérieur du camp retranché dans
l'intention de tenir ferme et de chasser l'ennemi s'il
venait à forcer quelques points du camp..... ».

Les ressources en vivres et fourrages étaient peu
abondantes (1). « Il existe dans cette place, écrit Jourdan le 4 octobre, en froment, en seigle ou méteil,
16,831 quintaux (2). »

Un état (3) signé du garde-magasin indique que, le
27 septembre, il restait dans le magasin des fourrages
du camp de Falize 2,069,979 kilogrammes de foin,
517,472 kilogrammes de paille, 4,405 kg. 1/2 d'avoine
et 9,506 boisseaux de son; aussi, dès le 16 octobre, il
faudra songer à abattre les chevaux inutiles, afin de
diminuer la consommation de ces fourrages (4). Une
enquête faite le 7 octobre établit qu'il n'y avait plus
alors dans la ville que 82 vaches, 329 moutons et
2 porcs (5). L'approvisionnement d'effets d'habillement,
de linge et de chaussures était faible, car d'après une
situation du 27 septembre, on disposait seulement de

---

(1) Le général Thibault, qui fut enfermé dans la place, critique en
ces termes l'imprévoyance du commandement :

« Nous étions dans un pays fertile ; la récolte avait été abondante et
partout elle était rentrée. Rien n'était donc plus facile que d'approvisionner le camp qui, construit pour 20,000 hommes, devait contenir
de quoi les nourrir pendant un mois ou six semaines. Mais on fit la
faute de ne pas former des magasins dans le camp et de ne pas y réunir
des troupeaux proportionnés aux besoins ; de plus, une grande partie
de ce que l'on avait réuni fut logée dans les bâtiments de la manufac-
ture qui, située en dehors des ouvrages, était à la discrétion de l'ennemi..... » (*Loc. cit.*, p. 455).

(2) Jourdan à Bouchotte, de Gaverelle, 4 octobre (Cf. Charavay,
t. III, p. 251).

(3) Carton des situations de l'armée du Nord et des Ardennes, 2ᵉ semestre 1793 (A. H. G).

(4) *Mémoires* de Desjardin, *loc. cit.*, p. 47.

(5) Foucart et Finot, *loc. cit.*, p. 229.

6,312 culottes, 327 chapeaux, 664 paires de souliers,
1,405 chemises et 2,272 paires de bas (1).

Par contre, on ne manquait pas de matériel d'artillerie. L'état ci-dessous des bouches à feu, caissons et
attirails d'artillerie de campagne existant au camp de
Maubeuge, le 26 septembre, en fournit la preuve (2) :

Canons de siège....	de 18, en fer......................	6	
	de 12, en bronze..................	4	
Canons de bataille..	de 12.........................	22	
	de 8..........................	27	
	de 4..........................	46	100
	d'obusiers de 6 pouces.............	5	
Affûts de rechange.	de 12.........................	6	
	de 8..........................	6	14
	de 4..........................	2	
Caissons..	de 12.........................	54	
	de 8..........................	43	
	de 4..........................	61	197
	d'obusiers......................	15	
	à cartouches d'infanterie............	18	
Charrettes chargées de cartouches d'infanterie.......		6	
Voitures..	Grands caissons d'outils.............	2	
	Forges de campagne......	3	
	Chariots de munitions...............	13	27
	Pontons avec leurs haquets...........	8	
	Haquet de rechange................	1	

TOTAL des voitures........ 338

Si l'on considère que l'effectif total des troupes enfermées dans le corps de place et dans le camp retranché
s'élevait à 22,000 hommes (3), on doit admettre que les
ressources matérielles énumérées ci-dessus étaient suffisantes pour au moins un mois. Or, ce délai permettait à

(1) Carton des situations, 2 janvier 1793 (A. H. G.).
(2) *Ibid.*
(3) Voir la situation reproduite au commencement de ce chapitre.

l'armée du Nord de manœuvrer tout à son aise contre un ennemi qui commettait la faute d'immobiliser ainsi 66,000 hommes autour d'une place forte. Constatons donc, une fois de plus, que la stratégie des coalisés facilitait admirablement la tâche de nos généraux, tout en procurant au gouvernement révolutionnaire le temps de multiplier ses moyens de défense.

La défense proprement dite. — Le commandement supérieur de la place appartenait au général Ferrand, placé récemment à la tête de l'armée des Ardennes, après avoir été gouverneur de Dunkerque du 5 au 11 septembre; il était secondé par les généraux Desjardin, Meyer, Chancel et Colomb. En outre, les représentants Hentz, Bar et Drouet, le fameux maître de poste qui avait participé à l'arrestation de Louis XVI à Varenne, étaient enfermés dans Maubeuge.

La municipalité, et surtout la Société populaire affiliée aux Jacobins, devaient intervenir très activement dans l'organisation de la résistance. Il semble même, si l'on s'en rapporte aux arrêtés publiés par MM. Foucart et Finot (1), que l'autorité militaire n'eut pas à se plaindre de leur concours. Cependant Joseph de Montfort reproche à la Société populaire de s'être montrée trop accessible à des craintes puériles (2). « La Société populaire, affiliée aux Jacobins de Paris, écrit celui-ci, jouait un grand rôle pendant le blocus. Les officiers du génie y étaient souvent mandés pour rendre compte des travaux qu'ils faisaient exécuter. Un jour, on leur fit une question singulière. Parmi les redoutes qui formaient la contrevallation, il y en avait une très grande et très haute que nous avions surnommée *le Petit*

---

(1) Foucart et Finot, t. II, *loc. cit.*, p. 219 à 245.
(2) Foucart et Finot, t. II, p. **219.**

Luxembourg. Elle était à 3,000 mètres de la place ; l'on voyait journellement les Autrichiens y remuer de la terre pour la perfectionner ou la réparer. Un soir donc, dans la Société populaire, il fut demandé aux officiers du génie si ce grand amas de terre ne venait pas d'un long rameau de mine commencé en cet endroit et arrivant déjà sous la grande place de la ville, et s'il n'était pas à craindre de voir prochainement ou toute la ville sauter en l'air, ou l'ennemi déboucher de dessous le pavé de la grande place et prendre ainsi à revers nos défenseurs placés sur les remparts. Il fallut d'abord ne pas éclater de rire, ensuite avoir l'air de faire des recherches, des sondes, et enfin faire un rapport sérieux sur une pareille question.....

« Nous ne manquions pas de poudre, ni de fers coulés, ajoute-t-il ; les magasins de vivres n'étaient pas dans un état de dénuement, mais rien n'était à l'abri de la bombe, et un bombardement pouvait nous priver de toute ressource. L'objet dont nous étions le moins pourvus était le fourrage, et déjà on avait été obligé de tuer et de manger quelques chevaux..... »

Il est impossible de citer dans le détail toute la série des travaux d'investissement qui furent exécutés par l'armée de siège. D'après Joseph de Montfort, l'ennemi avança avec « une circonspection ridicule » du côté de la redoute du Loup (direction de Louvroil); mais il montra moins de timidité sur les fronts de Mons, en profitant des couverts que lui donnaient les maisons et les haies. Au surplus, il existe au ministère de la guerre un *Plan der Bloquade von Maubeuge* (1) et un croquis de la *disposition de l'armée hollandaise sous Maubeuge* (2), sur lesquels les tranchées, redoutes ou

---

(1) Plan n° 450. Division 4. Subdivision 11. Archives des cartes du Ministère de la guerre.

(2) Plan n° 448. *Ibid.*

parallèles, construites par les assaillants, ont été reportées exactement ; ces indications sont reproduites par nos soins sur la carte de Cassini n° 2, jointe à cette étude. On y verra que, à la fin du siège, les Impériaux et les Hollandais avaient creusé deux parallèles, l'une entre le camp retranché et Férierre-la-Grande, l'autre sur la route de Mons, un peu au Sud de la Maison-Rouge ; des batteries de mortiers s'y trouvaient prêtes à commencer le bombardement.

Les sorties. — Il semble que le manque d'énergie et d'activité, dont la garnison fit preuve pendant la durée du siège, doit être imputé à la fois aux généraux et aux troupes. Le représentant Drouet déclare, en effet, que dès le 1er octobre, « l'armée était frappée d'une terreur intense ; elle désespérait de son salut (1) ». Il ajoute même que, conformément à l'opinion exprimée par le citoyen Pinteville, commandant le 2e bataillon de la Marne, il conçut le projet de sortir de la place avec 100 dragons, afin « d'en imposer aux ennemis et de ramener l'espérance et la fermeté dans l'âme de nos guerriers », en accomplissant cette action d'éclat ! En même temps, ceux qui auraient le bonheur de s'échapper, se rendraient à Paris pour y annoncer, à la Convention et au Ministre de la guerre, le triste sort de Maubeuge.

Voici comment Desjardin raconte cet épisode (2) :

« Les représentants Drouet et Bar et tous les généraux passèrent les troupes en revue, les haranguèrent pour ranimer leur courage et leur énergie, que la dernière défaite avait totalement abattue. Le représentant du peuple Drouet avait déjà assisté aux différents con-

----

(1) Rapport publié par Foucart et Finot, t. II, p. 224.
(2) *Mémoires* de Desjardin, *loc. cit.*, p. 37, 38 et 39.

seils de guerre, il avait été à même de juger de l'état
déplorable de la place, du camp et de leurs moyens de
défense, et de mesurer l'immensité des dangers de la
patrie, si Maubeuge succombait aux efforts réunis de
toutes les puissances coalisées. Un officier (1) se présente à lui et s'offre de traverser la contrevallation des
ennemis et de porter au général en chef de l'armée du
Nord les ordres des Représentants et les dépêches du
général Ferrand. Le représentant Drouet reçoit cet
officier avec bonté, le félicite de son dévouement et ne
tremble pas de lui confier qu'il se destine à l'exécution
de ce généreux projet.

« Il en donne aussitôt avis aux différents généraux de
l'armée ; plusieurs admirent son audace et, craignant
pour la vie de leur représentant, lui offrent de partager
ses dangers.

« Malgré les remontrances d'une infinité de militaires,
le représentant Drouet, ne voyant que le salut de l'État,
ferme les yeux sur le péril certain qui le menaçait et ne
songe plus qu'à assurer les moyens de réussite pour
l'exécution d'une expédition qu'il voulait faire. Il
demande dans le camp les braves gens qui veulent de
bonne volonté traverser les lignes avec lui ; tous, brû-
lants de faire à leur Représentant un rempart de leurs
corps, se présentent pour l'accompagner : les circonstances étaient délicates, tous ne pouvaient avoir part à
cette sortie, et d'ailleurs la patrie enchaînait dans Maubeuge le courage de ces héros.

« Le représentant Drouet choisit cinquante dragons (2)

---

(1) Il s'agit du citoyen Pinteville, commandant le 2ᵉ bataillon de la
Haute-Marne.

(2) Le 22 octobre, le général Ferrand écrivait ceci au Comité de
Salut public, au sujet de cette tentative faite par Drouet :

« D'après le rapport de 38 dragons qui sont revenus de cette expédition, il paraît que la troupe s'est dispersée aux premières décharges

ou hussards des mieux montés, met à leur tête le citoyen Lavelaine, capitaine au 7e régiment de dragons, officier d'ailleurs recommandable par une bravoure à l'épreuve et un sang-froid peu commun.

« Le départ du détachement est fixé à 11 heures du soir ; à l'heure marquée, la petite troupe se met en marche, traverse les avant-postes et les bouscule, malgré plusieurs décharges des bataillons autrichiens qui étaient au bivouac. Soutenue du courage du Représentant, elle poursuit sa course au galop et se jette dans un ravin que l'obscurité lui empêche d'éviter ; les chevaux s'abattent, les dragons désarçonnés sont faits prisonniers, plusieurs rentrent dans le camp et sept ou huit seulement traversent la ligne et arrivent à Philippeville, mais le représentant Drouet était tombé de cheval et essuya le même sort que plusieurs dragons (1). »

---

de l'armée ennemie ; une partie de la troupe a été renversée dans un fossé ainsi que le représentant Drouet. Les dragons l'ont remis à cheval et il a été suivi de quelques-uns ; la plus grande partie s'étant égarée dans l'obscurité de la nuit, ce n'est que deux jours après que j'ai pu m'informer de son sort ; j'ai envoyé un trompette sous le prétexte de remettre des lettres de famille de deux officiers autrichiens faits prisonniers à l'affaire du 29 septembre. Je demandais en même temps les noms des prisonniers qui avaient eu lieu dans cette affaire et dans une reconnaissance faite quelques jours auparavant.

« L'officier chargé de cette mission a appris aux avant-postes ennemis, avant de se rendre au quartier général, que le représentant Drouet avait été pris. Le général Salouo a annoncé l'avoir fait conduire au quartier général de Cobourg. Tels sont les détails que j'ai pu recueillir sur le sort du représentant Drouet à qui je n'ai pu voir sans la plus vive peine prendre un parti qui ne pouvait que compromettre la dignité du caractère dont il était revêtu..... » A. H. G. Cor.

(1) D'après MM. Foucart et Finot (p. 224, t. II) le représentant Drouet fut emmené à Bruxelles puis transféré à Spielberg en Moravie. Il fut échangé en novembre 1795 avec Camus, Lamarque et plusieurs autres contre la fille de Louis XVI. A son retour à Paris, il prit place au Conseil des Cinq-Cents.

La sortie dirigée sur le château d'Yves (2,500 mètres Sud-Ouest de Maubeuge), les 6 et 7 octobre 1793. — « La seule sortie qui eut un bon résultat, écrit J. de Montfort, fut celle que l'on fit pour démolir et raser un petit bois auprès et en avant de la redoute du Loup, qu'on avait renoncé à occuper selon le projet qu'on en avait eu d'abord et qui aurait pu devenir plus tard un bon poste pour les ennemis (1). »

Les Autrichiens, profitant d'un rideau d'arbres et de haies qui, aux abords de la cense dite du château d'Yves, masquaient complètement leurs travaux, avaient construit, dans cette partie, des retranchements importants qui avaient donné de l'inquiétude au général Chancel. C'est pourquoi celui-ci prescrivait au général Meyer de se saisir de ce point d'appui et d'abattre ces haies ou ces arbres.

En conséquence, le 6 octobre, Meyer, à la tête de six bataillons (2), chasse les Autrichiens de ce poste, les poursuit dans la direction d'Hautmont et rentre à Maubeuge sans avoir abattu les arbres ou buissons en question (3).

Le lendemain 7 octobre, l'opération est reprise par Desjardin, qui sort de la place avec cinq bataillons d'in-

---

(1) Reproduit en note au bas de la page 228, Foucart et Finot, t. II.

(2) *Mémoires* de Desjardin, p. 40.

(3) Le général Thiébault rapporte dans ses *Mémoires* (*loc. cit.*, p. 456), que la Cense du château fut le prétexte de combats répétés et sanglants :

« En avant et à demi-portée de canon de la redoute du Loup, écrit-il, se trouvait une ferme, nommée la Cense du château, que l'on avait eu l'imprévoyance de ne pas raser d'avance, et dans laquelle nous ne pouvions pas permettre à l'ennemi de se retrancher, mais dans laquelle il ne nous permit pas non plus de nous établir. Enlevée et reperdue par nous à six reprises, elle nous coûta beaucoup de monde, mais en coûta davantage à l'ennemi, qui n'y mit aucune pièce en batterie que de suite elle ne fût démontée..... »

fanterie de bataille, quatre bataillons d'infanterie légère,
deux escadrons et une compagnie d'infanterie légère.

Le récit détaillé de cette opération se trouve dans les
Mémoires de Desjardin ; il nous suffira d'en retenir ici
ce qui concerne la tactique employée par ce général.

« Il (Desjardin) rassembla entre la redoute du Loup
et la redoute de Sambre les troupes destinées à cette
opération.

« A 6 heures du matin, il fit attaquer les Autrichiens
et mit en mouvement le centre de son attaque, que formaient quatre bataillons d'infanterie légère ; deux bataillons d'infanterie de bataille se portèrent en avant par
la droite, deux autres firent le même mouvement par la
gauche et un dernier bataillon fut placé en réserve
pour soutenir le centre, que forma toute l'infanterie
légère ; ce petit corps, ainsi disposé, s'avança très en
ordre, chaque colonne marchant à la hauteur qui lui
avait été prescrite ; le général laissa l'artillerie légère
et la cavalerie en réserve pour s'en servir plus à
propos..... »

A peine est-on sorti ainsi du camp que l'on reçoit des
coups de feu qui partent des « haies avancées du château », où l'ennemi s'est embusqué. Cependant notre
infanterie, s'avançant sans tirer, oblige les Impériaux à
se replier jusque sous les murs du château et pénètre au
pas de charge dans les bâtiments, qu'elle incendie.

« Les deux ailes s'étaient avancées, rapporte Desjardin, et, après avoir débordé le château, obliquèrent à
droite et à gauche pour se rapprocher. Cette manœuvre,
habilement exécutée, acheva d'envelopper ceux des
Autrichiens qui avaient échappé au massacre du château.
Alors le centre, s'étant rallié, se porta en avant, et tout
le corps du général Desjardin se trouva en une seule
ligne, qui fut placée derrière un rideau pour couvrir les
travailleurs qui rasaient les haies et les masures. Pendant près d'une heure, cette troupe soutint avec une

fermeté héroïque une grêle de boulets et d'obus qu'envoyaient les Autrichiens pour arrêter la coupe des haies. » Mais le feu de l'artillerie obligea finalement les bataillons, les pionniers et les travailleurs à reculer, et Desjardin, estimant que les destructions nécessaires avaient été faites, rassembla sa troupe et la ramena dans le camp.

A partir de ce moment, les défenseurs ne quittèrent plus leurs remparts que pour exécuter les petites opérations qui sont résumées ci-dessous :

Le 8 octobre, les Hollandais ayant occupé la lisière orientale du bois du Tilleul, les Français replient le pont de pontons qui met en communication la redoute du Tilleul avec la rive droite. Le 9, ils tracent une courtine destinée à relier entre elles les redoutes dites du Loup et de la Sambre. Le 14, Vézu, à la tête de la garnison et de quelques détachements prélevés sur les troupes du camp, attaque le bois du Tilleul et emporte deux redoutes (1). Le 15, on commence à palissader les fortins construits à l'intérieur du camp.

« Pendant toute la journée, écrit Desjardin, le feu de l'artillerie se fit entendre ; dans le lointain, on aperçut beaucoup de fumée et l'éclat de plusieurs obus. Sur le soir, le feu parut s'éloigner et cessa (2). »

---

(1) D'après Thiébault, ce combat eut lieu le 13 octobre ; voici d'ailleurs ce qu'il écrit à ce sujet :

« C'est en avant de la redoute du Tilleul et dans le bois de ce nom, que nous eûmes, le 13 octobre, le combat le plus déplorable de tout ce blocus, celui où les troupes envoyées pour nous renforcer, recevant en arrière de nous les balles ennemies qui nous dépassaient, commencèrent, sans voir sur qui elles tiraient, un feu nourri et nous blessèrent ou nous tuèrent plus de monde que l'ennemi par qui nous nous crûmes tournés. Une telle erreur qui accuse les soldats et incrimine les officiers, se renouvelle plus souvent qu'on ne pense et toujours produit sur les troupes un effet exécrable..... » *Loc. cit.*, p. 457.

(2) *Mémoires*, p. 49.

L'armée de secours était, ce jour-là, aux prises avec
l'armée d'observation, et l'on verra plus loin pourquoi
et comment ses attaques réussirent à faire lever le siège
de Maubeuge. Nous constaterons simplement ici que,
du 30 septembre au 15 octobre, les 22,000 hommes
investis dans le camp retranché ou dans le corps de
place, ont contrarié fort peu les efforts de leurs adversaires (1).

---

(1) Voici comment le chef de bataillon Goris, commandant le
1er bataillon de Cambrai, rejette exclusivement sur les généraux la
responsabilité de cette inertie de la garnison de Maubeuge (Goris au
Comité de Salut public, 22 octobre 1793. A. H. G.) :

« Les généraux accusent les volontaires de lâcheté ; c'est toujours
leur ressource en pareil cas ; il est vrai que quelques centaines de lâches
ont fui dans les sorties qu'on a faites et cela n'est pas surprenant ; le
soldat était convaincu de la supériorité de l'ennemi, il voyait en outre
que ces sorties ne tenaient qu'à nous détruire en détail, sans qu'il en
résulte aucun bien puisqu'on ne gardait pas les postes qu'on prenait ;
d'ailleurs les bataillons nombreux qu'on faisait marcher au feu, sont
composés aux trois quarts du contingent des 300,000 hommes qui pour
la plupart se sont vendus à prix d'argent, ne sont point guidés par cet
ardent amour de la patrie, fuyaient et mettaient en désordre des bons
citoyens qui s'étaient déjà distingués par leur courage..... » Il ajoute
qu'on aurait dû égaliser les bataillons dont les uns étaient forts de 800
à 1,000 hommes et les autres de 200 à 500 hommes.

CHAPITRE IV

Jourdan et Cobourg se préparent à livrer bataille.

Jourdan forme le projet de se porter au secours de Maubeuge. — La concentration de l'armée de secours à Guise (6 au 10 octobre). — Dispositifs successifs de l'armée de secours du 11 au 13 octobre. — Comment Cobourg compte faire face à l'attaque de Jourdan : a) les difficultés d'ordre diplomatique; b) les intentions du généralissime autrichien.

Jourdan forme le projet de se porter au secours de Maubeuge. — Pendant la nuit du 30 septembre, Jourdan apprend par une lettre du commandant d'Avesnes que, après avoir « forcé nos avant-postes sur la rive de la Sambre depuis Ferrière jusqu'à Beaumont », l'ennemi « menace d'investir Maubeuge, Landrecies ou Avesnes ». Cette nouvelle décide aussitôt le général en chef, qui n'a « pas grande confiance dans la résistance que pourraient faire ces villes fortes », à « marcher promptement » à leur secours (1). Il considère d'ailleurs que, selon toute vraisemblance, le corps de Beaulieu a seul passé la Sambre et que « Cobourg se tient à Bavay avec des forces considérables pour tomber sur Bouchain et Cambrai ». Dans cette hypothèse, il est nécessaire de laisser au moins 10,000 hommes au camp de Gaverelle pour protéger ces deux places, si bien que, sur les 30,000 hommes réunis dans ce camp, 20,000 seulement sont disponibles. C'est pourquoi Jourdan ordonne d'ajou-

_____

(1) Jourdan à Bouchotte, Gaverelle, 1er octobre. A. H. G. (Cf. Charavay, t. III, p. 258.) Reg. 1a/44, p. 17.

ter à ces 20,000 hommes, 12,000 hommes prélevés sur les troupes du camp de la Madelaine et 10,000 hommes détachés de celles qui sont réparties entre Bailleul et Dunkerque. Le déficit, produit par ces deux prélèvements dans les effectifs de Béru et de Davaine, sera comblé à l'aide de *bataillons de la levée en masse*, aussi nombreux que possible « afin de gagner par le nombre ce qu'on perd par l'expérience (1) ». Vu l'urgence, le Ministre est prié de donner « les ordres les plus pressants pour l'organisation de ces nouveaux corps (1) ». Heureusement Jourdan apprenait, dès le 1ᵉʳ, que Maubeuge seul était menacée ; il formait aussitôt le projet de débloquer cette place.

« J'ai été informé hier, écrit-il le 2 octobre, que l'ennemi, ayant passé la Sambre au-dessus et au-dessous de Maubeuge, avait cerné *cette* place. Les camps qui étaient en avant de cette ville n'ont point fait de résistance ; ils ont abandonné leurs tentes et leurs canons ; ils se sont repliés en désordre sur le camp retranché. Il est donc de toute nécessité que je suspende le projet dont je vous avais fait part et qui demanderait un trop long délai et que je me porte au secours de Maubeuge (2)..... ».

En se reportant au chapitre XV de notre tome Iᵉʳ, qui a trait à la préparation de la manœuvre d'Hondtschoote, on verra que les deux plans de Jourdan et de Houchard présentent une frappante analogie.

En effet, de même que Houchard avait constitué vers Cassel une armée de secours de 40,000 hommes, destinée à débloquer Dunkerque, de même Jourdan allait réunir 40,000 hommes vers Guise pour sauver Maubeuge. Le projet plus artistique de manœuvrer l'ennemi par les

---

(1) Jourdan à Bouchotte, Cf. Charavay, t. III, p. 258.
(2) Jourdan aux Représentants du peuple, de Gaverelle, 2 octobre. A. H. G. Reg. 1a/44, p. 20.

deux ailes est totalement abandonné ; la moitié des troupes reste dispersée en cordon le long de la frontière, tandis que l'autre moitié se concentre à l'extrémité Sud du susdit cordon.

N'est-ce pas ainsi que les choses s'étaient passées du 1er au 5 septembre, avec cette différence toutefois que la concentration avait alors eu lieu à l'extrémité Nord du cordon ?

A part ce déplacement du point de concentration, les deux conceptions sont donc identiques. C'est dire que le jeu des sièges et des armées de secours se perpétue et que les combinaisons chères aux stratèges de 1793 procèdent d'une idée fort simple. Quoi qu'il en soit, et puisque les mêmes causes reproduisent fatalement les mêmes effets, nous verrons Jourdan aux prises avec des difficultés qui rappellent exactement celles que Houchard rencontra, un mois auparavant, lorsqu'il voulut masser son armée de secours aux abords de Cassel.

La concentration de l'armée de secours à Guise (6 au 10 octobre). — a) Sans attendre l'arrivée des renforts qui doivent venir de Lille et de Cassel, Jourdan forme, avec une partie des troupes du camp de Gaverelle, une division dont il confie le commandement au général Fromentin (1). Cette division, partie le 3 octobre à 5 heures du matin, arrive le même jour à Bapaume, le 4 à Péronne, le 5 à Saint-Quentin, le 6 à Guise, et s'installe le lendemain entre Avesnes et Guise « pour garder la communication entre ces deux places (2) » tout en couvrant la concentration de l'armée (3).

_____

(1) Jourdan à Fromentin (ordre daté du 2). Fromentin a remplacé Desroques à la tête des flanqueurs de droite du camp de Gaverelle.

(2) Jourdan à Bouchotte, de Gaverelle, 4 octobre. A. H. G. (Cf. Charavay, t. III, p. 231).

(3) Voir la composition de cette division, forte de 7,764 hommes, aux documents annexes.

b) Une autre division commandée par le général Balland (1) est constituée à l'aide d'unités prélevées sur les camps de Gaverelle et de Roeux (2) ; son effectif s'élève à 13,424 hommes.

Un ordre, donné par Jourdan le 5 octobre, règle ainsi le mouvement de cette division (3).

Départ du camp de Gaverelle le 6 à la pointe du jour.

Arrivée le 6 à Bapaume par Arras, le 7 à Péronne, le 8 à Saint-Quentin, le 9 à Guise, où la division attendra de nouveaux ordres.

c) Béru, obtempérant avec le plus grand zèle aux ordres de Jourdan, a fait diriger en toute hâte, sur le camp de Gaverelle, les 12,000 hommes demandés par le général en chef qui, le 2 octobre, remercie son subordonné en ces termes :

« Je suis satisfait, citoyen général, de la célérité que vous mettez à remplir les ordres que je vous ai donnés : je m'en rapporte à vous sur les différentes dispositions

---

(1) Antoine Balland, né au Pont-de-Beauvoisin (Isère) le 27 août 1751, soldat au régiment de Beauvoisin (futur 57e d'infanterie, le 17 avril 1769, caporal le 17 février 1771, sergent le 24 février 1773, sergent-major le 11 août 1781, adjudant le 4 septembre 1784, congédié le 1er novembre 1790, capitaine au 1er bataillon de Paris le 21 juillet 1791, lieutenant-colonel en second le 16 janvier 1792 et en premier le 21 août suivant, chef de brigade au 83e d'infanterie, le 8 mars 1793, général de brigade employé à l'armée du Nord, le 27 août 1793, et de division le 13 septembre suivant; non compris dans l'organisation du 25 prairial an III (13 juin 1795), admis au traitement de réforme le 23 ventôse an VI (13 mars 1798); maire de Guise, chevalier de la Légion d'honneur le 28 août 1817, reçoit des lettres patentes de chevalier le 28 mars 1818 ; mort à Guise (Aisne) le 3 novembre 1821 (Cf. Charavay, t. III, p. 223).

(2) Rapport général du 13 et 14 octobre. A. H. G. Situation. Voir aux documents annexes la composition de cette division Balland.

(3) Jourdan à Balland, de Gaverelle, 5 octobre. A. H. G. Reg. 1a/44, p. 27.

que vous êtes obligé de faire à raison de la force que je suis obligé de vous enlever..... (1) ».

Ces éloges étaient mérités car six bataillons et deux régiments de cavalerie (2), prélevés sur les troupes de Mons-en-Pesvel et placés sous les ordres du général de brigade Gratien, arrivaient dès le 3 à Carvin et le 4 à Arras (3).

En outre trois demi-brigades, de l'infanterie légère, et deux régiments de cavalerie, partis le 3 du camp de la Madelaine, étaient également rendus à Arras dans la soirée du 4.

Toutes ces troupes (4), réunies sous le commandement supérieur du général de division Duquesnoy (5),

---

(1) Jourdan à Béru, de Gaverelle, 2 octobre. A. H. G. Rég. 1a/44, p. 20.

(2) Ce détachement comprenait : le 1er bataillon de Seine-et-Oise, le 1er bataillon du 72e, le 3e bataillon de Seine-et-Oise, le 1er de la réserve, le 1er bataillon du 78e et le 25e bataillon de la réserve, enfin le 2e régiment de dragons et le 24e de cavalerie.

(3) Jourdan à Gratien, de Gaverelle, 3 octobre. A. H. G. Reg. 1a/44, p. 24.

(4) Ces trois demi-brigades comprenaient les deux demi-brigades du 67e et celle du 1er bataillon du 8e de ligne. Le 7e bataillon du Jura faisait, on le sait, partie de la demi-brigade du 2e bataillon du 67e : c'est pourquoi on lit dans *Jolicler, ses lettres*, page 128, cette phrase : « Le 3 octobre nous sommes partis pour venir débloquer Maubeuge. Nous avons marché une dizaine de jours et le 15 de ce mois nous avons commencé l'attaque..... »

(5) Duquesnoy, né à Bouvigny-Boieffles (Pas-de-Calais), le 27 février 1761 avait, en 1793, 32 ans ; frère du conventionnel. Fils d'un fermier, carabinier en 1782, congédié en 1790. Capitaine au 4e bataillon du Pas-de-Calais 28 janvier 1792, au 4e bataillon des chasseurs francs du Nord le 16 novembre. Général de brigade le 30 juillet 1793. Commandant le camp sous Cassel, août 1793. Général de division le 3 septembre 1793, passé à l'armée de l'Ouest le 27 novembre 1793. Suspendu le 14 mai 1795. Retraité le 1er janvier 1796. Meurt à l'Hôtel des Invalides, février 1796.

Le conventionnel Duquesnoy n'a pas approuvé la nomination de son

étaient aussitôt mises en route pour Guise où elles parvenaient le 8 (1).

d) Davaine ne se conforma pas avec autant d'empressement que Béru aux prescriptions de Jourdan.

« Il faut, écrivait celui-ci, dès le 1er octobre (2), que vous organisiez de suite un corps de 10,000 hommes en y comprenant le 2e régiment de hussards, le 7e de cavalerie et l'infanterie légère. Vous prendrez ces troupes depuis Dunkerque jusqu'à Bailleul et vous diviserez celles qui vous resteront de la manière la plus convenable pour tenir sur la défensive. Vous diviserez ce corps en demi-brigades, brigades, division et avant-garde. Vous y placerez le plus d'officiers généraux qu'il vous sera possible. Vous choisirez pour cette opération les bataillons que vous croirez les plus propres à se bien battre. Vous vous concerterez avec les Représentants du peuple et, en leur absence, avec les corps administratifs pour remplacer ces troupes par des citoyens de nouvelle levée : lorsque vous aurez organisé ce corps, vous l'enverrez à Arras en le faisant passer par Béthune et Lens..... Vous mettrez la plus grande célérité dans cette opération, vous m'instruirez du jour du départ de cette troupe..... Vous ferez pourvoir à la subsistance de ces troupes jusqu'à leur arrivée à Arras.....»

---

frère au grade de général de division : « J'aurais désiré, écrit-il à Bouchotte, d'Arras, le 25 septembre, qu'avant de porter mon frère au grade de général de division vous m'ayez consulté, non pas que je doute de son civisme, mais parce que j'appréhende que ce grade soit au-dessus de ses forces. » Cependant, à la séance du 8 novembre au club des Jacobins, Hébert attaqua le représentant Duquesnoy « sans connaissance et sans talents » ainsi que son frère le général, pour avoir entravé les opérations de Jourdan.

(1) Charavay, t. III, p. 250. Voir aux documents annexes la décomposition de l'effectif de cette division qui était forte de 11,701 hommes.

(2) Jourdan à Davaine à Cassel, de Gaverelle, 1er octobre. Reg. 1a/44.

Au lieu d'exécuter immédiatement ces ordres, pourtant très clairs, Davaine répondit par une demande d'explications qui lui valut ce rappel à l'ordre sévère, de la part du général en chef :

« L'ennemi vient de cerner Maubeuge, les camps situés aux environs de cette place et qui en devaient défendre les approches, se sont repliés sur le camp retranché. Laisserai-je prendre ce boulevard de la République ? Voilà le motif de l'ordre que je vous avais donné. Vous deviez exécuter sur-le-champ l'ordre que je vous ai donné et s'il faut des consultations à chaque ordre, il n'est plus besoin d'un général en chef dont on entraverait à chaque instant les opérations (1). »

Davaine comprit sans doute qu'il fallait obéir, car dans une lettre adressée à Bouchotte par Jourdan le 4 octobre, on lit ceci : « Le corps de 10,000 hommes de la division de Cassel arrivera à Guise le 10..... (2) »

L'ordre, qui règle le mouvement de ces 10,000 hommes, n'a pas été retrouvé ; toutefois il est vraisemblable que ceux-ci arrivèrent à Arras le 6, le 7 à Bapaume, le 8 à Péronne, le 9 à Saint-Quentin et le 10 à Guise. Ces renforts, envoyés par Davaine, formèrent une division, forte de 9,012 hommes et dont le commandement fut confié au général Carrion.

e) Le Comité de Salut public ayant, par arrêté du 2 octobre (3), placé l'armée des Ardennes sous les ordres de Jourdan, ce dernier prescrit aussitôt de prélever sur cette armée 5,000 hommes au moins qui participeront à l'opération projetée et se rendront tout d'abord à Philippeville. « Il faut écrit, Jourdan *(4)*, que ces troupes

---

(1) Jourdan à Davaine, de Gaverelle, 3 octobre. Reg. 1a/44.
(2) Cf. Charavay, t. III, p. 250.
(3) *Recueil* Aulard, t. VII, p. 182.
(4) Jourdan au commandant en chef de l'armée des Ardennes. Reg. 1a/44, Gaverelle, 4 octobre.

soient rendues à Philippeville le 11, afin de pouvoir agir
le 12 qui est le jour où je me propose d'attaquer..... »
Dans l'esprit de Jourdan, ce détachement est destiné à
opérer dans la direction de Beaumont, afin de flanquer
la droite du corps chargé de l'attaque principale, laquelle
doit avoir lieu « le 12 ou le 13 pour le plus tard (1) ».
Comme Ferrand, qui commandait l'armée des Ardennes,
était alors enfermé dans Maubeuge, il est vraisemblable que cette lettre fut envoyée au général Wisch à
Sedan.

Quoi qu'il en soit, un détachement, placé sous le commandement du général Beauregard (2), et constitué à
l'aide de faibles fractions venues de Sedan, de Mont-
médy ou du camp de Carignan, fut réuni aussitôt et
dirigé sur Fourmies, où il se trouvait le 11 octobre (3).

Aux termes d'un ordre (4) adressé le 11 à Beauregard

---

(1) Jourdan à Bouchotte, de Gaverelle, 4 octobre. A. H. G. 1a/44,
p. 24 (Cf. Charavay, t. III, p. 251).

(2) Pierre-Raphaël Paillot de Beauregard, né en 1734 ; lieutenant-
colonel de chasseurs et chevalier de Saint-Louis en 1779 ; maréchal de
camp, 1er mars 1791, général de division à l'armée des Ardennes
15 mai 1793 ; suspendu, 17 octobre 1793, arrêté et emprisonné le
20 octobre 1793 ; mis en liberté le 29 août 1794, retraité le 15 novembre 1794 ; employé à l'armée de l'Ouest le 31 avril 1795, retraité le
1er janvier 1796.

Kilmaine écrivait à son sujet, le 10 octobre 1793, la lettre suivante :
« Tâchez au nom du ciel de me débarrasser de ce vieux général Beauregard, c'est un vrai procureur de l'ancien régime, un vil intrigant
qui met toute la division en désordre. Je ne peux plus faire le bien de
la République en servant avec lui..... Qu'on l'ôte d'ici ou qu'on m'en
ôte ; je servirai partout la patrie avec zèle, mais avec un intrigant qui,
joint à cela, radote, je ne répond plus de rien..... » Voir une notice
très complète sur la vie de ce général. Cf. Charavay, t. III, p. 416.

(3) On n'a pas retrouvé les ordres qui ont prescrit à ce détachement,
fort de 4,263 hommes, de venir à Fourmies le 11 octobre.

(4) Jourdan à Beauregard, Guise, 11 octobre. A. H. G. Reg. 1a/44,
p. 39.

par Jourdan, ce détachement était rendu le 12 à Liessies et complété à l'aide des unités suivantes :

1er bataillon de Paris (venu du corps de bataille d'Hondtschoote)	411
Bataillon de la Butte-des-Moulins (*Idem*)	400
4e bataillon du Nord (venu de Cassel)	605
5e régiment de dragons	327 (1)

L'effectif total de cette division s'élevait, le 12 octobre,
à 6,000 hommes, dont 970 cavaliers.

La première série des ordres donnés par le général en
chef avait donc eu pour effet de concentrer autour de
Guise, le 10 octobre, les divisions Fromentin, Duquesnoy, Balland et Carrion, auxquelles il faut ajouter la
division Beauregard qui arrivait à Fourmies le 11.

La division Fromentin avait été chargée de couvrir
cette concentration. A cet effet, la forêt de Nouvion avait
été occupée dès le 8 par un détachement mixte, comprenant le 6e de cavalerie, la 34e division de gendarmerie et
le 3e bataillon de la Meurthe, aux ordres du général Cordellier. Le 9, le gros s'était avancé jusqu'à Etrœung, et
Jourdan écrivait à Bouchotte le même jour (2) :

« Le reste de mon armée arrivera demain : j'ai fait
partir aujourd'hui mon avant-garde à Etrœung. La
marche forcée que viennent de faire les troupes les a
extrêmement fatiguées ; il leur faut absolument un jour
avant de les mener à l'ennemi..... ».

*Dispositifs successifs de l'armée de secours du 11 au
13 octobre.* — Pendant la période du 11 au 13 octobre, le
général en chef déplace lentement son armée de Guise
vers Avesnes ; les mouvements exécutés ont été résumés

---

(1) Dont 307 cavaliers et 20 canonniers.
(2) Jourdan à Bouchotte, de Réunion-sur-Oise, 9 octobre. A. H. G.
Cf. Charavay, t. III, p. 273.

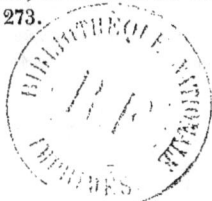

7

dans le tableau ci-dessous (1). Si l'on se reporte aux dates d'arrivée à Guise de chacune des divisions, on remarquera que, la distance de Guise à Avesnes étant d'environ 45 kilomètres, l'armée de secours aurait pu commencer son attaque le 12 ou le 13 au plus tard.

NOMS DES DIVISIONS.	EMPLACEMENTS OCCUPÉS		
	le 11.	le 12.	le 13.
FROMENTIN........	Avesnes...	La Haye d'Aves-nes........	Entre Dampierre et Saint-Remi la plus grande partie bivouaque à la lisière Nord de la Haye d'Avesnes.
DUQUESNOY......	Etrœung...	Entre Avesnes et et Flaumont.	Comme le 12, avec des bataillons à la lisière de la Haye d'Avesnes, à l'Est de la grande route et sur le chemin de Solre-le-Château.
BALLAND.........	Guise.....	Etrœung.......	Au Sud-Est et près d'Avesnes (1).
CARRION, puis LE-MAIRE, le 11 octobre, puis COR-DELLIER à partir du 14 octobre..	Guise.....	La Capelle.....	Au Sud-Ouest et près d'Avesnes.
BEAUREGARD.....	Fourmies..	Entre Liessies et Ramousies...	Comme le 12.
Quartier général..	Guise.....	Avesnes.......	Avesnes.

(1) Jourdan écrit à Bouchotte, le 13 octobre : « Les divisions Balland et Lemaire (quelques jours plus tard sous Cordellier) arrivent aujourd'hui et campent à la droite et à la gauche d'Avesnes ». 1a/44, A. H. G., Cf. Charavay, t. III, p. 297.

Nous montrerons plus loin, en étudiant l'organisation du service de l'artillerie, que le manque de munitions fit retarder cette attaque jusqu'au 15 octobre.

(1) Ce tableau a été dressé en se basant sur les différents ordres adressés à Jourdan et insérés dans le registre 1a/44. A. H. G.

Tandis que ces mouvements s'exécutent, Jourdan prend quelques mesures prudentes. Il recommande à Fromentin de se retrancher très fortement à la lisière Nord de la Haye d'Avesnes. Beauregard est invité à faire étudier les itinéraires qui conduisent à Solre-le-Château et Beaumont ; enfin, les troupes de Philippeville devront se renseigner sur les positions de l'ennemi et se tenir prêtes à marcher. D'autre part, le 17ᵉ bataillon des Fédérés, le 4ᵉ bataillon du Nord (Dunkerque), le 5ᵉ bataillon de la Somme, le 9ᵉ bataillon des Fédérés et le 20ᵉ dragons sont laissés à Guise à la disposition du général Belair qui a reçu la mission suivante (1) :

Protéger les derrières de l'armée contre les incursions de l'ennemi qui a des troupes du côté de Solesmes et du Cateau ; garder avec la plus grande attention la rivière d'Oise et la forêt de Nouvion, en utilisant les troupes de nouvelle levée, dès qu'elles seront armées : si l'armée de secours est battue, couvrir sa retraite.

Le 1ᵉʳ bataillon de Paris, le bataillon de la Butte-des-Moulins, le 4ᵉ du Nord rejoignent le 13, à Liessies, la division Beauregard. Un petit parc de deux pièces de 8, une pièce de 12 et un obusier de 6 pouces est rattaché à la division Duquesnoy. Enfin la répartition de la cavalerie est modifiée de manière à donner une part proportionnelle de cavalerie légère et de cavalerie de bataille, à chacun des commandants de division. A la suite de toutes ces modifications, l'armée de secours est ainsi composée, dans la soirée du 14 octobre :

---

(1) Jourdan à Belair, 11 octobre. A. H. G. Reg. 1a/44, p. 42.

État de situation des troupes de l'armée du Nord marchant sous les ordres du général en chef Jourdan au secours de Maubeuge à l'époque du 15 octobre 1793 (24 vendémiaire an II). (Extrait de *Mémoires inédits*, communiqués au Dépôt de la Guerre par le maréchal JOURDAN.)

DÉSIGNATION DES CORPS.	PRÉSENTS SOUS LES ARMES.		
	INFANTERIE.	CAVALERIE.	TOTAUX.
Division Fromentin.			
15e bataillon d'infanterie légère.......	285	»	»
3e bataillon de Cambrai	184	»	»
34e division de gendarmerie.........	406	»	»
1er bataillon de Saint-Denis.........	448	»	»
19e bataillon d'infanterie	502	»	»
6e bataillon de Paris.............	450	»	»
5e bataillon des Vosges...........	373	»	»
45e régiment, 1er bataillon..........	385	»	»
10e bataillon de Paris.............	444	»	»
10e bataillon de Seine-et-Oise	367	»	»
47e régiment, 1er bataillon..........	379	»	»
2e bataillon de la Vienne..........	381	»	»
2e bataillon de la Meurthe..........	431	»	»
36e régiment, 1er bataillon..........	414	»	»
3e bataillon de la Meurthe..........	443	»	»
12e régiment de chasseurs..........	»	511	»
4e régiment de hussards...........	»	408	»
6e régiment de cavalerie...........	»	275	»
22e régiment de cavalerie..........	»	301	»
TOTAUX..........	5,862	1,495	7,357
Division Balland.			
4e bataillon belge	340	»	»
9e régiment d'infanterie légère	404	»	»
21e régiment de chasseurs à pied......	218	»	»
5e bataillon du Haut-Rhin..........	895	»	»
49e régiment, 1er bataillon..........	730	»	»
2e bataillon de la Somme..........	572	»	»
62e régiment, 1er bataillon..........	713	»	»
1er bataillon de la Vienne..........	756	»	»
89e régiment, 2e bataillon..........	448	»	»
2e bataillon du Haut-Rhin..........	640	»	»
36e régiment, 2e bataillon	646	»	»
6e bataillon du Haut-Rhin..........	801	»	»
2e bataillon de la Gironde	645	»	»
89e régiment, 1er bataillon..........	340	»	»
A *reporter*..........	8,148	»	»

DÉSIGNATION DES CORPS.	PRÉSENTS SOUS LES ARMES.		
	INFANTERIE.	CAVALERIE.	TOTAUX.
Report.....	8,148	»	»
1er bataillon de la Marne...........	646	»	»
39e division de gendarmerie..........	572	»	»
5e bataillon de la Meurthe..........	446	»	»
1er bataillon de la Moselle..........	274	»	»
5e régiment de hussards...........	»	380	»
6e régiment de chasseurs	»	429	»
16e régiment de cavalerie..........	»	343	»
17e régiment de cavalerie..........	»	258	»
36e régiment, 1er bataillon..........	606	»	»
11e bataillon des Vosges............	584	»	»
6e bataillon du Jura..............	599	»	»
TOTAUX..........	11,884	1,440	13,294

Division Duquesnoy.

2e bataillon franc................	227	»	»
2e bataillon belge................	177	»	»
17e bataillon belge...............	100	»	»
» bataillon liégeois................	425	»	»
6e bataillon franc................	517	»	»
67e régiment, 1er bataillon..........	438	»	»
2e bataillon des Vosges	472	»	»
4e bataillon de la Gironde..........	591	»	»
67e régiment, 2e bataillon..........	421	»	»
7e bataillon du Jura..............	377	»	»
2e bataillon de Paris..............	554	»	»
8e régiment, 1er bataillon..........	709	»	»
1er bataillon de la Gironde..........	632	»	»
1er bataillon de Seine-et-Oise	438	»	»
78e régiment, 1er bataillon..........	482	»	»
23e bataillon de la réserve	577	»	»
8e bataillon de Seine-et-Oise	520	»	»
3e régiment de chasseurs	»	372	»
2e régiment de dragons...........	»	330	»
3e régiment de dragons...........	»	310	»
8e régiment de cavalerie...........	»	354	»
13e régiment de cavalerie..........	»	324	»
24e régiment de cavalerie..........	»	270	»
72e régiment, 1er bataillon..........	448	»	»
3e bataillon de Seine-et-Oise	461	»	»
TOTAUX..........	8,946	1,960	10,906

Division Cordellier.

9e bataillon de la réserve	521	»	»
56e régiment, 2e bataillon...........	589	»	»
2e bataillon de l'Orne	571	»	»
8e bataillon du Pas-de-Calais........	565	»	»
A reporter........	2,246	»	»

DÉSIGNATION DES CORPS.	PRÉSENTS SOUS LES ARMES.		
	INFANTERIE.	CAVALERIE.	TOTAUX.
Report.....	2,246	»	»
6ᵉ bataillon du Pas-de-Calais.........	399	»	»
7ᵉ bataillon du Doubs...............	796	»	»
4ᵉ bataillon de l'Aisne...............	384	»	»
1ᵉʳ bataillon du Nord...............	376	»	»
1ᵉʳ bataillon de Molière............	619	»	»
7ᵉ bataillon de la Seine-Inférieure ...	530	»	»
1ᵉʳ bataillon de la Haute-Vienne......	366	»	»
2ᵉ bataillon des Volontaires nationaux.	489	»	»
2ᵉ régiment de hussards	»	356	»
7ᵉ régiment de cavalerie...........	»	312	»
Totaux	6,498	668	6,866

Division Beauregard.

	INFANTERIE.	CAVALERIE.	TOTAUX.
Chasseurs de la Marne..............	300	»	»
Eclaireurs de la Meuse	100	»	»
Légion du Centre	100	»	»
16ᵉ bataillon de chasseurs	200	»	»
2ᵉ bataillon de chasseurs francs	300	»	»
43ᵉ régiment, un détachement.......	100	»	»
47ᵉ régiment, un détachement.......	200	»	»
94ᵉ régiment, un détachement.......	100	»	»
99ᵉ régiment, un détachement.......	100	»	»
1ᵉʳ bataillon du Cher, un détachement.	200	»	»
3ᵉ bataillon du Loiret, un détachement.	200	»	»
4ᵉ bataillon de la Marne, un détachement......................	100	»	»
4ᵉ bataillon de l'Oise, un détachement.	100	»	»
5ᵉ bataillon de la Moselle, un détachement.......................	200	»	»
6ᵉ bataillon de la Marne, un détachement	200	»	»
7ᵉ bataillon de la Marne, un détachement	200	»	»
9ᵉ bataillon de Paris, un détachement	200	»	»
19ᵉ bataillon de Paris, un détachement.	100	»	»
9ᵉ bataillon de Seine-et-Oise, un détachement.......................	100	»	»
Bataillon belge, un détachement	200	»	»
5ᵉ bataillon de Paris, un détachement.	441	»	»
Bataillon de la Butte-des-Moulins	400	»	»
4ᵉ bataillon du Var................	605	»	»
5ᵉ régiment de dragons............	»	307	»
11ᵉ régiment de chasseurs	»	280	»
10ᵉ régiment de dragons, un détachement.......................	»	100	»
23ᵉ régiment de cavalerie, un détachement.......................	»	150	»
Totaux.........	5,016	837	(1) 5,853

(1) Une partie de ces troupes avait été tirée de l'armée des Ardennes.

DIVISIONS.	INFANTERIE.	CAVALERIE.	TOTAUX.
RÉCAPITULATION.			
FROMENTIN	5,862	1,495	7,357
BALLAND..............	11,884	1,410	13,294
DUQUESNOY..................	8,946	1,960	10,906
CORDELLIER	6,198	668	6,866
BEAUREGARD.................	5,016	837	5,853
Totaux généraux.....	37,906	6,370	44,276

Dans la soirée du 14 octobre, ces divisions sont placées comme il suit :

La division Cordellier (1) s'est transportée dans l'après-

---

(1) Étienne-Jean-François Cordellier, né à Faremoutiers (Seine-et-Marne), le 29 avril 1767 ; fils d'un notaire, engagé au régiment de Boulonnais (infanterie) le 5 février 1785, congédié par grâce le 19 novembre 1788 ; capitaine dans la garde nationale de Faremoutiers, le 14 juillet 1789 et au 2e bataillon des volontaires de Seine-et-Marne, le 11 septembre 1791, lieutenant-colonel en deuxième le 30 avril 1792, et en premier le 15 mai 1793 et de division le 1er octobre suivant ; employé à l'armée de l'Ouest le 28 novembre 1793, suspendu le 13 mai 1794 ; relevé de sa suspension le 19 juillet 1795, autorisé à prendre sa retraite le 15 novembre 1797 ; chargé avec le titre de chef de bataillon, le 7 juin 1799, de conduire à l'armée du Rhin le 12e détachement des conscrits de Seine-et-Marne ; employé dans le grade de général de division à l'armée d'Italie le 11 juillet 1799 ; réformé le 29 mai 1800, admis à une solde de retraite de 3,000 francs le 5 octobre 1812 ; chargé d'organiser la levée en masse dans les environs d'Épernay à la fin de 1813, et de commander le dépôt d'officiers espagnols assermentés à Sézanne en janvier et février 1814 ; mort à Paris le 10 juillet 1845. Le général Cordellier avait écrit d'Avesnes au Ministre de la guerre le 13 octobre 1793, pour lui accuser réception de sa nomination au grade de général de division. « Cette nouvelle marque de confiance de la nation apporte sur ma tête une responsabilité plus étendue, mais, fort de mon patrio-

midi du 14, de la Capelle à Dompierre (5 kilomètres Ouest d'Avesnes) où elle se trouve placée sous le commandement supérieur de Fromentin (1).

La division Fromentin tient la lisière Nord de la Haye d'Avesnes, à l'Ouest de la grande route de Maubeuge.

La division Balland est à l'Ouest et près d'Avesnes.

La division Duquesnoy se trouve près de Flaumont.

La division Beauregard n'a pas quitté les abords de Liessies.

Le quartier général est installé à Avesnes.

Dans la journée, quelques coups de feu ont été échangés aux avant-postes. Fromentin a envoyé un escadron du 4e hussards à la découverte par Noyelle, sur la cense du Parc et Sassogne ; un escadron du 12e chasseurs a été de même lancé dans la direction de Maubeuge, par la grande route d'Avesnes (2).

Il est probable que, ce même jour, Fromentin fit avancer également plus au Nord, une partie de ses forces, car Cobourg rapporte que le 14 les Français ont poussé des détachements importants sur le Val, Moncheaux et Dourlers (3).

Jourdan et Carnot exécutèrent une reconnaissance du front de la position occupée par l'adversaire; après quoi, dans la soirée, Jourdan adressa, aux généraux de division, les ordres d'attaque qui amenèrent la bataille du 15, dont on lira plus loin l'exposé.

Comment Cobourg fera face à l'attaque de Jourdan. — Les combinaisons stratégiques des coalisés restent

---

tisme, je vais redoubler de zèle pour prouver à mes concitoyens que je suis digne de leur confiance ». (Orig., Arch. adm. de la Guerre, dossier Cordellier). (Cf. Charavay, t. III, p. 313.)

(1) Voir l'ordre adressé par Jourdan à Cordellier. Reg. 1a|44, p. 50.

(2) Registre 1a/ 38. A. H. G.

(3) Relation de Cobourg. 52 a. K. K. Arch.

toujours subordonnées aux conditions diplomatiques qui
ont été exposées au chapitre IV de notre tome Ier.

La Grande-Bretagne exige que, aussitôt après la conquête de Maubeuge, celle de Dunkerque soit entreprise,
sinon cette puissance laisse entendre qu'elle se déci-
dera peut-être à conclure avec la France une paix avantageuse (1). Or, d'après Cobourg, on doit prévoir que
Maubeuge ne se rendra pas avant la fin de novembre ;
donc il sera impossible vraisemblablement d'assiéger
Dunkerque avant les premiers jours de décembre, c'est-
à-dire à une époque peu propice aux opérations de cette
nature. Enfin, il importe de remarquer qu'il y a 4,000
malades parmi les troupes impériales adjointes au duc
d'York, en août dernier (2). Pour toutes ces raisons,
le généralissime de la Coalition s'oppose aux désirs
de l'Angleterre et déclare qu'il serait plus sage de
retarder, jusqu'au début de la campagne de 1794, l'entreprise contre Dunkerque.

Les Pays-Bas se montrent également très préoccupés
de leurs intérêts immédiats ; ils ne veulent participer
au blocus de Maubeuge qu'au prix d'un agrandissement
territorial, et Cobourg objecte à leurs prétentions qu'il
est chargé seulement de la partie militaire, et que tout
cela n'est pas de sa compétence. Mais les États généraux, peu satisfaits de cette réponse, déclarent que le
contingent hollandais ne passera pas sur la rive droite
de la Sambre, afin de ne pas l'éloigner trop de la
Flandre maritime qu'ils convoitent (3).

« La plus grande partie des obstacles, écrit Cobourg (1),
vient de la Haye, sans compter la détestable organisa-

---

(1) Lettre de Cobourg à Mercy, de Pont-sur-Sambre, 6 octobre K. K.
Arch. n° 20 b.

(2) Voir t. I, p. 176.

(3) Correspondance échangée entre le prince d'Orange et Cobourg
du 15 septembre au 5 octobre K. K. Arch.

tion de leur système militaire qui ne permet ni célérité, ni énergie et qui entrave à chaque instant leurs mouvements. . . . . ».

Bien mieux, le prince d'Orange qui, comme on sait, prit, le 6 octobre, le commandement supérieur de l'armée de siège, refuse, malgré l'invitation pressante de Cobourg (1), d'envoyer trois bataillons hollandais à Valenciennes pour y relever deux bataillons impériaux qui auraient pu alors être employés sur la rive droite de la Sambre.

« Ayant été obligé, déclare-t-il (2), de renforcer ma droite pour être à même de soutenir le bois du Tilleul ainsi que l'aile gauche du général Colleredo, il ne me reste plus en réserve que deux faibles bataillons, lesquels doivent encore fournir tous les postes dépendant du quartier général, comme aux magasins, caisse de guerre. . . . . ».

York, il est vrai, se montre plus conciliant et s'efforce de contrarier le moins possible les intentions du généralissime. Considérant que la concentration des Français vers Gaverelle l'oblige à ramener à Denaing (3) les détachements impériaux d'Orchie et de Marchienne, Cobourg a demandé au jeune Duc de faire relever ces détachements par ses propres troupes. Celui-ci ayant accédé à ce désir avec empressement, 5,000 Impériaux ont pu partir, dès le 10 octobre, d'Orchie et de Marchienne et se sont dirigés sur Pont-sur-Sambre (4) où

---

(1) Cobourg à Orange, de Pont-sur-Sambre, 9 octobre K. K. Arch., n° 222.

(2) Orange à Cobourg, 10 octobre, K. K. Arch., n° 234. — Cette lettre est datée du château de Gontreuil (1,500 mètres Ouest de Bettignies) où Orange avait installé son quartier général.

(3) Cobourg à York, de Pont-sur-Sambre, 8 octobre, K. K. Arch., n° 192.

(4) Cobourg à York, de Pont-sur-Sambre, 10 octobre, K. K. Arch., n° 223 et Witzleben, t. II, p. 315.

leur présence paraissait alors indispensable. A ce moment, l'armée de secours était réunie à Guise, et l'on ne pouvait pas savoir si elle attaquerait sur la rive droite ou sur la rive gauche de la Sambre ; mais, quand cette armée s'avança jusque vers Avesnes, Cobourg fit venir ce détachement sur la rive droite à Saint-Remy-Malbâti, et pria York de se porter le plus tôt possible avec 7,000 ou 8,000 hommes sur la forêt de Mormal et d'y prendre en outre le commandement des troupes impériales aux ordres de Wenkheim (1) — (soit 10,000 hommes placés dans la forêt de Mormal et vers Englefontaine, comme on l'a vu au chapitre Ier). — Laissant au camp de Cysoing la majeure partie de ses forces sous le commandement du lieutenant général Alvinzi, le duc d'York se mettait en marche le 14 avec 9 bataillons anglais et hanovriens et sept régiments de cavalerie anglaise, environ 5,000 hommes. Ce détachement arrivait à Englefontaine dans la soirée du 16 octobre, et York écrivait (2) aussitôt à Cobourg qu'il venait de combiner avec Wenkheim un plan d'attaque pour le lendemain 17 septembre.

Il était alors trop tard pour faire intervenir ce détachement dans la lutte qui se déroula le 15 et le 16 sur le champ de bataille dit de Wattignies, et l'on n'a pas manqué de reprocher (3) au duc d'York d'avoir exécuté son mouvement avec une lenteur excessive. Witzleben affirme que, la distance de Cysoing à Maubeuge étant de 8 milles et demi, York pouvait arriver sinon le 15 au soir, du moins dans la matinée du 16, à Maubeuge (4).

Les intentions du généralissime autrichien. — Des

---

(1) Cobourg à York, de Pont-sur-Sambre, 13 octobre, K. K. Arch., n° 345.
(2) York à Cobourg, 16 octobre, K. K. Arch., n° 410.
(3) Witzleben, t. II, p. 318.
(4) *Ibid.*, p. 328.

renseignements parvenus à Cobourg dès le 8 octobre, lui ont fait connaître que Jourdan est arrivé à Péronne avec 20,000 hommes environ. Prévoyant que cette masse sera augmentée de 30,000 hommes et formera une armée destinée à débloquer Maubeuge (1), le généralissime autrichien a fait renforcer l'armée d'observation par les 5,000 hommes que York a relevés à Orchies et Marchienne. Ce détachement commandé par le général Kray et composé de quatre bataillons (deux de Bréchainville et deux d'Hohenlohe) et d'un régiment de hussards, est arrivé le 12 au camp de Saint-Remy-Malbâti (2).

Le 10 octobre, à la nouvelle du déplacement de l'armée de secours de Péronne vers Guise, l'état-major des Impériaux décide de maintenir simplement le blocus (3), et de ne pas commencer le bombardement (4) avant d'être mieux renseigné sur les intentions de l'adversaire. On considère au quartier général de Pont-sur-Sambre que Jourdan peut, soit attaquer par Landrecies ou par Avesnes, soit prendre une position intermédiaire entre ces deux places pour y attendre le commencement du bombardement avant de se porter en avant. Dans le premier cas, les Impériaux feront tête aux Républicains sur leur position actuelle ; dans le second ils s'avanceront contre l'armée de secours et lui livreront une bataille qui rendra toute sa liberté à l'armée de siège (5).

En attendant ces événements, les forces des Coalisés sont réparties comme il suit :

---

(1) Cobourg à Wallis, de Pont-sur-Sambre, 12 octobre, K. K. Arch., n° 32.

(2) *Ibid.*

(3) Rapport de Cobourg, Bavay, 17 octobre, K. K., n° 41.

(4) Murray, chef d'état-major du duc York évalue les effectifs de chaque bataillon à 750 hommes, de chaque compagnie à 100 hommes et de chaque escadron à 150 hommes. Cf. Witzleben, t. II, p. 316.

(5) *Eintheilung Truppen der K. K. Hauptarmee*, 5 octobre, K. K. Arch.

L'*aile droite* de l'armée d'observation comprendra 15,000 hommes, quand les 5,000 hommes amenés par York auront renforcé les 10,000 hommes de Wenkheim ; elle sera ainsi à même de faire face à l'ennemi si celui-ci débouche par Landrecies, sur la rive gauche de la Sambre.

Le *centre*, fort de 13,000 hommes, sous Clerfayt est ainsi disposé à la date du 5 octobre (1) :

Aux avant-postes, sous Bellegarde, deux bataillons et demi, quatre compagnies, quatorze escadrons ; sous Degenschild entre Saint-Remy-Malbâti et le bois de Beaufort, cinq bataillons, huit escadrons ; sous Terzy, du bois de Beaufort jusqu'à Obrechies, quatre bataillons, 6 escadrons. A ce chiffre viendront s'ajouter, le 12 octobre, les 5,000 hommes amenés par Kray à Saint-Remy-Malbâti, de sorte que l'effectif du corps du centre s'élèvera dès lors à 18,000 hommes, en chiffres ronds.

L'*aile gauche* de l'armée d'observation sous Benjovski, comprenait trois bataillons, trois compagnies et 12 escadrons, soit 4,000 hommes environ qui occupaient Beaumont, face à l'armée des Ardennes.

Cependant la marche de l'armée française, de Guise sur Avesnes, ayant permis, dès le 12, de supposer que le centre de l'armée d'observation subirait le choc principal, Cobourg s'empressa d'élever l'effectif du susdit centre à 20,000 hommes, en faisant quelques prélèvements sur les autres fractions. Voici d'ailleurs comment il envisageait la situation (2) :

« Je me suis encore renforcé d'autres postes, moyennant quoi l'armée d'observation se trouve être de

---

(1) Witzleben, t. II, p. 320. — Lettre de Murray à Dundas, 15 octobre, n° 17.

(2) Cobourg au comte Mercy d'Argenteau, Pont-sur-Sambre, 12 octobre, K. K. Arch., n° 312.

20,000 hommes. Cette infériorité de force exige du calcul,
de la prudence et des manœuvres. L'armée du camp et
de la place, estimée à 20,000 hommes, combinera sans
doute ses mouvements avec ceux de l'armée de Jourdan
qu'il a emmenée à Guise. On ne peut risquer sans témérité, ni le bombardement du camp de Roussie, ni même
de conduire les pièces dans les batteries, avant que les
événements ne soient décidés. C'est ici le lieu d'observer
à Votre Excellence que, malgré ces mouvements et ces
grands rassemblements des forces ennemies, nous nous
trouverions cependant en état, avec la forte armée de
siège que nous avons, de poursuivre avec vigueur et
sans interruption, les préparatifs de l'attaque du camp
de Roussie et de la forteresse de Maubeuge, si nous
n'étions pas entravés, comme nous le sommes, par l'in-
concevable opiniâtreté des Hollandais à ne pas donner
un homme en deçà de la Sambre. La suite très fâcheuse
d'une résolution aussi extraordinaire, et aussi souvent
combattue de ma part, est que nous ne pouvons employer
que la moitié de notre armée de siège, c'est-à-dire uniquement nos propres troupes, à l'attaque du camp retranché. Cette attaque exige tant de monde que nos troupes
seules ne peuvent y suffire. Je me vois, par conséquent,
dans la nécessité d'employer aux travaux pendant quelques jours une partie de l'armée d'observation. Mais
comme je ne puis rien séparer, ni employer ailleurs de
cette armée, avant que l'ennemi qui marche à nous
soit battu et dispersé, il s'ensuit que, dans ce moment où
chaque minute est comptée, toute l'entreprise de Maubeuge est dans une stagnation presque complète depuis
huit jours, et ce restera quelque temps encore, uniquement parce qu'on juge à propos de se mêler à la Haye du
détail des opérations. »

Les opérations du siège proprement dit entraient donc
dans une phase de moindre activité, et l'état-major des
Alliés portait désormais toute son attention sur les mou-

vements de la masse ennemie, dont le choc était imminent. Considérant que l'armée de Clerfayt était trop rapprochée de Maubeuge, Cobourg décidait de porter celle-ci plus au Sud, et il semble que cette idée était judicieuse.

En effet, la position de Saint-Remy-Malbâti, Beaufort, Obrechies est distante de 7 kilomètres à peine de Maubeuge et le centre de l'armée d'observation s'y trouvait à 4 kilomètres au maximum du corps de siège. Si donc, comme il fallait le prévoir, les 20,000 hommes enfermés dans Maubeuge effectuaient une sortie vers le Sud, au moment même où Jourdan prononcerait son offensive sur Beaufort, les deux attaques se produiraient dans des conditions fort dangereuses pour le moral des troupes impériales, qui sentiraient leurs communications menacées. C'est pourquoi on décida au quartier général de faire occuper, par le centre de l'armée d'observation, la ligne des hauteurs qui bordent la rive droite du ruisseau de Tarsy. D'après Witzleben (1), Tauenzien aurait combattu cette solution sous prétexte que le terrain choisi ne se prêtait pas aux évolutions de la cavalerie, que la présence de nombreux couverts faciliterait les approches des Français et que ceux-ci pourraient utiliser aisément leur nombreuse artillerie. Quoi qu'il en soit, le mouvement fut ordonné et, dans la matinée du 15 octobre, l'ordre de bataille du centre de l'armée d'observation (2) était le suivant :

1°   1 bataillon de Murray;
     2 bataillons Hohenlohe;
     6 bataillons chevau-légers Kinsky;
    10 escadrons hussards Barco;

soit 5,000 hommes environ, sous le commandement du

---

(1) Tome II, p. 320.
(2) Ordre de bataille « *bei der Schlacht am 15. October* 1793 », K. K. Arch. 526.

général-major Bellegarde. Ceux-ci sont placés entre Berlaimont et la Malmaison.

> 2° 3 bataillons de grenadiers bohémiens;
> 2 bataillons Michel Wallis;
> 2 bataillons Brechainville;
> 1 bataillon Varasdin;
> 1/3 de bataillon de Slavons;
> 4 compagnies de la légion Bourbon;
> 6 escadrons Kavanagh;
> 2 escadrons de Royal-Allemand;
> 4 escadrons de la légion Bourbon;

soit au total 9,200 hommes, commandés par Clerfayt, secondé lui-même par Kinsky et Lilien. Ces troupes occupent la ligne Pot-de-Vin, Dourlers, Mont-Dourlers, Floursy et le bois du Prince.

> 3° 1 bataillon Stain;
> 2 bataillons Klebeck;
> 8 escadrons de dragons Cobourg;
> 4 escadrons de hussards Blankenstein;

soit 4,000 hommes sous Terzy, qui tiennent le village de Wattignies et ses abords.

> 4° 2 bataillons et 34 escadrons;

soit 2,100 hommes, sous le commandement du colonel Haddik. Ils sont placés à Obrechies et couvrent la gauche de l'armée d'observation.

Dès le 14 octobre, les avant-postes des deux partis sont au contact sur la rive gauche du ruisseau de Tarsy, depuis Saint-Remy-Chaussée jusqu'à Floursy, et Cobourg prévoit qu'il sera attaqué le lendemain par l'armée principale, réunie entre Landrecies et Avesnes derrière la Helpe (1).

---

(1) Cobourg à Wallis, de Pont-de-Sambre, 14 octobre, K. K. Arch.,

Il suit de là que chacun des deux ennemis en présence était bien renseigné sur la situation de son adversaire et sur ses intentions. L'engagement ne devait donc produire aucun effet de surprise, et l'on peut dire que les conditions de la lutte étaient plutôt favorables aux Français. Ceux-ci disposaient en effet d'une supériorité numérique de 2 contre 1 (45,000 contre 21,000); en outre, les 20,000 hommes enfermés dans Maubeuge pouvaient, par une sortie énergique, faire courir à l'armée d'observation les plus graves dangers (1).

---

n° 36 et relation de Cobourg sur la bataille des 15 et 16 octobre, K. K. Arch., n° 52a.

(1) Voir la carte d'ensemble n° 2, qui représente la situation respective des forces en présence dans la nuit du 14 au 15, avant l'engagement.

CHAPITRE V

État général de l'armée de secours la veille de la bataille de Wattignies.

Les représentants et les agents du pouvoir central. — Commandement. — Infanterie. — Cavalerie. — Service de l'artillerie. — Service du ravitaillement en vivres, fourrages, avoine, chaussures et effets d'habillement. — Les premiers résultats produits par le décret du 23 août 1793 dit de « la levée en masse » ; le camp de Réunion-sur-Oise dit de Bohéries ; la désertion. — La discipline générale. — Considérations d'ensemble.

Avant d'étudier la bataille de Wattignies, il convient de déterminer, autant que possible, la puissance des moyens d'action dont Jourdan disposait au moment où il engagea la lutte décisive. A cet effet, on examinera successivement l'état général des corps ou des services de l'armée du Nord, à la veille des journées mémorables du 15 et du 16 octobre 1793.

Les agents ou représentants du Pouvoir central. — On a vu que, malgré la victoire d'Hondtschoote, le gouvernement révolutionnaire n'a pas renoncé au fameux système « d'épurations » successives, dont nous avons indiqué précédemment les causes et les conséquences (1). Le susdit système ne peut d'ailleurs être appliqué que si les généraux et leurs états-majors sont l'objet d'une surveillance étroite et policière qui exige un personnel spécial. C'est pourquoi les Ministres ont été autorisés, par décret

(1) Introduction, chapitre II et considérations finales du tome Ier.

du 11 septembre, à envoyer des agents aux armées, et le Conseil exécutif provisoire a désigné, le 4 octobre, les citoyens Celliez, Varin, Berton et Châles pour être employés en cette qualité aux armées du Nord et des Ardennes (1). D'autre part, le nombre des Représentants du peuple, en mission à l'armée du Nord, est augmenté d'une unité et non des moindres. En effet, Carnot quitte Paris le 6 octobre, dans la nuit, sans prendre le temps de dire adieu à sa famille et arrive le 7 octobre à Péronne, où il rejoint « le conventionnel Duquesnoy, son ex-compagnon de mission, et le général Jourdan qui lui devait son commandement (2) ».

Enfin le Comité de Salut public, sentant que les destinées de la France se jouent aux frontières plus encore qu'à la tribune de la Convention, tient à connaître plus vite et plus exactement ce qui se passe sur les différents théâtres d'opérations. En conséquence, un arrêté du 13 octobre ordonne qu'il y aura un service continu de courriers entre le Comité et les diverses armées.

« Le Comité de Salut public, est-il prescrit au paragraphe V de cet arrêté, désirant entretenir l'harmonie et l'activité dans les opérations militaires, charge les Représentants près les armées de l'instruire fidèlement et succinctement des opérations, de la conduite des généraux, de la position de l'ennemi, de l'esprit des armées, des abus et besoins en tout genre (3) ».

L'étude des faits fera ressortir la part qu'il convient d'attribuer au gouvernement révolutionnaire, ou à ses agents, dans le succès de nos armes à Wattignies. Du

---

(1) Cf. Charavay, p. 248. — Bouchotte au Comité de Salut public (A. H. G.).

(2) Voir note, p. 281, t. III, Charavay.

(3) Recueil Aulard, t. VII, p.294. — Cet arrêté est signé par Collot d'Herbois, Saint-Just, Billaud-Varenne.

reste, à part Carnot, qui était capable de traiter avec
Jourdan les problèmes de stratégie ou de tactique, les
Représentants en mission à l'armée du Nord s'occupèrent
à peu près exclusivement des questions organiques ou
administratives. Comme par le passé, le commandement
n'eut, pour tous ces objets, qu'à exprimer des besoins ou
des *desiderata* et ces délégués de la Convention s'effor-
cèrent de lui donner satisfaction avec la plus grande
énergie.

Quant aux agents du Conseil exécutif provisoire, ils
se bornèrent soit à vanter l'enthousiasme des soldats,
soit à recueillir avec une complaisance excessive les
accusations de traîtrise qui accablaient alors les généraux (1). Parfois même ils n'hésitèrent pas à jeter la sus-
picion sur les Représentants du peuple en mission, en
déclarant que ceux-ci entravaient l'action du commandement. C'est ainsi que Celliez, Varin et Berton écrivaient
à Bouchotte en ces termes (2) :

« Si Jourdan eût eu plus de fermeté, il n'eût point
souffert que le représentant Duquesnoy logeât avec lui,
ne le quittât pas, et, que de concert avec son collègue
Carnot, ils eussent pour ainsi dire été les généraux de
l'armée ; mais il a craint de déplaire à la représentation
nationale ; il a craint peut-être d'être dénoncé par les
Représentants, et c'est ainsi, comme nous vous l'avons
déjà dit, que par une condescendance qui a toujours
existé entre les généraux et les Représentants, ils ont
réciproquement fait l'éloge les uns des autres ».

On peut se demander ce qui serait arrivé, si le gouvernement révolutionnaire avait pris au sérieux de telles
insinuations.

_____

(1) Celliez, Varin et Berton, à Bouchotte, Avesnes, 19 octobre. --
Analysé, Chavaray, t. III, p. 349.

(2) Les mêmes au même, Maubeuge, 26 octobre. A. H. G.

Commandement. — Nous signalerons tout d'abord les modifications introduites dans le cadre des généraux, depuis la grande épuration, qui a coïncidé avec la prise de commandement de Jourdan, jusqu'à la bataille de Wattignies.

Le général Davaine a été investi du commandement en chef du secteur compris entre Armentières et Dunkerque; Béru, ou plus exactement Lecourt-Béru, a été suspendu de ses fonctions comme ex-noble (1), au moment même (9 octobre) où il offrait sa démission, en déclarant qu'il avait pris son commandement malgré lui et que son état de santé l'obligeait à se retirer. Souham a remplacé Béru au camp de la Madelaine (2) et Vandamme est devenu gouverneur de Dunkerque, tout en conservant le commandement de ses anciennes troupes entre Bailleul et Oost Capelle (3). Le général Carrion, à vrai dire *de Carrion de Loscondes*, avait été nommé, le 13 septembre, commandant de la division Landrin, alors campée entre Furnes et Dunkerque. Mais, dès le 15 septembre, les représentants Trullard, Berlier, Hentz et Duquesnoy, regrettant leur choix, déclaraient au Comité de Salut public que Carrion était un ci-devant noble et un intrigant (4). En apprenant qu'un décret expulsait les

---

(1) Béru à Jourdan, Lille, 8 octobre A. H. G. — Un questionnaire d'accusation des plus curieux établi contre Béru, signé Melsée et contresigné Varin, avait été envoyé le 30 septembre au Comité de Salut public. A. H. G.

(2) Souham se plaint du reste de cette affectation nouvelle et demande qu'on lui donne pour adjoint le général de brigade Hoche qui a été sous ses ordres à Dunkerque. « Ma confiance en ses lumières et en sa capacité, vous répond de la sûreté et du salut de ce poste » écrit Souham à Jourdan, la Madelaine, 14 octobre. A. H. G.

(3) Ernouf à Vandamme, Gaverelle, 11 octobre A. H. G.

(4) Les Représentants au Comité de Salut public, Dunkerque, 15 septembre. A. H. G. Cf. Charavay, t. III, p. 149. Landrin était suspendu de ses fonctions.

ex-nobles de l'armée, Carrion offrait sa démission au Ministre le 21 septembre, tout en protestant de son loyalisme, et Bouchotte écrivait en marge de cette lettre : « Si la lettre de destitution n'est pas partie, il suffira de lui écrire que le Conseil accepte sa démission (1) ». En fait, ce général était remplacé, à la tête de la division venue de Cassel, par Lemaire le 11 octobre et par Cordellier le 14.

Aucun général de cavalerie n'étant arrivé à l'armée malgré les réclamations de Jourdan, les représentants Carnot et Duquesnoy nommaient, le 13 octobre, le lieutenant-colonel du 6e régiment de cavalerie Soland, « général de brigade pour commander la cavalerie (2) ».

Infanterie. — Ainsi que le fait remarquer Delbrel, la force des bataillons d'infanterie est bien au-dessous du complet. « Cela provient, écrit ce Représentant, de la mauvaise répartition des 300,000 hommes de recrue faite par le ministre Beurnonville. L'armée du Nord renfermait plus de bataillons à remplir que toutes les autres ; d'un autre côté les bataillons étaient plus défaits que ceux des autres armées, et les 40,000 hommes accordés par le Ministre ont été tellement insuffisants que la force des bataillons, en général, n'a guère été que de 450 hommes après le recrutement. Il serait bien à désirer que le Comité de Salut public trouvât le moyen de remplir tous les cadres jusqu'au complet de 1,000 hommes pour chaque, au moyen des hommes de la nouvelle levée(3) ».

En se reportant à la situation de l'armée de secours

---

(1) Nota Charavay, t. III, p. 149.

(2) Avesnes, 13 octobre. — Arrêté. Cf. Chavaray, t. III, p. 294.

(3) Rapport fait par Delbrel, le 23 septembre, au Comité de Salut public, verbalement et remis écrit au Comité le 2 octobre. — Voir la copie de ce rapport dans le carton de correspondance du 16 au 30 septembre. A. H. G.

(chap. IV), on verra en effet que l'effectif moyen des bataillons de la division Fromentin, entre autres, s'élève à peine à 400 hommes ; comme le décret de la levée en masse ordonnait de grouper les réquisitionnaires en bataillons spéciaux, cet état de choses ne devait pas être modifié avant plusieurs mois. Il s'ensuit que la valeur professionnelle des bataillons, qui seront engagés à Wattignies, ne sera pas amoindrie par l'incorporation de recrues inexpérimentées et l'on peut prévoir, pour cette raison, que notre infanterie montrera à Wattignies les mêmes qualités qu'à Hondtschoote.

Cavalerie. — L'armée de secours comprend à peine un cavalier pour six fantassins et cette faible proportion est inquiétante, surtout à cause de la force relative de la cavalerie des alliés. Généraux et Représentants (1) demandent qu'on augmente le nombre des escadrons par des prélèvements sur les autres armées, mais il est difficile, sinon impossible, de leur donner satisfaction pour des raisons qui ont été exposées dans le tome Ier. C'est ainsi que les 1er et 2e régiments de carabiniers, si instamment réclamés par Kilmaine et par Houchard au commencement d'août, arriveront à Péronne seulement les 20 et 22 octobre, c'est-à-dire huit jours après la bataille (2). Ajoutons que le 16e régiment de chasseurs à cheval, de nouvelle formation, quittait Versailles le 6 octobre, en vertu d'un décret du 3 du même mois, pour se rendre à la frontière du Nord. Ce régiment arrivait à Laon vers le 19 octobre et Belair s'exprimait ainsi sur son compte (3) : « Ce régiment, qui devait être rendu

---

(1) Rapport Delbrel, *loc. cit.*

(2) Un adjoint de Bouchotte aux Représentants du peuple de l'armée du Nord, 30 septembre. A. H. G. L'arrêté du Comité de Salut public, qui prescrit de faire passer ces deux régiments de l'armée de la Moselle à celle du Nord, est daté du 28 septembre. Arch. nat. AFii 47.

(3) Belair à Bouchotte, 19 octobre. A. H. G.

depuis deux jours, m'a écrit ce matin qu'il ne pouvait
venir d'ici à quelques jours parce que ses armes étaient
chargées sur des chariots qui étaient partis quelques
jours après le corps. J'ai écrit en conséquence à ce corps
qui est encore à Laon où il attend que ses armes, sans
lesquelles il ne devrait jamais marcher, lui arrivent... »

Service de l'artillerie. — Le commandement est aux
prises avec les plus grandes difficultés au point de vue
du service de l'artillerie. Le général Merenveüe, commandant l'artillerie de l'armée du Nord, est installé à
Montauban (près de Gaverelle) avec le parc de l'armée.
Ce parc, fort appauvri en matériels de toutes sortes,
manque en outre de 800 chevaux d'attelage, et les Représentants, informés de cette situation par le commissaire-
ordonnateur en chef Pinthon, s'efforcent d'y remédier.
Attribuant à une manœuvre contre-révolutionnaire la
mortalité (1) désastreuse parmi les chevaux des charrois
et de l'artillerie « qui sont presque tous d'une maigreur
effrayante », ils décident, qu'un inspecteur sera chargé
de faire faire par des experts vétérinaires l'autopsie des
chevaux morts. Si la négligence ou la malveillance des
charretiers ont causé la mort, les coupables seront livrés
à la commission militaire qui les condamnera comme
contre-révolutionnaires. « Il en sera de même envers ceux
qui auraient vendu le fourrage destiné aux armées (2). »

D'autre part, le représentant Perrin (3) en mission à

---

(1) Jourdan déclare dans sa lettre du 4 octobre, à Bouchotte, qu'il
« ordonne la plus grande surveillance pour que les chevaux d'artillerie
soient mieux ménagés ; mais ces soins seront presque inutiles, si la
moitié au moins des conducteurs ne sont pas chassés ». Cf. Charavay,
t. III, p. 251.

(2) Arrêté pris par Hentz, Élie Lacoste et Peyssard, Arras, 25 septembre. A. H. G.

(3) Perrin au Comité de Salut public, Sedan, 26 septembre. A. H. G.
— Ces chevaux sont achetés dans le Luxembourg par des maquignons,

l'armée des Ardennes, informé par ses collègues de l'armée du Nord de cette pénurie d'attelages, a fait parvenir le 3 octobre à Arras 200 chevaux : on espère que celui-ci en enverra encore 200 prochainement(1); malheureusement ces chevaux n'ont pas de colliers : « Toujours quelque chose qui manque, écrit Carnot, tantôt les chevaux, tantôt les harnais, tantôt les vivres et tantôt les fourrages (2)... »

Le ravitaillement en matériel d'artillerie est également très difficile; cependant les envois indiqués ci-dessous ont rendu la situation moins alarmante (3). Il est arrivé :

1º Le 22 septembre, à Cambrai : 6 pièces de 16 complètes, 6 chariots à boulets de 16, 6 pièces de 4 dont 2 de la légion de la Nièvre avec leurs caissons;

2º Le 19 septembre (4), à Arras, venant de Paris : 4 caissons de 12, 18 caissons de 8, 2 caissons d'infanterie remplis;

3º Le 24 septembre, à Arras, venant de Sedan : 4 pièces de 8 de campagne, 4 caissons de munitions d'artillerie.

La gravité de cet état de choses provient surtout de l'impossibilité de trouver, dans les places de la frontière, les approvisionnements nécessaires au parc de l'armée de secours.

Le directeur de l'arsenal de La Fère, Saint-Chaise, auquel Merenveüe a fait appel, ne peut fournir que 25,000 cartouches, 2,000 lances à feu et 20,000 étoupilles,

---

« en voilà déjà 1482, déclare Perrin, que nous avons procurés aux armées ».

(1) Les Représentants à Pinthon, Arras, 27 septembre. A. H. G. — Peyssard et Lacoste à Perrin, d'Arras, 3 octobre. Cf. Aulard, t. VII, p. 199.

(2) Carnot et Duquesnoy au Comité de Salut public, Péronne, 7 octobre. A. H. G. Cf. Charavay, t. III, p. 261.

(3) Belair à Bouchotte, 23 septembre. A. H. G.

(4) Tricotet à Jourdan, 26 septembre, Arras. A. H. G.

24 porte-lances, 80 dégorgeoirs, 50 boulets sabotés de 12, 50 de 8 et 100 de 4. « Vous avez vraisemblablement oublié, mon cher Merenveüe, écrit Saint-Chaise le 9 octobre que notre arsenal avait reçu ordre depuis environ deux mois de tout évacuer sur Paris, tant munitions qu'effets d'artillerie en général... (1) »

Chapuy, qui commande à Cambrai, se plaint de n'avoir que le quart du nécessaire en poudres et boulets (2).

Bollemont (3) déclare qu'on peut tirer de Douai six caissons de 12, mais qu'il y a seulement 40 chevaux dans cette place (4) et, le 14 octobre, Drut écrit au Comité de Salut public (5) : « L'activité des fournitures journalières auxquelles cette place (Douai) est obligée de faire droit diminuent chaque jour les munitions dont les magasins ne recèlent qu'à peine le sixième de ce qui serait néces-

---

(1) Saint-Chaise à Merenveüe, La Fère, 9 octobre. A. H. G.

(2) Chapuy au Comité de Salut public, Cambrai, 4 octobre. A. H. G.

(3) Charles Chonet de Bollemont, né à Arrancy (Meuse), le 20 janvier 1749, fils du prévôt de cette ville, aspirant au corps d'artillerie le 12 février 1764, élève surnuméraire le 16 juillet 1766, et titulaire le 31 janvier 1767, lieutenant au régiment de Metz-Artillerie le 28 mai 1767, capitaine le 3 juin 1779, chef de bataillon au 4e régiment d'artillerie à pied le 1er novembre 1792, chef de brigade le 15 août 1793, général de brigade le 4 brumaire an II (25 octobre 1793), destitué comme noble le 15 pluviôse an II (3 février 1794), rappelé au service comme commandant en chef de l'artillerie de la Moselle, le 17 floréal an II (6 mai 1794) général de division le 19 (8 mai), prisonnier de guerre lors de la reddition de Würzbourg le 20 fructidor an IV (6 septembre 1796), inspecteur général d'artillerie, député de la Meuse le 8 pluviôse an X (28 janvier 1802), retraité le 20 prairial an XI (9 juin 1803), membre de la Légion d'honneur le 4 frimaire an XII (26 novembre 1803) et officier le 1er frimaire an XIII (26 novembre 1804), mort à Arrancy le 17 décembre 1815. Cf. Charavay, t. III, p. 279.

(4) De Gaverelle, 22 septembre. A. H. G.

(5) Le général de division Drut, commandant à Douai, au Comité de Salut public, Douai, 14 octobre. A. H. G.

saire à sa propre défense. Les grains et farines ne sont pas dans une proportion plus heureuse... »

Éblé (1), commandant de l'artillerie du camp de la Madelaine, réclame des caissons d'infanterie et se plaint ainsi du mauvais état des voitures :

« Les voitures de charrois des armées qui servent ici à transporter les munitions, écrit-il, sont en si mauvais état que non seulement la pluie y pénètre, lesquelles sont permanentes, mais que plus de la moitié ne résisteraient pas à deux jours de marche dans de beaux chemins et dans une saison moins mauvaise que celle où nous allons entrer ; il est donc on ne peut plus essentiel de nous faire parvenir des caissons le plus tôt possible. Comme vous manquez déjà de chevaux, à mesure que les caissons arriveraient j'y ferais atteler ceux des charrois et je renverrais leurs voitures à leur administration (2) ».

Pourtant, il faut que, malgré ces difficultés, le parc d'artillerie suive l'armée, et Jourdan prescrit (3) de le faire partir le 6 derrière la division Balland ; ce parc arrivera le 9 à Guise où il restera jusqu'à ce que Merenveüe, qui le commande, ait reçu de nouveaux ordres.

---

(1) Jean-Baptiste Éblé, né à Rorbach (Moselle), le 21 décembre 1758, fils d'un sergent d'artillerie, canonnier au régiment d'Auxonne, le 21 décembre 1767, sergent le 1er juin 1775, sergent-major le 7 juillet 1779, lieutenant en troisième le 28 octobre 1785, en deuxième, le 1er janvier 1791, et en premier le 6 février 1792, capitaine au 7e d'artillerie le 18 mai 1792, chef de bataillon le 26 août 1792, général de brigade le 29 septembre 1793, et de division le 4 brumaire an II (25 octobre 1793), membre de la Légion d'honneur le 23 vendémiaire an XII (16 octobre 1803) et grand-officier le 25 prairial an XII (14 juin 1804), baron le 26 octobre 1808, mort à Kœnigsberg le 31 décembre 1812 (Cf. Chavaray, t. III, p. 279).

(2) Éblé à Merenveüe, 29 septembre, Camp de la Madelaine. A. H. G.

(3) Jourdan à Merenveüe, Gaverelle, 4 octobre. A. H. G.

Mais, aux termes d'un arrêté du 10 octobre, signé par Carnot et Duquesnoy, Merenveüe est destitué de ses fonctions et mis en état d'arrestation, parce que « cet officier a tellement négligé les importantes fonctions qui lui étaient confiées que l'armée active, conduite par le général Jourdan, se trouve, au moment d'une expédition de laquelle dépend le salut de la République, réduite à 900,000 cartouches lorsqu'il en faudrait plusieurs millions (1)... »

« Ce général, écrit Duquesnoy (2), nous laissait aller à l'ennemi sans munitions... Cette vieille tête à changer a failli nous perdre. — Faites-moi guillotiner ce vilain aristocrate... Le vieux j... f... de Merenveüe (3) est cause que l'ennemi aura le temps de connaître nos dispositions et de se renforcer (4) ».

---

(1) Réunion-sur-Oise, 10 octobre. Arch. nat. AFⅡ 233. Charavay, t. III, p. 278.

(2) Duquesnoy aux Représentanfs du peuple Élie Lacoste et Peyssard, à Arras-Guise, 11 octobre. A. H. G.

(3) Merenveüe, incarcéré dans la prison d'Arras, s'y suicida le 12 octobre, au moment où il allait être livré à la Commission militaire. Cf. Charavay, t. III, p. 279.

(4) Aux termes de l'arrêté du 10, le chef de brigade Boubers remplace Merenveüe, Bollemont succède à Boubers, et Éblé devient directeur du parc de l'armée. Ci-dessous une notice biographique sur Boubers.

Alexandre-François-Joseph Boubers, né à Lihons (Somme), le 5 janvier 1744, volontaire sur la frégate la *Maréchale-de-Belle-Isle,* en 1757 et 1758, aspirant au corps de l'artillerie le 31 juillet 1760, aspirant appointé le 27 décembre 1761, élève le 19 février 1763, lieutenant en second le 31 octobre 1764, et en premier le 15 octobre 1765, capitaine le 28 octobre 1774, lieutenant-colonel le 16 mai 1792, chef de brigade le 5 août 1793, général de brigade le 10 brumaire an II (31 octobre 1793), autorisé à cesser ses fonctions le 29 brumaire an V (19 novembre 1796), commandant d'armes à Calais le 1er vendémiaire an IX (23 septembre 1800), et à Valenciennes le 2 ventôse an X (21 février 1802), retraité le 11 ventôse an XII (2 mars 1804), comte de Mazingan, mort à Paris le 18 mars 1819 (Cf. Charavay, t. III, p. 279).

« Pour remédier au défaut de cartouches, écrivait
Carnot le 10, nous faisons partir un convoi extraordinaire
pour Dunkerque et Saint-Omer où il s'en trouve, mais
il faudrait que le Ministre de la Guerre nous en fît passer
aussi en hâte un million et plus s'il est possible (1) ».

Il est vraisemblable que, grâce au zèle des Représentants, on réussit à se procurer une certaine quantité de
poudre, car on lit, dans une lettre de Laurent datée du
14 octobre, ces indications : « Nous sommes ici dans la
confusion pour les voitures. Trois convois de poudre
nous sont arrivés hier pour Guise, venant de Saint-Omer,
Lille et Douai... à 8 heures tout sera parti (2)... »

Quoi qu'il en soit, il faut retenir, de cet exposé, que la
marche de l'armée de secours fut retardée de deux jours
par le manque de munitions (3). Ce fait prouve une fois
de plus que l'armée française n'était pas assez bien organisée, en 1793, pour pratiquer les manœuvres qui pro-
curent le succès, à la fois par la rapidité de leur exécution et par la surprise qu'elles provoquent dans le camp
ennemi. D'ailleurs, on doit ajouter à l'appui de cette
opinion, que les troupes avaient besoin non seulement
de cartouches, mais encore de baïonnettes et de fusils.
Carnot a demandé le 9 octobre, par un courrier extraordinaire, que l'on envoie à Guise 15,000 baïonnettes au

_____

(1) Carnot, Duquesnoy et Roux au Comité de Salut public. Arch.
nat. AFii 233. Cf. Charavay, t. III, p. 281.

(2) Laurent au Comité de Salut public, Péronne, 14 octobre.
A. H. G.

(3) Jourdan écrit en effet dans ses *Mémoires* : « L'armée se disposait
à quitter les environs de Guise le 10 octobre, lorsque le général en
chef fut informé que le parc était dépourvu de munitions. Les Commissaires de la Convention, supposant de la trahison là où il n'y avait que
de l'irréflexion ou de la négligence, destituèrent le général Merenveüe,
commandant l'artillerie, et ordonnèrent qu'il fût conduit à Arras pour
être jugé par le tribunal révolutionnaire..... Cet incident fut cause
que le mouvement ne commença que le 12..... »

moins. « Nous ne pourrons pas charger les ennemis à la française, déclarait-il, si nous n'en avons pas (1) ».

Service du ravitaillement en vivres, fourrages, avoine, chaussures et effets d'habillement. — Le système général, employé par le gouvernement révolutionnaire pour satisfaire aux besoins matériels des armées, a déjà été exposé dans notre tome 1er (chap. 1er). Ordinairement, un arrêté des Représentants ordonne à l'administration d'un département de fournir à une date déterminée une certaine quantité de denrées ou d'effets : des commissaires spéciaux, nommés par les administrateurs départementaux, réunissent alors ces denrées ou effets et les font transporter dans les magasins *ad hoc* et situés généralement aux chefs-lieux des départements ou des districts ; les matières ainsi requises sont ensuite payées par les soins des payeurs au taux fixé, soit par la loi du maximum, soit par les Représentants eux-mêmes.

Les inconvénients inhérents à ce mode de ravitaillement ont été nettement mis en lumière par Delbrel dans le rapport verbal, puis écrit, dont il a été question précédemment. Les critiques de ce Représentant, que l'on a vu à l'œuvre avant et pendant la bataille d'Hondtschoote, peuvent se résumer ainsi.

On pouvait se procurer les denrées par deux procédés, savoir : les achats directs ou la réquisition adressée aux départements ; ce dernier moyen a été préféré parce qu'il met le gouvernement au-dessus de tout soupçon, le contrôle des opérations étant très facile. Mais, par suite de l'impuissance, de l'incurie ou de la malveillance des administrations départementales, on n'a pas obtenu le tiers de ce qui était demandé. C'est pourquoi un arrêté du 21 septembre ordonne que *la réquisition sera exécutée*

(1) Réunion-sur-Oise, 9 octobre. A. H. G. Cf. Charavay, t. III, p. 270.

militairement dans toutes les communes qui n'auront pas
fourni « leur contingent ». On procédera de même à main
armée pour les fourrages et les avoines : « Puissent les
administrateurs que nous avons requis, écrit Delbrel,
seconder nos vues et notre zèle ; dans tous les cas, s'ils
y mettent de la lenteur, les voies militaires seront
employées ; nous y avons autorisé le régisseur des fourrages. Avec de tels moyens d'autorité, le régisseur sera
responsable du service. Tant pis pour lui s'il n'en use
pas ».

Au point de vue de l'*habillement* la situation n'est pas
meilleure : « Nos magasins, rapporte Delbrel, étaient
vides, il a donc fallu faire confectionner de nouveau.
Nous avons fait à cet égard des réquisitions, tant à l'administration générale de l'habillement et équipement à
Paris, qu'aux départements voisins de notre armée. Malgré tous nos efforts, ce n'est que très lentement que nous
avons pourvu aux besoins de l'armée et les habillements
fournis ont été, malgré notre surveillance, en général, de
si mauvaise qualité que vous êtes, après six à sept mois,
obligés de le renouveler en très grande partie.

« Lorsque vous aurez, mieux qu'aujourd'hui, le temps
de m'entendre, je vous parlerai des vices et des abus
sans nombre qui existent dans cette partie des administrations des armées. Je pense que pour le moment, où le
besoin d'agir nous presse, il faut se servir de la machine
que nous avons, sauf à la réorganiser dans un temps plus
opportun... »

L'analyse de l'état matériel des troupes, à la veille de
la bataille de Wattignies, montrera clairement que le
dénûment de nos soldats, malgré l'abondance de la
récolte de 1793 alors amassée dans les greniers, et malgré les efforts des Représentants, n'a pas été exagéré par
Delbrel et que le système de ravitaillement en vigueur
à l'époque révolutionnaire mérite toutes ses critiques.

En effet, dès sa prise de commandement, Jourdan a signalé (1) au Ministre « le défaut de fourrage et surtout d'avoine qui finit d'exténuer les chevaux ». A Lille il y a seulement quinze jours de vivres et huit de fourrages (2) : cette pénurie inquiétante provoque de la part des représentants Bentabole, Châles et Levasseur certaines mesures énergiques qu'il faut souligner (3). Ils décident que les districts de Lille et Hazebrouck et les municipalités des environs de la Lys feront verser, sous quatre jours au plus tard, dans les magasins de Lille tous les foins, pailles et avoines dont ils peuvent disposer. Les districts de Saint-Omer, de Béthune et de Saint-Pol fourniront à ces mêmes magasins, chacun 100,000 rations des susdites denrées, celui de Béthune sous huit jours, ceux de Saint-Omer et de Saint-Pol sous quinze jours. Trois commissaires des guerres sont chargés de cette opération *avec faculté de recourir à la force armée*. En outre, il est spécifié que quiconque mettra des entraves à l'exécution de ces opérations sera traité comme suspect et que, bien entendu, le prix de ces denrées sera payé aussitôt après la livraison et au taux fixé par la loi.

On est donc arrivé, par la force des choses, à ne plus laisser à l'administration civile, probablement à cause de sa mollesse, le soin de réunir les denrées ; cette mission est maintenant confiée à des commissaires des guerres, qu'on autorise à opérer *manu militari*.

Outre la résistance des municipalités (4) et des propriétaires, il faut d'ailleurs vaincre également l'apathie

---

(1) Jourdan à Bouchotte, Gaverelle, 28 septembre. Cf. Charavay, t. III, p. 215.

(2) Bulletin d'analyse, 25 septembre. A. H. G.

(3) Voir les deux arrêtés du 25 et du 26 septembre. A. H. G.

(4) On trouve aux Archives nationales (série AFii 74) de nombreux exemples des conflits qui s'élevèrent alors entre les Représentants du peuple et les administrations des départements. Généralement les

9

du service des subsistances dont les employés sont, aux
dires de Favart (1), peu actifs depuis qu'on leur a sup-
primé les achats.

De même que Favart, le représentant Laurent se plaint
de la mauvaise organisation du service des approvisionnements. « Dans les armées, écrit-il, il n'y a qu'un cri
général pour le défaut de paille, de foin et d'avoine :
les chevaux vivent au jour la journée et il en périt beaucoup. Cette disette réelle au milieu de l'abondance tient
à la malveillance et aux manœuvres des gardes-magasins.
Ils volent le fourrage du cultivateur, le maltraitent, lui
fournissent quelquefois des bons mais qui ne sont revêtus
d'aucune signature. Cette conduite indigne a révolté une
partie des campagnes qui avoisinent les camps et paraît
être un moyen de contre-révolution employé par ces
messieurs. J'en ai fait arrêter quatre qui seront conduits
au camp de Gaverelle et je les ai recommandés à la sévérité du général Jourdan (2). »

Le lendemain, le même Représentant renouvelle ses
doléances. « Il faut lutter à chaque instant, déclare-t-il,
contre l'égoïsme et la malveillance... La compagnie
Moreau, dont le Ministre a le traité, entrave la marche
des fourrages... L'indiscipline dans l'armée, quant à la
manutention de l'armement, est dans un degré qui peut
à peine se concevoir. *Les officiers plient par popularité
ou insouciance et rien ne s'exécute.* . Elles (nos gar-

---

difficultés étaient tranchées par un arrêté du Comité de Salut public
formulé comme il suit :

« Considérant que ces lenteurs paraissent avoir pour cause principale l'égoïsme des cultivateurs et le défaut d'énergie des autorités
constituées, plus que l'impuissance de satisfaire auxdites réquisitions,
Arrête : .....

(1) Favart au Comité de Salut public, Lille, 30 septembre. Analyse.
A. H. G.

(2) Laurent au Comité de Salut public, Péronne, 5 octobre. A. H. G.

nisons) brûlent bois de lits, fenêtres, portes pour faire
bouillir la marmite. Il est des bataillons tout déguenillés. Il y a 11 paires de souliers au magasin de Péronne
où l'armée passe journellement par détachements. »

Élie Lacoste, Peyssard et Duquesnoy font avec plus
de violence encore, le procès des administrations de
l'armée.

« On ne peut se faire une idée, écrivent-ils à la Convention nationale, des obstacles, sans cesse renaissants,
que nous font éprouver, dans toutes les parties du service,
les administrations de l'armée. La surveillance la plus
active, secondée par le civisme des autorités constituées
d'Arras, a eu toutes les peines à nous préserver des plus
grands malheurs. Ces manœuvres des différentes administrations, où il n'existe que des contre-révolutionnaires,
et les dangers inévitables qu'elles occasionneraient, nous
ont déterminés à former une commission révolutionnaire composée de cinq membres pour juger tous les
délits dont se rendraient coupables les chefs et employés
de ces administrations (1). »

Il est prescrit dans cet arrêté que « tout chef d'administration ou employé qui sera convaincu, par preuves
orales de trois témoins irrécusables, ou par un procès-
verbal revêtu d'une signature et appuyé d'une preuve
orale, de malversations, de négligence dans les versements, les transports et approvisionnements de l'armée,
sera regardé comme coupable de manœuvres contre-
révolutionnaires, et mis à mort dans les vingt-quatre

---

(1) Élie Lacoste, Peyssard et Duquesnoy à la Convention nationale,
Arras, 7 octobre. A. H. G. Le début de cette lettre est ainsi conçu :

« Les tyrans, les traîtres et les conspirateurs, convaincus que le courage de nos soldats républicains sera toujours victorieux contre le vil
ramas de satellites que les monstres couronnés leur opposent, tournent
tous leurs efforts vers les subsistances militaires. »

heures, à la tête de l'armée ou de la division près de laquelle sera le convaincu (1) ».

Outre les difficultés qui proviennent de l'organisation même des services administratifs, il faut signaler celles qui résultent du mauvais fonctionnement du service d'état-major proprement dit et de l'indiscipline des conducteurs. C'est ainsi que le commandant de Péronne porte les faits suivants à la connaissance du Ministre de la guerre. « Je ne puis vous peindre, citoyen Ministre, écrit-il le 5 octobre, la confusion qui a régné dans les distributions de vivres et de fourrages. Vous pourrez vous en convaincre facilement quand vous saurez que l'on n'a su que fort tard l'arrivée des troupes (2). »

« Maintenant, mande-t-il par ailleurs à Bouchotte, que cette armée change de position les convois rétrogradent et suivent les colonnes ; je ne saurais vous exprimer la peine et le désagrément que j'éprouve avec les conducteurs de ces convois ; leur indocilité me fait craindre à chaque instant que l'armée se trouve au dépourvu (3)..... »

C'est Carnot qui a le mieux exposé, dans une lettre écrite six jours avant la bataille, le dénuement de l'armée de secours ; voici le texte même de ce curieux document (4) :

---

(1) Arras, 4 octobre (A. H. G.), Signé : Élie Lacoste, Peyssard, Duquesnoy.

(2) Calandiny, chef de brigade, commandant à Péronne, au Ministre de la guerre, 5 octobre, A. H. G.

(3) *Ibid.*, Péronne, 8 octobre, A. H. G.

(4) Carnot au Comité de Salut public, Réunion-sur-Oise, 9 octobre, A. H. G. (Cf. Charavay, t. III, p. 270). — Il semble que Carnot n'a rien exagéré relativement au besoin d'habits si l'on en juge par cette lettre de Jolicler, datée de Saint-Denis, 24 octobre (*loc. cit.*, p. 127). Ce volontaire raconte qu'il a été mal reçu le 29 septembre par son cousin Xavier, alors en garnison à Lille et il ajoute : « Il m'a dit que je semblais un Mandrin et ne me reconnaissait pas. Je ne suis pas

« Nous sommes tellement pressés, citoyens collègues, par le besoin des choses les plus essentielles que nous prenons le parti de vous envoyer un courrier extraordinaire pour vous les demander ; il nous faudrait au moins 15,000 baïonnettes ; nous ne pourrons pas charger les ennemis à la française, si nous n'en avons point ; envoyez tout ce qui existe de disponible. Vous connaissez aussi notre pénurie de souliers, on a ramassé dans les environs tout ce qu'on a pu s'en procurer, mais les trois quarts de nos soldats sont encore pieds nus ; heureusement qu'il fait encore assez beau ! Le besoin d'habits est un peu moins pressant, mais il y a quelque chose de fâcheux à cet égard et qui indispose les vieux soldats : c'est que des bataillons de nouvelle levée sont supérieurement vêtus, tandis que ceux qui viennent de faire la guerre et qui vont encore marcher à l'ennemi sont tout délabrés ; cependant les premiers sont parfaitement inutiles, car ils n'ont pas même de bâtons à la main ; ils sont d'ailleurs de la plus grande beauté, mais ils ne font que consommer des subsistances qu'on a bien de la peine à se procurer. Nous venons de faire la revue des camps avec le général ; les soldats ont confiance en lui et ne demandent qu'à se battre ; nous espérons ne pas les faire languir, nous attendons le reste de la colonne. L'ennemi fait de grands mouvements ; l'affaire sera chaude, mais nous vaincrons et la Patrie sera

---

habillé comme lui qui est toujours en ville. Voici dix-huit mois que le même habit couche sur la terre et me sert de couverture. J'ai pris une culotte, deux chemises et une paire de bas au magasin et quand je m'en retournerai d'ici (de Saint-Denis où il était hospitalisé), je vais encore prendre une paire de bas, une paire de souliers, des guêtres, une chemise, un habit et une veste. Il me faut cela pour passer l'hiver. Même, il me faut un chapeau. Je devrai gros à la Nation. Je craignais de m'endetter, mais, puisqu'il le faut, il le faut, comme disait ma grand'mère : Tan que lou payeras que na sou é maille..... »

sauvée. Envoyez-nous en toute diligence des souliers, des habits et surtout des baïonnettes et des fusils s'il est possible..... »

Pour satisfaire rapidement aux besoins les plus urgents, généraux et Représentants durent recourir aux approvisionnements proprement dits des places fortes ; il va sans dire qu'ils soulevèrent ainsi les réclamations des commandants de ces places. « Les fourrages se délivrent au jour le jour, écrit, de Cambrai, le général Drut, je laisse à votre sagacité à peser les conséquences résultantes de cet état de choses et vous engage, au nom de votre mission, à prendre en considération l'observation et la demande que je vous fais des munitions, grains et fourrages qui sont nécessaires à l'approvisionnement de cette place que l'ennemi convoite (1). »

Les prélèvements, faits à la fois sur les garnisons et sur les approvisionnements des places de la frontière pour constituer et ravitailler l'armée de secours, étaient évidemment inévitables, mais il faut bien constater que la mesure était dangereuse. Si la bataille des 15 et 16 octobre n'avait pas été favorable à nos armes, on n'aurait pas manqué d'accuser Jourdan et même Carnot d'avoir affaibli la capacité de résistance des différentes places de la frontière : peut-être même eût-on considéré ces mesures, qui pourtant s'imposaient, comme une preuve de traîtrise. N'avait-on pas reproché à Custine des actes de même nature ?

Au surplus, Carnot avait prévu cette éventualité :

« Jourdan est digne du commandement qui lui est confié, écrivait-il le lendemain de la victoire. Cependant le succès lui était nécessaire. Il était perdu s'il eût échoué ; on le dénonçait déjà comme un traître et moi

---

(1) Le général de division Drut, commandant à Douai, au Comité de Salut public, 14 octobre 1793 (A. H. G.).

aussi, pour avoir tiré des villes les garnisons pour les joindre au corps de l'armée (1)..... »

Les premiers résultats produits par le décret du 23 août 1793, c'est-à-dire par la loi de la réquisition, dite de la levée en masse. — On a vu précédemment que le général en chef comptait sur les corps de la nouvelle levée pour combler les vides produits ailleurs par la constitution de l'armée de secours à Guise. « Il est nécessaire, écrivait-il au Ministre, le 1er octobre, que vous donniez les ordres les plus pressants pour l'organisation de ces nouveaux corps et qu'on m'instruise de leurs emplacements pour en pouvoir disposer lorsque les circonstances l'exigeront. Cette opération m'est de toute nécessité pour me mettre à portée de retirer un plus grand nombre d'anciennes troupes des camps et garnisons (2)..... »

Sans vouloir critiquer les conséquences générales du décret du 23 août 1793 qui réglementait la levée en masse, nous pensons qu'il est intéressant de montrer ici que, vers le milieu d'octobre, l'application du susdit décret n'avait pas encore produit des résultats pratiques très appréciables, et que Jourdan ne devait rien attendre, à ce moment, des nouveaux réquisitionnaires.

Ce décret fait reposer l'opération de la nouvelle levée sur les principes suivants (3) :

1° L'appel d'un premier ban comprenant tous les citoyens de 18 à 25 ans;

2° Le rassemblement des recrues au chef-lieu de

---

(1) Carnot au Comité de Salut public, Avesnes, 17 octobre (Cf. Charavay, t. III, p. 328).

(2) Jourdan à Bouchotte, Gaverelle, 1er octobre (Cf. Chavaray, t. III, p. 238).

(3) Voir sur ce sujet, Coutanceau, *Campagne de 1794 à l'armée du Nord* (Organisation, t. Ier, p. 321).

chaque district. Les citoyens non mariés ou veufs sans
enfants doivent marcher les premiers ; ils seront exercés
tous les jours, dans les susdits chefs-lieux, au maniement des armes en attendant l'heure du départ. Les
Représentants régleront la marche de manière à ne faire
arriver les citoyens armés aux points de rassemblement
qu'à mesure que « les subsistances, les munitions et tout
ce qui compose l'armée matérielle se trouvera exister en
quantité suffisante..... » Le bataillon qui sera organisé dans chaque district sera réuni sous une bannière
portant cette inscription : *Le peuple français debout
contre les tyrans*.....

L'appel était rédigé en termes vibrants et propres à
exalter encore l'enthousiasme patriotique d'un peuple
décidé à ne reculer devant aucun sacrifice, pour assurer
le triomphe définitif de son idéal. Pourtant on se paye-
rait singulièrement de mots si l'on admettait que, même
dans ces conditions particulièrement favorables, il est
possible de former en quelques semaines, avec des
hommes non exercés, des bataillons aptes à faire la
guerre. L'étude de la susdite levée dans le département de l'Aisne suffira à mettre en garde contre cette
opinion.

Un mois après la promulgation du décret du 23 août,
les hommes de la nouvelle réquisition sont rendus aux
chefs-lieux de leurs districts respectifs et, dès le 24 septembre, le représentant Isoré, d'accord en cela avec les
administrateurs de l'Aisne, arrête (1) que tous les contingents de ce département seront réunis sous trois jours à
Réunion-sur-Oise. Les gens aisés fourniront des habits
et la chaussure à ceux qui n'ont ni vêtements militaires

---

(1) Isoré au Comité de Salut public, Réunion-sur-Oise, 24 septembre
(A. H. G.); *Journal des Administrateurs* de l'Aisne, 24 septembre
(A. H. G , Corresp.).

ou autres capables de résister à la rigueur de la saison. Les hommes en partant seront armés soit d'un fusil, soit d'une pique (1).

Or, voici dans quel état organique se trouvaient les contingents au commencement d'octobre.

En exécution de l'arrêté ci-dessus, la levée du district de Saint-Quentin part précipitamment pour Guise le 29. Elle possède, le 3 octobre, « à peu près 300 fusils de calibre mais de réforme (2) », et le général Parant écrit à Belair qu'on vient de lui envoyer sur des voitures tous les fusils de chasse rassemblés dans les communes et en état de service ; « il n'y a que le dixième de cette jeunesse d'habillé et d'équipé (3) ».

Les districts de Laon et de Vervins, écrit Isoré, ont fait partir des masses indistinctes de tous les hommes jusqu'à l'âge de 50 ans et « tout en déserté ». Cependant l'effectif mobilisé s'élève à peine à 1,200 hommes, car « les soldats de nouvelle recrue désertent honteusement (4) ».

---

(1) La question de la fabrication des armes et surtout des fusils pendant la période révolutionnaire pourrait faire l'objet d'une étude spéciale qui présenterait un réel intérêt. Car l'obligation de donner, aux recrues de la levée en masse, un armement convenable contraignait le Gouvernement révolutionnaire à prendre à cet effet un très grand nombre de mesures, dont il faudrait mesurer exactement l'efficacité avant de porter un jugement sur l'ensemble de ces efforts. On trouvera, en particulier dans la série AFₙ des Archives nationales, de nombreux documents relatifs à la création d'ateliers d'armes, surtout à Paris. La pénurie était telle que non seulement on se mit à fabriquer des piques mais on songea même à « rétablir l'usage d'arc et de flèches » (AFₙ 46, 30 août) Arch. nat.

(2) Parant, commandant à Saint-Quentin, à Belair, Saint-Quentin, 3 octobre (A. H. G.).

(3) Ibid.

(4) Isoré au Comité de Salut public, Lille, 5 octobre (AFₙ 142). Arch. nat.

« Il est impossible, déclare Isoré à la date du 5 octobre (1) de compter sur les bataillons de nouvelle levée, la désertion les ayant réduits à moitié » ; aussi ce Représentant se dispose-t-il à user désormais de la plus grande sévérité contre les déserteurs (2).

En ce qui concerne les districts de Château-Thierry (3), Soissons et Chauny, Bouchotte déclare le 13 octobre, que ceux-ci ont envoyé 5,000 hommes de réquisition au camp de Réunion-sur-Oise (4). Qu'était-ce donc que ce camp, dont il est fréquemment question dans cette correspondance, et où l'on concentrait les bataillons de la nouvelle levée ?

Le camp de Guise ou de Bohéries. — Beaurgard, qui, comme on sait, commande à Guise (5), a pris l'initiative d'installer, en dehors et près de cette ville, un camp retranché où l'on instruira les troupes de la nouvelle

---

(1) On sait également que, dans le département du Nord, on a pu lever dans les mêmes conditions que dans l'Aisne sept ou huit bataillons (*). Chaque bataillon dispose à peine (**) de 100 fusils et les Représentants ont dû faire des réquisitions pour procurer aux hommes de effets et si possible des armes (***).

(2) *Ibid.*

(3) A la date du 24 septembre, le district d'Amiens a formé 33 compagnies dont l'effectif total s'élève à 3,458 hommes qui seront mis en route pour Douai quand on aura réussi à les habiller (*Bulletin analytique*, 24 septembre, A. H. G. Corresp.).

(4) Bouchotte au Comité de Salut public, 13 octobre (A. H. G. Cf. Charavay, t. III, p. 295).

(5) On a vu au chapitre 1er que les généraux Beaurgard, commandant à Guise et Parant, commandant à Saint-Quentin, ont dirigé le 12 septembre sur le Nouvion une diversion qui a été médiocrement conduite. On sait également que Beaurgard n'avait à ce moment sous ses ordres que 800 hommes de troupes instruites et 150 cavaliers.

(*) Trullard et Berlier au Comité de Salut public, Dunkerque, 1er octobre.
(**) *Ibid.*, 3 octobre.
(***) *Ibid.*, 6 octobre. A. H. G.

levée qui, au dire de ce général, ne sont ni exercées au maniement des armes, ni armées, ni équipées (1).

D'après le rapport d'un certain Clouard (2), qui paraît être un commissaire de l'administration du département de l'Aisne, les travaux de fortification de ce camp sont peu importants ; ils consistent en une « coupure » pratiquée sur la route de Guise à Landrecies, à hauteur du village de Lequielles ; on a placé dans cette coupure une pièce de canon : en outre une redoute pentagonale a été tracée dans la plaine, entre les deux bois de Saint-Germain et de Lequielles ; des postes veillent à la sécurité du camp, qui est installé dans la boucle de l'Oise, au Nord-Ouest de Guise. C'est pourquoi on le désigne parfois sous le nom de camp de Bohéries, à cause du voisinage de l'abbaye de Bohéries, qui se trouve à 4 kilomètres Nord-Ouest de Guise (3).

Les administrateurs du département de l'Aisne, affolés par les incursions des patrouilles ennemies venues du Cateau, demandent que le général Belair (4) prenne aussitôt le commandement du camp (5). Or ce général,

---

(1) Beaurgard au Comité de Salut public, 25 septembre (A. H. G.).

(2) *Journal* du 25 septembre (A. H. G.).

(3) Voir la carte n° 6 du tome Ier, intitulée : *La région du camp intermédiaire.*

(4) Alexandre-Pierre-Julienne, dit Belair, né à Paris le 15 octobre 1747, fils d'un doreur, entré au service comme capitaine d'artillerie en second dans la légion de Maillebois, le 28 avril 1785, réformé le 8 mai 1786, adjudant général, chef de brigade et directeur du camp de Paris, le 29 août 1792, général de brigade à l'armée du Nord, le 4 août 1793, et de division à l'armée du Camp intermédiaire, le 7 septembre suivant, général en chef le 6 novembre 1793, cesse ses fonctions le 17 nivôse an II (6 janvier 1794), remis en activité à l'armée d'Italie le 28 prairial an VI (17 juin 1798), réformé en 1803, employé à Ostende le 18 août 1809, réformé le 25 décembre de la même année, mort à Villecresnes (Seine-et-Oise), le 25 mai 1819 (Cf. Charavay, t. III, p. 134).

(5) Arrêté du 21 septembre du Conseil général (A. H. G.). — Un

alors occupé à l'établissement d'un camp intermédiaire entre Péronne et la Fère (1), s'intéresse peu aux conceptions de Beaurgard (2); il retire même à ce général 200 cavaliers qui avaient été mis à sa disposition. De son côté, Ferrand ordonne qu'on envoie de Guise à Avesnes trois pièces de canon (3). Enfin, une autre mesure vient décourager Beaurgard; par ordre des commissaires, le son n'étant plus extrait de la farine de troupe, « le pain est si mauvais, que les chiens n'en veulent pas manger » et « les hommes de réquisition, qui quittent leurs foyers et sont habitués à une nourriture saine », veulent « s'en retourner, si on ne leur donne pas d'autre pain (4) ».

Bouchotte, touché par le désespoir de Beaurgard, prescrit par deux fois (5) à Belair, de se rendre au camp de Bohéries, où celui-ci arrive enfin le 11 octobre. Le Ministre de la guerre envisage du reste avec un optimisme excessif, l'importance de ce camp. Il écrit en effet à Jourdan, qu'il y a à Réunion-sur-Oise 18 pièces de canon et 10,000 hommes, dont 3,000 armés de fusils (6), alors que, au même moment, les représentants Lejeune et Roux signalent au Comité de Salut public la « *triste situation de la ville de Guise et de son prétendu camp* (7) ».

---

arrêté du 27 septembre ordonne la création d'ateliers d'armes, d'effets et de chaussures.

(1) Voir chap. XI, t. Ier.

(2) « Belair traitait Beaurgard d'indiscipliné et de brouillon » [Belair à Bouchotte, Péronne, 5 octobre (A. H. G.)].

(3) Beaurgard au Comité de Salut public, 28 septembre (A. H. G.)

(4) *Ibid.*

(5) Bouchotte à Belair, Paris, 1er octobre; Bouchotte à Belair, 9 octobre (A. H. G.).

(6) Bouchotte à Jourdan, 4 octobre (A. H. G.).

(7) Lejeune et Roux au Comité de Salut public, Laon, 5 octobre (A. H. G.).

La désertion. — Comme on l'a déjà vu, le plus grave reproche qu'on pouvait adresser aux hommes de la nouvelle levée, était celui d'abandonner volontiers les drapeaux (1); l'exemple ci-dessous en fournit une preuve frappante. Chacun des districts de Péronne et de Montdidier avait formé un bataillon qui avait été dirigé sur Landrecies. Mais, à la suite de l'investissement de Maubeuge par les alliés, le 29 septembre, un conseil de guerre tenu le 30 arrêtait, sur la proposition du citoyen Courtois, commandant temporaire de Landrecies (2), que la municipalité de cette ville prendrait « les moyens les plus sévères et les plus prompts pour faire sortir de la ville les hommes provenant de la susdite levée, vu qu'elle consommerait la subsistance de la garnison ». Par ordre de la municipalité, le Ier bataillon quittait Landrecies le 1er octobre à 9 heures du matin, et arrivait à Guise sans encombre. Le 2ᵉ, au contraire, partait à 11 heures du matin; mais, assailli un peu au Sud du village de Groize (6 kilomètres Sud de Landrecies) par un détachement de cavalerie ennemie (venu probablement du Cateau), le bataillon se débandait, en laissant 14 prisonniers entre les mains des Impériaux (3). En outre, un obusier et un affût de rechange, envoyés par Beaurgard à Landrecies, s'étant trouvés sur la route de Guise au même moment, tombaient au pouvoir des cavaliers impériaux (4). Courtois accusé de traîtrise par le comité de surveillance, qui lui reprochait de n'avoir

---

(1) Le 29 septembre les commissaires Quiney et Deschamps écrivent, au Comité de Salut public, que 800 hommes ont déserté à cause des fausses nouvelles répandues par des malveillants. Deux de ces mutins ont été rasés (Cf. Charavay, t. III, p. 223).

(2) Arrêté du conseil de guerre de Landrecies, 30 septembre (A. H. G.).

(3) Procès-verbal, Landrecies, 1er octobre (A. H. G.).

(4) Courtois au Comité de Salut public, 3 et 10 octobre (A. H. G.).

pas donné une escorte à ces bataillons, se disculpait auprès du Ministre (1), en faisant remarquer qu'il n'avait pas prescrit de diriger ces bataillons sur Guise et qu'il aurait mieux valu les envoyer à Avesnes. Il ajoutait que la publicité donnée à l'ordre de départ par la municipalité, avait permis à des habitants suspects de prévenir les ennemis du mouvement des susdits bataillons. Quoi qu'il en soit, quelques fuyards revinrent à Landrecies, mais la plus grande partie rentra dans ses foyers.

« Sitôt que j'ai eu connaissance de cette désertion, écrivait Parant (2), j'ai envoyé sur-le-champ des patrouilles à cheval, sur la droite et la gauche du chemin de Saint-Quentin à Guise, avec ordre de les arrêter et de les ramener à Saint-Quentin, pour de là être conduits à leur poste avec escorte. J'en ai déjà envoyé 154 hier et 100 ce matin, après les avoir exhortés à ne plus quitter leurs postes... (3). »

Il est permis de penser que le manque d'expérience et d'éducation militaires de leurs cadres, choisis à l'élec-

---

(1) Courtois à Bouchotte, Landrecies, 11 octobre (A. H. G.).

(2) Parant, général de brigade, commandant à Saint-Quentin, à Bouchotte, Saint-Quentin, 4 octobre (A. H. G.).

(3) On lit dans les *Souvenirs militaires d'un jeune abbé, soldat de la République* (publiés par le baron Ernouf, Librairie académique 1881), une lettre datée du camp de Bohéries, 30 septembre 1793, où ce volontaire raconte les incidents d'une marche exécutée par son bataillon pour se rendre au camp de Bohéries. « Depuis hier matin, écrit-il (p. 3) nous occupons non loin de là (*de Guise*) le camp de Bohéries avec un certain nombre de nouveaux bataillons et quelques vieilles troupes. Nous entendons de temps à autre des coups de fusil, mais de très loin. Jusqu'à nouvel ordre, l'ennemi a respecté notre inexpérience..... »

Une autre lettre écrite à Avesnes, le 22 octobre contient le récit d'une panique survenue parmi les bataillons de la levée, rassemblés dans le camp : elle eut pour cause la méprise de jeunes réquisitionnaires qui prirent des têtes de saules élagués pour des Autrichiens. « Il est vrai,

tion, fut la cause principale des défaillances de ces *bataillons de la masse*. C'est là, du moins, l'opinion du général Élie, qui eut l'imprudence de conduire au feu, dès le 16 octobre, 2,000 de ces recrues, lesquelles se laissèrent aller à une folle panique.

« Je n'ai pas, cependant, dû m'attendre à grand'chose, écrit-il à Bouchotte, de la part des soldats, sans expérience, qui n'avaient jamais vu le feu et que le souvenir de ce qui les attache à la vie, animait peut-être plus que le sentiment de vivre libres ou de mourir. Si ces malheureux eussent eu la prudence de ne se donner pour chefs que des hommes instruits dans l'art de la guerre, ils eussent eu des officiers qui auraient soutenu leur courage chancelant, et qui leur eussent inspiré quelque confiance. Mais les officiers qui les commandaient, qui avaient eux-mêmes besoin d'encouragement, pouvaient-ils faire concevoir d'eux quelque bonne opinion, et faire partager à leurs soldats une bravoure et une fermeté qu'ils étaient loin d'avoir, puisque plusieurs d'entre eux mirent leurs épaulettes dans leurs poches, pour ne pas être reconnus comme officiers dans leur fuite (1). »

Le représentant Massieu, en mission à l'armée des Ardennes, a fait également, en ces termes, le procès de ces officiers désignés par les suffrages de leurs subordonnés (2) :

« On informe contre plusieurs officiers des dernières levées, qui ont prouvé par leur conduite, que le mode

---

ajoute-t-il, que le seul des chefs (de son bataillon) qui eût déjà servi était le commandant dont tous les efforts furent inutiles. Les autres étaient, comme moi-même, des jeunes gens nommés à l'élection, sans expérience et sans autorité réelle..... »

(1) Élie à Bouchotte, Givet, 19 octobre (A. H. G., Cf. Charavay, t. IV, p. 356).

(2) Massieu au Comité de Salut public, Sedan, 23 octobre (A. H. G.).

d'après lequel ils ont été choisis ne peut être que préjudiciable à la Patrie ; beaucoup de militaires, aussi expérimentés que patriotes, pensent qu'il aurait été beaucoup plus avantageux et moins dispendieux pour la République, de compléter les anciens cadres avec les nouveaux bataillons ; ceux-ci eussent été plus tôt formés, se fussent mieux montrés en une action, et on eut économisé les appointements d'un grand nombre d'officiers qui ont autant besoin d'instruction que leurs soldats... »

Un mois plus tard, les représentants Hentz et Bô réclamaient la même mesure, afin de faire disparaître les officiers « muscadins et intrigants que la nouvelle levée s'était donnés, et qui ne pouvaient que jouer quelque mauvais tour (1) ».

La Convention avait bien prévu que ces bataillons n'auraient pas immédiatement une réelle valeur militaire, car, en principe, les réquisitionnaires ne devaient pas être employés en rase campagne. L'arrêté du Comité de Salut public, daté du 20 septembre, et le décret du 27 du même mois, stipulaient en effet que les nouvelles levées de la première réquisition remplaceraient les garnisons des différentes places et que ces garnisons seraient réunies sans délai aux armées (2).

Il est donc étonnant que Jourdan et Élie aient eu la témérité de confier, au milieu d'octobre, à cette réunion de conscrits, comme on dirait de nos jours, une mission offensive. En effet, Belair n'était-il pas chargé (3), dès le 11 octobre, de couvrir les derrières de l'armée de secours avec les bataillons de la masse, renforcés par

---

(1) *Recueil* Aulard, t. VIII, p. 633 (Cf. Coutanceau, *loc. cit.*, t. 1er, Organisation, p. 344).

(2) Cf. Coutanceau, *loc. cit.*, Organisation, t. 1er, p. 343.

(3) Voir chapitre IV de ce volume, p. 99.

quatre anciens bataillons (1) et par un régiment de
cavalerie ? Et le 14 ce même général n'avait-il pas reçu
l'ordre de se porter avec les susdites troupes sur
Etreux-Landrenat, à mi-chemin entre Guise et Landrecies, et de s'emparer, si possible, de la forêt d'Ar-
rouaize (2)? Quant au général Élie, il n'hésita pas, le
16, à tenter, avec 2,000 recrues (sur 3,000 hommes dont
se composait son détachement), une fausse attaque sur
Beaumont (3).

En employant de la sorte ces unités de nouvelle
formation, Jourdan et Élie méconnaissaient l'esprit du
décret du 23 août; cependant leur imprudence ne fut
pas inutile, car elle assura le succès de la réforme
demandée par Massieu.

En effet, le 22 novembre 1793, le représentant du
peuple Cochon vint proposer à la Convention, au nom
des Comités de Salut public et de la Guerre, un décret
qui modifiait radicalement l'arrêté du 20 septembre et
le décret du 27. La haute Assemblée approuva ces propositions en décrétant, le 22 novembre, que les citoyens
levés en vertu de la loi du 23 août devaient être incorporés au 10 nivôse au plus tard (1er janvier 1794), dans
les cadres existants ; les officiers des bataillons dislo-
qués étaient également versés dans les anciens cadres

---

(1) Jomini pense que, en détachant quatre anciens bataillons au camp
de Guise, Jourdan se proposait d'assurer la garde des réquisitionnaires.
« Guise écrit-il, devenait le rendez-vous de toutes les levées du décret
du 23 août; mais les bataillons y arrivaient dans un tel désordre, que,
pour leur inspirer quelque confiance et leur remettre la garde de ce
point important, on se vit obligé d'y laisser plusieurs bataillons de
vieilles troupes. Ce fut peut-être l'unique exemple d'un corps nombreux exigeant un détachement pour le garder. » *Loc. cit.*, t. IV,
p. 123.

(2) Jourdan à Belair, Avesnes, 14 octobre. Reg. 1a/44 (A. II. G.).

(3) Lire plus loin, au chapitre VI de ce volume, le récit de cette
fausse attaque.

« sans égard aux grades qu'ils avaient occupés provisoirement (1) ».

Il n'est jamais trop tard pour reconnaître ses fautes,
dira-t-on, mais, dans l'espèce, on doit savoir gré aux
alliés d'avoir pratiqué un système de guerre qui, par sa
prudence et sa lenteur, permettait au Gouvernement
révolutionnaire de se livrer à de telles expériences. Des
erreurs organiques d'une pareille importance auraient
été très dangereuses, on le devine aisément, si les généraux de la Coalition s'étaient montrés plus audacieux et
si l'esprit véritablement offensif avait inspiré leurs conceptions stratégiques.

Discipline générale. — Les ordres journaliers, rédigés
au quartier général pendant la période du 25 septembre
au 6 octobre, sont tous adressés aux divisions réunies

---

(1) « Nous renvoyons au grade de soldat, ces épaulettiers d'hier, ces
aigrefins qui voudraient faire la loi aux braves officiers qui viennent de
supporter deux campagnes..... » (Hentz et Bô au Comité de Salut
public) Aulard, *loc. cit.*, t. **VIII**, p. 681.

Le jeune abbé approuve en ces termes l'amalgame de son bataillon
de volontaires avec le 3e bataillon de la Meurthe. « Deux considérations graves ont déterminé ce changement. D'une part, la dernière
campagne avait notablement affaibli les cadres; de l'autre, les bataillons de réquisition manquaient tout à la fois d'instruction et d'expérience. On a donc fait sagement de les répartir entre les divers régiments
des bataillons ayant fait campagne. Ce qui a rendu cette incorporation
un peu dure, c'est la perte des grades confiés par les compagnies
elles-mêmes, lors du départ, aux jeunes gens de leur choix, grades que
les titulaires espéraient bien conserver..... » Lettre datée de Brischen,
15 octobre 1794, p. 3. Chaque compagnie du bataillon de la levée est
entrée en entier dans celle qui portait le même numéro dans le bataillon de la Meurthe. A partir de ce moment, écrit le jeune réquisition-
naire, c'est la véritable vie qui commence. « Exercices, revues, service,
tout se fait avec l'ordre le plus sévère...... » On fait en général deux
exercices par jour. « Nous faisons-là de rapides progrès (lettre datée de
Le Sart, 11 mars 1794, p. 12), sous le double rapport de la tenue et
des habitudes militaires..... »

dans le camp de Gaverelle. Les fautes signalées dans ces documents sont donc de celles qui se produisent généralement parmi les troupes campées à proximité des lieux habités ; les mesures de répression qu'elles entraînent peuvent se résumer ainsi :

1° L'accès du quartier général, comme aussi celui des villages voisins, est interdit aux officiers et aux soldats (1) ; deux officiers sont punis de quatre jours d'arrêt de rigueur « pour avoir découché » ;

2° Il n'est pas permis aux militaires d'aller à la chasse ;

3° Les charretiers et les soldats doivent suivre les chemins frayés et ne pas marcher à travers champs.

4° Les chefs de corps devront profiter du beau temps pour faire mettre les armes en bon état ; on passera l'inspection des armes le dimanche ;

5° L'instruction des recrues ne doit pas être négligée et il faut autant que possible faire manœuvrer chaque bataillon une fois par jour. Les corvées qui se rendent aux distributions seront conduites par un officier, et l'on ne remettra les denrées que sur le vu de bons très réguliers ;

6° Quelques soldats, qui se sont fait vendre des volailles à vil prix par les habitants, sont punis d'un mois de prison par la commission militaire.

Pendant que les divisions se rendent de Gaverelle à Guise, c'est-à-dire du 6 au 10 octobre, le quartier général fait paraître des ordres très brefs. Mais il est pro-

---

(1) Un arrêté des Représentants du peuple, mis à l'ordre du 14 au 15 octobre, sanctionne énergiquement ces prescriptions formelles. Deux capitaines, un lieutenant et un sous-lieutenant sont mis en état d'arrestation et conduits à Arras, parce qu'ils « se sont permis de séjourner en ville et qu'ils y ont donné aux soldats l'exemple de la crapule la plus propre à désorganiser les corps militaires ». Reg. 1a/39 (A. H. G.).

bable que, au cours des marches de concentration, la discipline ne fut pas exactement observée, car on lit, entre autres, dans les ordres journaliers du 11 et du 12, les prescriptions suivantes :

Tout officier qui ne se trouvera pas à la tête de sa troupe, lorsque la colonne dont elle fait partie se mettra en route, sera destitué et mis en état d'arrestation.

Les quartiers-maîtres doivent assister aux distributions ; les hommes de corvée seront accompagnés par une escorte, commandée par un officier, et destinée à assurer le bon ordre.

Enfin ce paragraphe de l'ordre du 11 au 12 octobre montre combien les absences irrégulières étaient devenues fréquentes, chaque fois que les troupes campaient à proximité des villes.

« Ce n'est point en se jetant dans les villes auprès desquelles on campe, qu'on garde le poste honorable que la nation vous confie. Ce n'est point en s'enivrant que l'officier prouve qu'il est digne de la confiance que lui ont accordée ses camarades. Nos ennemis sont instruits de tous ces désordres, ils se promettent d'en tirer des succès certains.

« D'après ces considérations, il est urgent de remédier aux désordres que produit la conduite irrégulière d'un grand nombre d'officiers et soldats. Les Représentants du peuple et le général en chef ordonnent à tous, soldats et officiers, de ne jamais quitter leur camp et cantonnement que pour affaire de service, et d'après une permission légale. En conséquence, les chefs des corps feront faire deux appels par jour, qu'ils remettront aux chefs de brigade, et ces derniers au général de division. Lorsqu'il y aura des absents, les officiers seront destitués et les soldats sévèrement punis... »

Heureusement, il fut possible, la veille de la bataille de Wattignies, d'exciter l'enthousiasme des troupes, en leur annonçant la prise de Lyon. Voici *in extenso* la proclamation vibrante adressée par le Comité de Salut public à l'armée du Nord, pour lui faire part de ce nouveau succès :

« Républicains (1), l'armée de la République vient d'entrer triomphante à Lyon; les traîtres et les rebelles sont taillés en pièces. L'étendard de la liberté flotte sur ses murs et les purifie. Voilà le présage de votre victoire.

« La victoire appartient au courage. Elle est à vous. Frappez, exterminez les satellites des tyrans. Les lâches! Ils n'ont jamais su vaincre par la force et par la valeur; ils n'ont acheté que des trahisons. Ils sont couverts de votre sang, et surtout de celui de nos femmes et de nos enfants. Frappez! Qu'aucun n'échappe à votre juste vengeance. La Patrie vous regarde, la Convention seconde votre généreux dévouement. Encore quelques jours, les tyrans ne seront plus et la République vous devra son bonheur et sa gloire. Vive la République! »

Signé : Hérault, Collot-d'Herbois, Billaud-Varenne, Barère, Saint-Just, Robespierre.

Bouchotte joignait ses exhortations à celles du Comité (2) et Jourdan, qui avait inséré le tout dans son ordre journalier du 14 au 15, y ajoutait encore cet éloquent appel (3) :

« D'après les heureuses nouvelles que nous recevons de la prospérité des armes de la République, il ne nous

---

(1) Les Membres du Comité de Salut public à l'Armée du Nord, Paris, 11 octobre (A. H. G.). Reproduit dans l'ordre journalier du 14 au 15 octobre. Reg. 1a/39.

(2) Bouchotte à Jourdan, Paris, 11 octobre. Reproduit Reg. 1a/39.

(3) Ordre journalier du 14 au 15 octobre. Reg. 1a/39. Cet ordre se termine ainsi : « Il est enjoint, à tous les commandants de corps de faire donner lecture du présent ordre dans toutes les compagnies. »

reste plus qu'une tâche à remplir : celle de vaincre nos
ennemis dans la partie du Nord. Que la lecture de la
proclamation du Comité de Salut public enflamme vos
courages! L'armée du Nord serait-elle donc la seule qui
ne se signalerait pas? Des républicains ne seraient-ils
pas invincibles? La patrie attend tout de vous, dans les
circonstances où nous sommes. Songez à la gloire dont
seront couverts les libérateurs de la République... »

Considérations d'ensemble. — Il résulte, de cet exposé
général, que l'armée du Nord n'était pas, au milieu
d'octobre, sensiblement mieux préparée à livrer bataille
que dans les premiers jours de septembre. Les services
chargés de pourvoir aux divers besoins matériels des
troupes fonctionnent comme par le passé. N'étaient le
voisinage des places fortes, qui servent de magasins, et
le zèle des Représentants du peuple qui ravitaillent ces
places, l'armée serait condamnée à l'immobilité abso-
lue ; l'amplitude des mouvements que nos troupes
peuvent accomplir est d'ailleurs fort limitée par l'insuffisance de ces deux moyens.

La valeur des bataillons formés avant la levée en
masse n'a pas été amoindrie depuis Hondtschoote par
l'incorporation de nouvelles recrues. Quelques succès
et certains revers ont tour à tour exalté ou diminué
l'enthousiasme de ces bataillons, et l'on peut admettre
que les opérations actives, auxquelles ils ont pris part,
pendant ce mois de lutte, ont quelque peu développé
leurs qualités militaires. Malheureusement l'organisation proprement dite des grosses unités et l'aptitude du
cadre des généraux n'ont pas progressé (1).

---

(1) Thiébault critique sévèrement le système d'après lequel on nom-
mait alors les généraux ; il s'en prend particulièrement à Balland en ces
termes : « Comment, écrit-il, ne pas citer Balland, qui avait été le tam-

Les divers bataillons d'infanterie de ligne, de volontaires ou de troupes légères, sont encore groupés, suivant les besoins du moment, sous le commandement de chefs nouveaux, en brigades ou divisions, dans lesquelles les liens tactiques sont brisés par des modifications incessantes. On s'en convaincra en rapprochant l'une de l'autre les situations d'effectifs de chacune des deux armées de secours de Dunkerque et de Maubeuge. Parmi les généraux, les mutations ne sont pas moins nombreuses. Ceux qui commandaient à Hondtschoote ont tous disparu. Houchard, Berthelmy, Gay-Vernon, d'Hédouville, Demars, Laudrin, Dumesny, ont été destitués ou incarcérés ; Colaud, Vandamme et Leclaire sont employés ailleurs. Fromentin, Soland, Gratien, Cordellier, Balland, Duquesnoy et Beauregard, nouvellement arrivés, n'ont pas encore fait leurs preuves à la tête d'une division, ni même d'une brigade (1). Seul, le nom de Jourdan peut évoquer dans l'esprit de ses soldats, le souvenir de la dernière victoire, où il commandait le corps de bataille. Ce jeune

---

bour de ma compagnie de grenadiers aux Feuillants, qui avait nettoyé nos bottes et fait nos commissions, homme sans forme et sans fond, et qui se trouva tout à coup général de division. » « On peut juger d'après cela, déclare-t-il par ailleurs, ce que nous serions devenus sans l'ineptie de nos ennemis et sans l'action irrésistible d'un Gouvernement de fer et de sang..... » (*Mémoires*, p. 443 et 444, t. I, Paris, Plon, 1894).

(1) « *Les souvenirs militaires d'un jeune abbé* », contiennent à ce sujet le passage suivant qui est caractéristique : « Il n'y avait d'homogénéité ni dans le commandement des subdivisions de troupes, ni dans leur force relative. On se contentait de réunir, suivant les circonstances et les besoins, régiments et bataillons isolés, pour improviser des brigades et des divisions dont les parties n'offraient ni ensemble ni cohésion..... » Aux yeux du jeune volontaire, la refonte de tous ces éléments, c'est-à-dire l'amalgame, paraît devoir contribuer puissamment au succès de nos armes. — Lettre datée du camp de la Buissière, le 4 juin 1794, *loc. cit.*, p. 40.

général qui, un mois auparavant, occupait encore une situation subalterne, est maintenant investi du commandement suprême; il possède la confiance du Gouvernement. Sera-t-il digne de cette faveur?

Le Comité de Salut public et Bouchotte croient sincèrement qu'ils ont régénéré l'armée et accru sa puissance en appelant aux grades supérieurs une nouvelle série de chefs, dont le sans-culottisme leur paraît très sûr. Mais Jourdan et tous ces derniers promus étaient-ils réellement plus dévoués au régime révolutionnaire que leurs prédécesseurs? Il est permis d'en douter. Et quand bien même cela eût été vrai, on ne pouvait considérer le problème du choix des généraux comme résolu par ces mutations nombreuses que si les capacités professionnelles des nouveaux élus avaient été certainement supérieures à celles de leurs devanciers.

Or, l'étude détaillée de la bataille de Wattignies montrera, une fois de plus, qu'il n'en fut rien, parce qu'un décret ne donne pas le talent militaire à qui n'a pas développé ses dons naturels par l'expérience et par l'effort.

CHAPITRE VI

LA BATAILLE DE WATTIGNIES (1)

(15 ET 16 OCTOBRE).

I

Journée du 15 octobre.

Le plan des deux adversaires. — Le combat de l'aile gauche sous Fromentin
avec l'aile droite des Impériaux de Bellegarde. — L'attaque centrale
exécutée par la division Balland contre Clerfayt. — Terzy et Haddick aux
prises avec Duquesnoy et Beauregard à l'aile gauche des Coalisés.

La situation tactique dans la nuit du 15 au 16 octobre. — Le nouveau plan
d'attaque des Français pour la journée du 16 ; les mesures prises par
Cobourg pour résister aux Républicains. — La lutte proprement dite :
a) le dispositif d'attaque de l'aile droite ; *b)* l'attaque du village de Wattignies ; *c)* la division Beauregard aux prises avec le détachement Haddick ;
d) la rencontre entre les détachements Elie et Benjowsky. — La délivrance de Maubeuge. — Les conséquences générales de la bataille de
Wattignies.

Le plan des deux adversaires. — Nous avons montré
précédemment que, le 8 septembre, une armée de
secours conduite par Houchard triompha, sur le champ
de bataille d'Hondtschoote, d'une armée d'observation
qui protégeait les troupes alliées, chargées de faire le
siège proprement dit de Dunkerque (2).

Neuf mois plus tard (29 juin 1794), le désir de conqué-

---

(1) Se reporter aux cartes n°s 3, 3 *bis* et 4 de ce volume.
(2) Voir tome Ier, chapitre XVI.

rir Charleroi amènera Jourdan à disposer, aux abords de
cette place, une armée d'observation qui supportera avec
succès le choc d'une armée de secours, commandée par
Cobourg en personne (1). De même, les 15 et 16 octobre 1793, à Wattignies, c'est encore une armée de
secours qui en vient aux mains avec une armée d'observation. Il est donc permis de dire que les trois grandes
victoires d'Hondtschoote, Wattignies et Fleurus, qui
marquent, chronologiquement, les étapes glorieuses des
armées révolutionnaires, sont des conséquences tactiques
d'une stratégie qui rappelle celle de la guerre de Trente
Ans.

Cette constatation dispense de faire ici une nouvelle
critique de cette forme, si peu originale, de l'art de la
guerre et l'on se bornera à examiner les dispositions tactiques des deux adversaires qui étaient face à face dans
la matinée du 15 octobre (2).

Cobourg a installé les 21,000 hommes dont il dispose
sur une position très forte, perpendiculairement à cette
chaussée d'Avesnes à Maubeuge, qu'il considère à bon
droit comme l'axe probable du mouvement offensif des

---

(1) *Les Opérations militaires sur la Sambre en 1794*, Bataille de
Fleurus, *loc. cit.*

(2) Nous rappelons ci-dessous brièvement les propriétés essentielles
de l'armement en usage, parce que celles-ci exercent, comme on sait,
une influence prépondérante sur la tactique :

a) Fusil en usage dans l'armée française : modèle 1777, lon-
gueur $1^m,53$; poids moyen $4^{kg},600$, calibre, $17^{mm},4$; poids de la baïonnette 300 grammes, de la balle 27 grammes. On peut atteindre à
100 mètres un homme isolé, à 200 mètres un groupe, à 300 mètres on
manque une maison. La cartouche en papier est très sensible à l'humi-
dité, la pluie occasionne de nombreux ratés.

b) Fusil autrichien, modèle 1775. Ses propriétés sont analogues à
celles du fusil français.

c) Matériel d'artillerie français, du modèle Gribeauval. La portée pra-
tique extrême du tir à boulet est de 900 à 1,000 mètres pour le 12 et

troupes républicaines, dont la présence sur la rive
gauche de la Helpe lui a été signalée depuis plusieurs
jours. Partant de cette hypothèse logique sur la direction
de l'attaque, il a constitué très fortement le groupe central de ses forces entre Dourlers et Floursy (9,000 hommes
sous Clerfayt), tandis que chacune des deux ailes comprend seulement de 5,000 à 6,000 hommes.

Au contraire, Jourdan, qui tient pour très solide la
position Dourlers-Floursy, a réparti ses divisions comme
il suit (1) :

Les deux *divisions Fromentin et Cordellier*, rassemblées le 15, à 6 heures du matin, se porteront sur Moucheaux et Saint-Vaast, puis sur Malmaison et l'Hôpital
et s'empareront du bois de Saint-Aubain. Elles ne débou-
cheront de la Haye-d'Avesnes que lorsqu'elles enten-
dront « commencer l'attaque sur la droite ».

Le 10ᵉ bataillon de Seine-et-Oise ira à Noyelle pour
éclairer « toute la partie depuis Noyelle jusqu'à Sassei-
gnes ». Le 6ᵉ régiment de cavalerie restera à Maroilles
avec les deux bataillons qui s'y trouvent et 800 fantassins qui seront envoyés par le commandant de la place
de Landrecies. Ce détachement empêchera que l'ennemi
ne vienne sur la rive droite par le pont d'Hachette.

Éblé se rendra auprès de Fromentin dont l'artillerie
sera augmentée de deux pièces de 12, une pièce de 8 et
un obusier.

---

le 8, de 800 à 900 mètres pour le 4 ; celle du tir à mitraille est de
500 mètres pour la petite cartouche de 4, de 800 mètres pour la grande
cartouche de 12. La bonne portée de l'obus est de 500 mètres : un obus
donne de 25 à 50 éclats dangereux pour l'infanterie dans un rayon de
20 mètres. — Voir pour des renseignements complémentaires : Commandant E. Picard, *Campagne de 1800 en Allemagne*, t. Iᵉʳ, chap. VI,
Chapelot, 1907.

(1) Le texte intégral de la plupart des ordres donnés pour cette répartition est publié parmi les pièces justificatives.

Le général de brigade Soland prendra le commandement de la cavalerie de Fromentin.

La *division Duquesnoy*, réunie à 5 heures, partira à
6 heures et se dirigera sur Wattignies, s'emparera du Bois-
du-Prince jusqu'à Clarge et « du petit bois qui est à la
droite du Bois-du-Prince (1) ». Suivant les circonstances,
Duquesnoy pourra donner des ordres au général Beauregard, qui flanquera sa droite. Deux pièces de 12, un
pièce de 8 et un obusier sont mis à la disposition de Duquesnoy, dans la soirée du 14, par le commandant du parc.

La *division Beauregard* sera rendue à Solre-le-Château, à 7 heures, passera par Eccles, s'emparera des bois
situés entre Eccles et Hestrud et entre la Folie et
Rumont. Elle se couvrira du côté de Rumont et de
Grandrieux par un corps de tirailleurs. Le général Beauregard est prévenu que la division Duquesnoy débou-
chera de la Haye-d'Avesnes à Beugnies, vers 7 heures du
matin.

La *division Balland* fournira une demi-brigade d'infanterie et 50 cavaliers qui se porteront sur la grande
route de Maubeuge à la sortie de la Haye-d'Avesnes, où
ils relèveront les troupes de la division Fromentin précédemment détachées de ce point. Le reste de la division sera rassemblé à 6 heures précises dans les faubourgs d'Avesnes, sur la route de Maubeuge. Le parc
d'artillerie suivra cette division.

Prescriptions générales. — L'eau-de-vie sera distribuée
à la troupe. Les équipages ne dépasseront pas Avesnes et
resteront sur la rive gauche de la Grande-Helpe. Le général en chef se tiendra sur la grande route de Maubeuge,
près de Semousies. —

-----

(1) Jourdan à Duquesnoy, Avesnes, 14 octobre, A. H. G.

Il résulte de ces dispositions que 14,000 hommes d'une part et 16,000 de l'autre doivent opérer contre l'aile droite et l'aile gauche des Impériaux, tandis qu'une division de 13,000 hommes, appuyée par la grosse artillerie, menacera le centre de la position ennemie. Jourdan a l'intention d'attendre que le succès remporté par sa droite et par sa gauche ait inquiété, voire même démoralisé les troupes de Clerfayt, avant de lancer cette division du centre à l'assaut des hauteurs de Mont-Dourlers (1).

Il était permis à Jourdan d'espérer qu'une vigoureuse sortie, exécutée par les troupes du camp retranché de Maubeuge sur la rive droite de la Sambre, contribuerait à mettre l'adversaire en déroute. Cette intervention paraissait d'autant plus probable que le gouverneur de la place devait être prévenu, par des émissaires secrets, du mouvement offensif de l'armée de secours (2). Malheureusement, on le sait (3), la garnison de Maubeuge ne fut pas informée de l'approche des troupes de Jourdan, et les documents ne permettent pas de savoir quel a

---

(1) « L'intention du général en chef, écrit Jourdan dans ses *Mémoires*, était d'attaquer le centre des Alliés avec la division Balland lorsqu'il apprendrait les succès des colonnes de la droite et de la gauche et de réunir ensuite son armée à la tête des bois, la droite à Wattignies et sa gauche à Eclaibes..... » Jomini n'a pas approuvé ce plan de combat. D'après lui, il fallait dès le premier jour porter la plus grosse masse des troupes sur Wattignies : ce fut, pense-t-il, la crainte de perdre sa communication avec Guise et d'être rejeté sur les Ardennes qui fit adopter le plan ci-dessus. « On croit, ajoute-t-il, que Carnot ne fut pas étranger à cette résolution qui était conforme à son système et on pense même que le blâme lui en appartient tout entier..... On aurait dû laisser Fromentin et Cordellier vis-à-vis Dourlers et diriger Balland, Duquesnoy et Beauregard immédiatement sur Wattignies par Charneux et Dimont. » T. IV, p. 127, 128 et 129.

(2) Carnot et Duquesnoy au Comité de Salut public, 14 octobre. Arch. nat. Cf. Charavay, t. III, p. 299.

(3) Chapitre III de ce volume.

été le nombre de ces émissaires, ni les procédés qu'ils ont employés, sans succès d'ailleurs, pour accomplir leur mission.

Quoi qu'il en soit, il est intéressant de remarquer qu'une situation stratégique analogue se produisit la veille de la bataille de Fleurus. Il fut alors impossible à Cobourg de prévenir, soit par signaux, soit autrement, la garnison autrichienne de Charleroi de l'arrivée de l'armée de secours, si bien que cette garnison se rendit aux Français au moment même où elle allait être délivrée (1).

Constatons enfin que Jourdan fut bien inspiré en ne différant pas davantage le moment de l'attaque, car le duc d'York, qui arrivait à Englefontaine dans l'après-midi du 16 avec un renfort de 7,000 hommes, aurait pu prendre part activement à une bataille entamée le 16 au lieu du 15, et poursuivie le 17 dans les mêmes conditions que le 16. En outre, cette décision offrait l'avantage de ne pas laisser à l'armée d'observation de Cobourg le temps de fortifier solidement une position qu'elle occupait depuis peu (2).

Il semble donc que, grâce à la supériorité numérique de ses troupes, dont l'effectif était double de celui des Impériaux, Jourdan avait en main tous les moyens de

---

(1) Voir *Les Opérations militaires sur la Sambre*, chap. XI.

(2) Si l'on se reporte par la pensée aux événements qui ont précédé la bataille de Fleurus, on reconnaîtra que Jourdan fut heureusement servi par les hasards de la guerre, aussi bien en octobre 1793 qu'en juin 1794. En effet Cobourg, arrivé le 23 juin 1794, à Nivelles, avec un renfort important, aurait pu attaquer le 25, sinon le 24, l'armée d'observation de Jourdan. A ce moment la garnison de Charleroi n'avait pas encore capitulé et de ce fait les conditions de la bataille qui fut livrée le 26 auraient été gravement modifiées à l'avantage des Impériaux (*Opérations militaires sur la Sambre en 1794*, loc. cit., chap. XI).

remporter une victoire brillante et décisive. L'exposé circonstancié de la bataille montrera bientôt pourquoi son succès fut plus modeste.

Le combat de l'aile gauche française, sous Fromentin, avec l'aile droite des Impériaux, sous Bellegarde. — Dès le point du jour, la division Fromentin se dirige sur Saint-Remy-Chaussée, Monceaux et Saint-Aubain, celle de Cordellier sur Saint-Vaast et le Val. Si l'on se reporte à la carte (1) au 1/50,000ᵉ jointe à notre texte (carte nᵒ 4) on constate que, comme l'a écrit Cobourg (2), les troupes françaises se trouvaient dérobées aux vues des défenseurs [placés sur la position principale (cote 184, Point-du-Jour, cote 170)] par la crête qui, de la ferme Rombise, se prolonge vers l'Ouest. En outre, on remarquera que tout le terrain compris entre la lisière occidentale du bois du Saint-Aubain et la Sambre est découvert et légèrement vallonné; de la cote 184, près le Pot-de-Vin, on aperçoit les rives de la Sambre et la vue s'étend même jusque sur les pentes septentrionales de la crête de la ferme Rombise; c'est pourquoi la cavalerie autrichienne a pu prendre une part active à la lutte qui s'est déroulée dans cette zone du champ de bataille. Au contraire, les bords du ravin dans lequel coule le ruisseau de Tarsy étant très couverts, les colonnes françaises pouvaient aisément surprendre les postes avancés de Belle-

---

(1) Les cartes en usage à l'époque révolutionnaire et dressées par Cassini et Ferraris ne représentent pas les formes du sol assez exactement pour permettre l'étude détaillée des péripéties de la lutte. Une carte moderne au 1/50,000ᵉ annexée à ce travail, contient au contraire une image fidèle du terrain. En rapprochant cette dernière carte de celles de Ferraris et de Cassini, le lecteur pourra se rendre compte à la fois du nivellement et de la planimétrie du champ de bataille en 1793.

(2) *Relation über die Schlacht..... Berichte des Prinzen von Cobourg.* Nᵒ 52 a, K. K. Arch.

garde, couronner la crête de la ferme Rombise et progresser sur les pentes Sud de la Folie (1).

Bellegarde, prévenu par ses postes de l'attaque des Républicains, fait aussitôt occuper les emplacements d'alarme sur la position principale. Son artillerie ouvre le feu, vers 9 heures du matin, sur celle des Français qui est venue se placer à la ferme de Rombise et sur le replat de la Folie, entre la Malmaison et le ruisseau de Tarsy. Ce duel d'artillerie dure jusque vers 4 heures de l'après-midi (2). Pendant ce temps, les fantassins en

---

(1) L'auteur a parcouru le champ de bataille de Wattignies dans toute son étendue. Cette visite facilite beaucoup la compréhension de certains épisodes et permet de rectifier des interprétations erronées que l'on trouve dans beaucoup d'écrits.

(2) Ce récit de l'attaque de l'aile gauche française repose principalement sur la *Relation* de Cobourg, 52 a. Les Archives de la guerre contiennent fort peu de renseignements sur ce sujet. C'est pourquoi nous avons fait quelque emprunt, sous toutes réserves, à la brochure intitulée : *Le Général Pierre-Jacques Fromentin*, par Paul Marmottan, Paris, Charavay, 1890, p. 28 et 29. On y trouve quelques détails intéressants sur le combat qui fut livré aux abords de Saint-Aubain et sur le rôle des escadrons français, à l'aile gauche de notre ligne de bataille, à l'instant « où se produisit la charge exécutée par la cavalerie impériale. A ce moment, le capitaine Boyer commandant le 1er escadron du 4e régiment de hussards, désigné par le général Fromentin pour prendre une redoute ennemie, située en un enclos, fit preuve d'une grande énergie. Au moment où il enlevait l'enclos il fut coupé par le régiment entier du Royal-Allemand, masqué derrière un retranchement. Le choc fut terrible. Incapable de le soutenir, il dut songer à la retraite. Après avoir envisagé sa situation, Boyer ne vit qu'un seul moyen de salut. Il se jeta dans une ligne d'infanterie ennemie qui occupait sa gauche et se fit jour le sabre à la main. Cette charge exécutée avec autant d'audace que d'intelligence eut son effet; le capitaine rejoignit l'armée juste au moment où son chef, le général Fromentin venait à son secours.

« Ce dernier, en voyant la déroute des volontaires, avait eu le bon esprit de protéger la retraite en lançant les hussards de Chamborand et les hussards rouges..... »

Il faut remarquer, à l'appui de ce récit, que le 4e hussards était en

viennent aux mains et les bataillons de Fromentin disputent le village et le bois de Saint-Aubain aux quatre compagnies, qui ont été détachées dans ce bois par Bellegarde, ainsi qu'au bataillon Warasdin qui défend le village de Saint-Aubain. D'après la relation de Cobourg, un grand nombre de canonniers furent mis hors de combat et quelques pièces autrichiennes démontées pendant cette lutte d'artillerie. Comme, d'autre part, son infanterie avait perdu un peu de terrain, Bellegarde se décida vers 4 heures à faire exécuter une contre-attaque par le régiment Hohenlohe. Celle-ci réussit complètement et la cavalerie autrichienne, placée à l'aile droite, profitant de l'impression produite sur nos fantassins par cette contre-attaque, chargeait nos bataillons dans leur flanc gauche. Hussards de Barco et chevau-légers de Kinsky sabraient notre infanterie et la ramenaient l'épée dans les reins sur la rive gauche du ruisseau de Tarsy ; ils s'emparaient de huit canons (1).

Dans la soirée du 15, les divisions Cordellier et Fromentin étaient donc revenues sur la rive gauche du ravin de Tarsy et l'on peut dire que leur attaque avait échoué. Dans ses *Mémoires*, Jourdan adresse à ce sujet au général Fromentin la critique suivante :

« Au lieu de se conformer à ces instructions (dont le texte est reproduit quelques lignes plus loin), il déboucha dans la plaine en présence de toute la cavalerie autrichienne qui manœuvra pour l'envelopper. Ses troupes connaissant mieux que lui le danger qu'elles couraient se mirent en retraite d'elles-mêmes et revinrent en désordre dans le ravin qu'elles venaient de franchir,

---

effet rattaché à la division Fromentin et le 2e hussards (dit hussards de Chamborand) à la division Cordellier (Voir la situation détaillée de divisions française le 15 octobre. Chap. IV de ce volume.)

(1) *Relation über die Schlacht,* 52 a. *loc. cit.*

11

arrêtèrent la cavalerie et se soutinrent à Saint-Remy et à Monceaux. Fromentin, citoyen dévoué à sa patrie et plein de courage, ignorait les premiers éléments de l'art de la guerre et croyait fermement ce que l'on répétait sans cesse à la tribune de la Convention et à celle des Jacobins que tout le talent d'un général consistait à charger à la tête de ses troupes l'ennemi partout où il le rencontrait; il n'est donc pas surprenant qu'il n'ait pas su conduire une opération qui demandait des combinaisons et de la prudence..... »

On doit dire cependant, à la défense de Fromentin, que l'ordre donné par Jourdan ne prescrivait pas d'éviter à tout prix la zone découverte pour se protéger contre les attaques de la cavalerie autrichienne.

Voici d'ailleurs le texte de cet ordre :

« Il (Fromentin) cherchera à tourner l'ennemi qui est dans le bois de Saint-Aubain en dirigeant des troupes sur Malmaison et l'Hôpital; il s'emparera de Saint-Aubain, il prendra la position la plus avantageuse qu'il lui sera possible tant pour soutenir l'attaque du bois que pour s'opposer au mouvement du camp d'Aulnois et de Baschamp..... »

Cela ne signifie donc pas nettement, comme on l'a dit (1), que nos bataillons devaient suivre la lisière du grand bois Leroy.

L'attaque centrale exécutée par la division Balland contre Clerfayt. — Le centre de la position occupée par les Impériaux n'était pas d'un accès facile. Les villages de Dourlers, Mont-Dourlers et Floursy, situés au fond d'un ravin, constituent des points d'appui solides contre une attaque venant du Sud. On s'en rendra compte en se reportant au croquis ci-après qui représente la coupe

---

(1) *La Défense nationale dans le Nord*, t. II, p. 250.

du terrain suivant la grande route d'Avesnes à Maubeuge entre la Haye-d'Avesnes, vers les Trois-Pavés, et la cote 193, située sur la ligne de résistance principale des Impériaux :

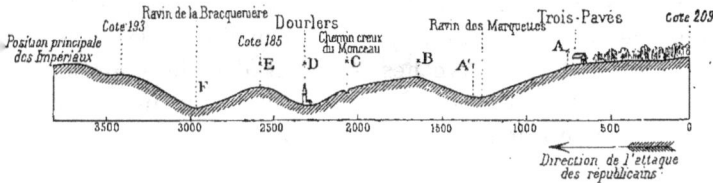

Dans la matinée du 15 octobre, les troupes de Clerfayt sont ainsi disposées pour recevoir l'attaque :

Cinq bataillons (1) sont rassemblés, avec la plus grande partie des escadrons, sur les hauteurs de la cote 193 ; le bataillon Warasdin est à Saint-Aubain ; les cinq bataillons de grenadiers de Bohême occupent les villages de Dourlers, Mont-Dourlers et Floursy ; en outre ils garnissent le chemin creux, dit du Monceau (2), lequel suit exactement la crête C ; trois compagnies de Slavons et la légion de Bourbon défendent le bois Leroy entre Floursy et Beugnies.

Or, d'après le plan adopté au quartier général de Jourdan, la division Balland, renforcée par les pièces de 16 et 12 du parc d'artillerie, devait se borner à entrete-

---

(1) Savoir : un bataillon de Stain, deux bataillons Wallis et deux bataillons Brechainville.

(2) D'après un plan cadastral dressé en 1813 et conservé à la mairie de Dourlers, l'auteur a pu constater que ce chemin suivait exactement le tracé du chemin à deux traits qui, sur la carte au 1/50,000°, se dirige de la cote 188 au sommet de l'A de Saint-Aubain, dans une direction perpendiculaire à la route nationale d'Avesnes à Maubeuge. Le profil montre que, de cette crête C, les grenadiers pouvaient battre efficacement de leurs feux le glacis B C.

nir une forte canonnade, jusqu'à ce que les progrès des
attaques dirigées sur les deux ailes eussent facilité la
marche en avant de cette division.

Jourdan, accompagné des représentants Carnot et
Duquesnoy (frère du général), s'était rendu, vers
7 heures du matin, aux Trois-Pavés où la division Balland débouchait vers 9 heures du matin de la lisière
Nord de la Haye-d'Avesnes. Aussitôt l'artillerie prenait
position, partie vers les Grands-Tries, partie aux abords
de la grande route, et ouvrait le feu sur Dourlers et sur
les batteries ennemies installées sur les pentes au Nord
de ce village (E du croquis); une fraction de l'infanterie
légère se dirigeait sur Saint-Aubain et l'autre sur Floursy;
le gros des bataillons se formait sur deux lignes, à la
lisière Nord de la Haye-d'Avesnes, et attendait dans
cette formation l'ordre de s'élancer à l'attaque.

Voici comment cet ordre fut donné et exécuté (1) :

« Lorsque Carnot apprit que Fromentin avait forcé
Saint-Vaast, et Duquesnoy Dimechaux, il crut la bataille
gagnée et proposa de marcher sur Dourlers. Ce fut en
vain que Jourdan lui représenta qu'avant d'engager le
centre il était prudent d'attendre que la gauche eût
gagné plus de terrain. Carnot persista dans son opinion,
parla d'énergie et d'audace, et donna à entendre que
cette prudence laissait échapper la victoire. Jourdan,
cédant à un sentiment de fierté et à la vivacité de son
âge, se mit à la tête de la division Balland, rangée sur
deux lignes, et se porta en avant. Arrivé sous un feu rou-
lant d'artillerie au ravin qui est en avant de Dourlers (2),
il fit inutilement les plus grands efforts pour le franchir.
Les premiers bataillons qui débouchèrent furent culbutés par la mitraille et la mousqueterie et une compa-

---

(1) *Mémoires* de Jourdan. A. II. G.

(2) Ce fut surtout le feu des grenadiers bohémiens, dissimulés dans
le chemin creux du Monceau, qui arrêta nos bataillons.

gnie d'artillerie légère eut ses pièces démontées, ses chevaux et une grande partie des canonniers tués avant d'avoir mis en batterie ; désespéré de voir périr inutilement tant de braves et cherchant une mort glorieuse, le général en chef sortit du ravin pour encourager les troupes par son exemple et s'exposa au danger le plus imminent. De cette position il aperçut une colonne qui commençait à couronner les hauteurs à gauche de Saint-Aubain et se disposait à l'attaquer en flanc. Alors les commissaires de la Convention consentirent à la retraite et la division revint à sa première position, après avoir perdu par trop de précipitation de 1,200 à 1,500 hommes ; la nuit mit fin au combat (1).

« On a lieu d'être surpris que le prince de Cobourg n'ait pas profité d'une faute si grossière. S'il se fût précipité avec son centre sur la division Balland, agglomérée dans le ravin, il l'eût facilement détruite. Marchant ensuite sur la droite de celle de Fromentin, il l'eût vraisemblablement dispersée et remporté une victoire complète. Heureusement il ne fit aucun mouvement offensif..... »

Ce récit un peu sommaire de l'attaque centrale est le seul texte français qui, à notre connaissance, ait été rédigé sur ce sujet par un témoin oculaire. On peut heureusement le compléter à l'aide de quelques renseignements tirés des rapports officiels autrichiens et des relations publiées par MM. Piérard et Jennepin (2). Tous deux

---

(1) « Si la vérité nous oblige de rapporter ce fait, elle nous fait également un devoir de dire que, dans d'autres circonstances, Carnot et son frère donnèrent au général en chef des conseils utiles. » Par ce nota, qui figure au bas de ses *Mémoires*, Jourdan a voulu souligner son désir d'être impartial.

(2) Piérard, *La Grande Épopée de l'an II*, Paris, chez l'auteur, au bureau de la *Revue spiritualiste*, 2ᵉ édition. 1864.

Jennepin, *Récit de la bataille de Wattignies*, Lille, impr. Lefèbvre-

ont recueilli sur place les témoignages des habitants qui avaient assisté à ces événements. En n'acceptant de leur version que les passages qui ne sont pas en contradiction, soit avec ce que nous savons des procédés tactiques en usage à l'époque considérée, soit avec les conditions topographiques du champ de bataille, on est autorisé à penser que les phases de la lutte se sont déroulées ainsi.

Sous la protection de l'artillerie placée vers l'Épinette et en avant de la lisière Nord de la Haye-d'Avesnes, sur la pente A A' qui descend des Trois-Pavés vers le ravin des Marquettes, nos troupes repoussent aisément les postes autrichiens qui tiennent Semousies et observent le ravin des Marquettes. De même, elles gravissent facilement les pentes A'B, qui échappent aux vues de l'adversaire. Mais, à partir de la crête B, les conditions tactiques deviennent favorables au défenseur qui peut battre de ses feux toute la partie B C D.

La ligne de résistance de l'ennemi, jalonnée par les villages de Saint-Aubain, Dourlers, Mont-Dourlers et Floursy, est défendue comme on le sait, par les Impériaux. En outre, on a renforcé les défenseurs à l'aide d'un bataillon de Stain et de quelques compagnies Michel Wallis détachées dans le bois Leroy.

Les grenadiers bohémiens sont embusqués dans le chemin creux dit du Monceau, qui conduit de la grande route d'Avesnes au Calvaire situé à 900 mètres environ à l'Ouest de cette route. Or de ce chemin (qui suit la crête C du croquis) jusqu'à la crête B, le terrain forme un glacis d'environ 400 mètres à pentes douces et complètement découvertes. Lorsque les bataillons de Balland fran-

---

Ducrocq, 1891. Le texte a été reproduit *in extenso* au chap. XIII du t. II de MM. Foucart et Finot, *La Défense nationale dans le Nord.*

Citons également, sous toutes réserves, les *Mémoires sur Carnot*, t. Iᵉʳ, chap. XVIII.

chissent la crête B en colonnes d'attaque (1), pour
s'avancer sur Dourlers, ils sont accueillis par un feu
très meurtrier qui les oblige à se retirer sur le ravin
des Marquettes. Cet échec s'explique d'ailleurs aisément,
car cette attaque de l'infanterie n'avait pas été préparée
par l'artillerie de position; celle-ci, très lourde et pas
assez mobile pour suivre les fantassins, n'avait pas encore
quitté sa position des Trois-Pavés lorsque les infanteries
en vinrent aux mains et, de sa position des Trois-Pavés,
il lui était impossible de diriger un feu efficace sur
Dourlers et Mont-Dourlers. Quant à la compagnie d'artillerie légère, qui voulut mettre en batterie à la crête B,
elle se trouva en butte à la fois aux coups de l'infanterie
et de l'artillerie autrichiennes, et subit ainsi très rapidement les pertes énormes que Jourdan signale dans la
partie de ses *Mémoires* qui a été reproduite ci-dessus.

Après avoir été repoussés probablement deux fois (1),
nos bataillons réussissent enfin à chasser les grenadiers
bohémiens du chemin du Monceau et la lutte se trans-
porte à la lisière Sud de Dourlers et autour du château
qui formait alors un réduit solide, au saillant Sud-Ouest
du village. Malgré une résistance acharnée, et grâce au
feu de notre artillerie qui avait eu le temps de se rapprocher de Dourlers pour préparer l'attaque, ce point
d'appui fut enfin évacué par les Impériaux (2).

---

(1) D'après les renseignements recueillis particulièrement par M. Jennepin dans la zone du champ de bataille, il paraît certain que les
bataillons français se sont avancés en colonnes d'attaque. D'autre part,
M. Marmottan écrit dans sa *Biographie du général Fromentin*, p. 28,
que « nos troupes marchaient en colonnes serrées par bataillon à
travers champs, ayant derrière elles Jourdan et Carnot..... »

(1) D'après la relation de Cobourg, 52 a, les Français furent repoussés
deux fois.

(2) On a prétendu que la retraite des Autrichiens fut sinon déterminée au moins précipitée par les roulements du petit tambour Stroh
du 89ᵉ de ligne (Royal–Suède); ce jeune héros de 15 à 16 ans, cerné

Il semble que, à l'Est de la grande route, le combat a été moins opiniâtre et que Mont-Dourlers fut enlevé plus rapidement.

Au surplus, la conquête de cette première ligne de défense n'assurait pas le gain de la bataille, car il fallait encore s'emparer de la position principale des Impériaux qui s'étendait depuis la cote 223 (1 kilomètre Ouest de Wattignies) jusqu'à la cote 182 (600 mètres Nord-Ouest de Saint-Aubain) en passant par le saillant Nord-Est du bois Leroy et la cote 193. Or, au lieu de s'arrêter sur la crête 185, afin de laisser à l'artillerie le temps de préparer l'attaque de cette position principale, nos fantassins ont descendu les pentes E F et sont arrivés absolument essoufflés au fond du ravin de la Bracquenière.

Cette infanterie, ainsi parvenue dans un certain désordre et sans artillerie à 300 ou 400 mètres du gros des troupes coalisées, tenues jusqu'alors en réserve, se trouvait à la merci d'un retour offensif énergique. Clerfayt, mettant habilement à profit cet instant psychologique, fait ouvrir un feu violent d'artillerie sur la masse des Républicains entassés dans le ravin, tandis que ses escadrons chargent dans leur flanc gauche les assaillants qui tourbillonnent et s'enfuient dans la direction de Dourlers. « Sous cette attaque meurtrière et imprévue, irrésistible, devant une mort inévitable, ont écrit MM. Foucart et Finot (1), la tête de la colonne fait volte-face, poussant devant elle le reste de l'armée qui se précipite en désordre vers Dourlers. »

D'autre part, Jourdan avait aperçu, sur les hauteurs de la cote 183 (Nord-Ouest de Saint-Aubain), une masse

---

près de l'église de Dourlers où il se serait avancé très bravement, aurait été mis à mort par les grenadiers bohémiens. Nous devons à la vérité de dire qu'aucun document authentique ne permet de faire, au sujet de cet acte héroïque, la part de la légende et celle de la vérité.

(1) *La Défense nationale dans le Nord*, t. II, p. 250.

ennemie qui se préparait à faire une contre-attaque sur Dourlers. Enfin la nuit approchait et l'on venait d'apprendre l'échec de Fromentin. Pour toutes ces raisons le combat cessa et la division Balland passa la nuit au bivouac aux abords de Dourlers (1).

Terzy et Haddick aux prises avec Duquesnoy et Beauregard à l'aile gauche des Coalisés. — L'aile gauche de la position principale des Alliés est occupée comme il suit :

1º Deux bataillons de Klébeck tiennent le village de Wattignies. Un bataillon de Stain et douze escadrons (huit de dragons de Cobourg et quatre de hussards de Blankenstein) sont placés en réserve sur la hauteur de la cote 223 ;

2º Le colonel Haddick tient Obrechies avec deux bataillons et quatre escadrons.

La division Duquesnoy, partie de Flaumont à 6 heures du matin, passe par Beugnies, Dimont et Dimechaux, puis s'avance sur Wattignies. Le combat s'engage alors entre les deux infanteries adverses. Notre artillerie, beaucoup plus nombreuse, prend la supériorité sur celle de Terzy et dans l'après-midi nos troupes pénètrent dans le village de Wattignies. Mais, au moment où les Républicains commencent à déboucher du village dans la direction de la cote 223 et de Clarges, un retour offensif, énergiquement exécuté par le bataillon de Stain et par la cavalerie autrichienne, ramène en avant les bataillons de Klébeck et met les nôtres en déroute. Wattignies est abandonné par les Républicains qui regagnent le fond des ravins de Dimont et Dimechaux.

---

(1) M. Marmottan rapporte que les blessés français furent déposés dans l'église de Dompierre, que Bernadotte, Vézu, Marceau et Mortier, se distinguèrent pendant cette bataille et que Mortier, blessé au combat de Saint-Aubain, reçut le grade d'adjudant général pendant qu'on le pansait. *Loc. cit.*, p. 29.

La division Beauregard, partie de Solre-le-Château à 7 heures du matin, débouche de Solrinnes et de Bérelle, vers 10 heures, en deux colonnes qui se dirigent sur Obrechies. Il est probable que de ce côté les choses se passèrent très mal, car on ne doit pas oublier que les 5,000 fantassins dont disposait Beauregard formaient une masse mal organisée et sans cohésion, puisqu'elle se composait de vingt détachements environ, dont l'effectif moyen ne dépassait pas 200 hommes.

On lit d'ailleurs, dans la *Relation* de Cobourg, que les charges, exécutées par les dragons de Cobourg et les hussards de Blankenstein, repoussèrent par deux fois les Républicains et que ces escadrons s'emparèrent de trois pièces et de deux caissons (1).

II

Journée du 16 octobre.

La situation tactique dans la nuit du 15 au 16 octobre. — En résumé, ces différents combats n'avaient pas été favorables à nos armes. Aux deux ailes, comme au centre, les attaques des Républicains avaient échoué ; les pertes de la seule division Balland s'élevaient à 1,500 hommes environ ; 12 pièces de canon (2) restaient aux mains des Impériaux ; la position principale des Autrichiens n'était pas entamée et les Français ne pouvaient se rapprocher de Maubeuge qu'en livrant un nouveau combat. Donc tout était à recommencer.

---

(1) *Relation über die Schlacht*, 52 a, *loc. cit.*; Cf. Witzleben, t. II, p. 323.

(2) James Murray à Dundas, Englefontaine, 19 octobre. N° 116 *bis*. A. H. G.

Dans la soirée, Jourdan revenait à Avesnes d'où il adressait, à ses subordonnés immédiats, des instructions nouvelles qu'on peut résumer ainsi (1) :

1° *A Fromentin.* — Faire connaître la position de sa division et de celle de Cordellier ; reconstituer l'approvisionnement en munitions et distribuer de l'eau-de-vie ;

2° *A Balland.* — Faire bivouaquer son infanterie dans la Haye-d'Avesnes, partie aux abords de la grande route, partie sur la route de Beugnies ; chaque bataillon aura une grand'garde avec de la cavalerie légère en avant des bois jusqu'à la ligne Semousies-Lutiau. La cavalerie restera en arrière des bois. Les troupes prendront les armes au point du jour, les bataillons recompléteront le nombre de leurs canons ainsi que leurs munitions. L'eau-de-vie sera distribuée de suite ;

3° *A Duquesnoy.* — Indiquer la position de sa division et de celle de Beauregard, se bien garder sur son flanc droit, distribuer l'eau-de-vie et faire connaître ses besoins en munitions ;

4° *Au commandant du parc d'artillerie.* — Réunir son parc en arrière de la Haye-d'Avesnes et délivrer les cartouches qui lui seront demandées par les chefs de bataillon ;

5° *Au commissaire-ordonnateur.* — Tenir des voitures garnies de paille prêtes à transporter les blessés et assurer, le 16, la distribution du pain, de la viande et des fourrages ;

6° Le *détachement de Maroilles* est renforcé par un bataillon prélevé sur la garnison d'Avesnes. Il est recommandé au chef de ce détachement de se retrancher et

---

(1) Le texte de ces ordres extraits du registre 1 a/44. A. H. G., figure parmi les pièces justificatives de ce volume.

de rendre compte des mouvements de l'ennemi sur la partie du cours de la Sambre comprise entre Maroilles et Noyelle.

Le plan d'attaque français pour la journée du 16. — Ces dispositions de sûreté étant prises, on se mit en devoir, au quartier général, d'élaborer un nouveau plan d'attaque. Aucun document officiel ne fait mention des discussions qui s'élevèrent au sein du conseil de guerre tenu à cet effet dans Avesnes, pendant la nuit du 15 au 16 (1); d'après Hippolyte Carnot et la relation de Foucart et Finot, il y aurait eu deux conceptions en présence, celle de Jourdan et celle de Lazare Carnot (2).

Le général en chef proposait de donner à l'aile droite et au corps du centre un rôle démonstratif et de renverser l'aile droite des Coalisés avec les troupes de Fromentin, préalablement renforcées. Au contraire, Carnot, considérant que Wattignies constituait, comme on disait alors, la clef de la position, était d'avis de confier à Fromentin et à Balland le soin de faire une démonstration en face du centre et de l'aile droite autrichiennes, tandis que l'attaque principale serait dirigée sur Wattignies par les troupes de Duquesnoy, augmentées de quelques milliers d'hommes prélevés sur le centre et l'aile gauche. Ce fut l'avis de Carnot qui prévalut. Voici, sous toutes réserves, comment cette discussion aurait pris fin (3) :

« Si nous cédons à l'avis du Représentant du peuple, dit Jourdan, je le préviens qu'il en prend la responsabilité. » Je me charge de tout et même de l'exécution, s'écria Carnot avec une ardeur qui entraîna le conseil.

---

(1) *Mémoires sur Carnot*, p. 407.
(2) *La Défense dans le Nord*, loc. cit., p. 251.
(3) *Mémoires sur Carnot*, p. 407.

Jourdan eut le bon esprit de faire sienne l'idée qu'il venait de combattre et la seconda avec autant d'intelligence que d'empressement. »

Le rôle de Carnot dans cette discussion n'a-t-il pas été exagéré au détriment de celui du général en chef? Il n'est pas possible d'éclairer ce point particulier à l'aide des *Mémoires* de Jourdan, qui contiennent seulement à ce sujet cette phrase trop laconique : « Le général en chef, reconnaissant qu'il avait eu tort de multiplier ses attaques, prit la détermination de porter ses principales forces sur Wattignies (1). »

Quoi qu'il en soit, les ordres en vue de la bataille du lendemain étaient lancés dans la nuit ; voici, en substance, les prescriptions qu'ils contenaient (2) :

1° *A Fromentin.* — Ranger ses troupes et celles de Cordellier en bataille en avant de la Haye-d'Avesnes le 16 au matin, s'emparer du Val et du Moulin du Val, sans attaquer sérieusement. Une pièce de 12, une pièce de 8 et quatre caissons de cartouches d'infanterie sont mis à sa disposition ;

2° *A Cordellier.* — Envoyer le 16, de très bonne heure, au général Balland, trois bataillons d'infanterie et un régiment de hussards (le 2ᵉ);

3° *A Balland.* — Rassembler, à 4 heures du matin, sur le chemin de Solre-le-Château, neuf bataillons d'in-

---

(1) Jomini qui a critiqué, comme on sait, le plan de combat du 15, approuve sans réserves celui du 16. « Les Français, écrit-il, avertis par le résultat de cette affaire (du 15) que la clef de la position ennemie était à Wattignies, envoyèrent dans la nuit un renfort de 6,000 à 7,000 hommes au général Duquesnoy. » Parlant ensuite des instructions données à Élie, Beauregard et Duquesnoy pour l'attaque du 16, il s'exprime ainsi : « Ces attaques, combinées avec sagesse et ensemble, eurent le succès qu'on a raison de se promettre toutes les fois qu'on applique les principes de l'art » (*Loc. cit.*, p. 131.)

(2) Ces ordres sont extraits du registre 1 a/44 A. H. G.

fanterie de ligne, le 6e chasseurs à cheval et le 17e de
cavalerie ; mettre le reste de sa division, augmentée du
renfort envoyé par Cordellier, en bataille en avant de la
Haye-d'Avesnes et interdire à l'ennemi l'accès de cette
forêt ; garnir son front de bandière à l'aide des pièces de
position, et s'emparer, par des troupes légères, du bois
situé entre Floursy et Semousies ;

4° *Au commandant du parc d'artillerie.* — Faire
passer à la division Fromentin, à Dompierre, une pièce
de 12 et une pièce de 8, avec les caissons et les canonniers nécessaires ; tenir prêts à partir, dès 4 heures du
matin, deux pièces de 12, deux de 8, un obusier et dix
caissons de cartouches ;

5°. *A Belair, à Guise.* — Continuer à garder la position
qui lui a été indiquée la veille et inquiéter l'ennemi, tout
en protégeant les derrières de l'armée de secours.

L'analyse de ces différents ordres, au double point de
vue du fond et de la forme, conduit à des constatations
intéressantes.

Tout d'abord, il apparaît nettement que la mission
confiée à l'aile gauche et au centre de l'armée de secours
est purement défensive. C'est pourquoi les divisions
Cordellier et Balland sont affaiblies, tandis qu'on renforce l'aile droite chargée d'exécuter la manœuvre offensive et par suite décisive. Les neuf bataillons de ligne
et les deux régiments de cavalerie demandés à Balland
doivent constituer (avec deux pièces de 12, deux de 8,
un obusier et dix caissons de cartouches) un détachement dont Jourdan se réserve le commandement. Comme
il importe que ce mouvement soit ignoré de l'ennemi, le
général en chef a soin de ne pas indiquer par écrit la
destination de cette troupe. L'ordre donné prescrit simplement que ce détachement sera rassemblé, à 4 heures
du matin, aux Trois-Pavés, où le général en chef fera
connaître verbalement ses instructions. D'autre part,

le sort de la journée étant lié aux événements qui se dérouleront à l'aile droite, il importe de renforcer celle-ci avec des troupes d'attaque solides, par conséquent, il est recommandé à Balland d'y envoyer des bataillons d'infanterie *de ligne* (1).

Il est probable que les cavaliers, porteurs de ces différentes prescriptions, sont partis du quartier général vers minuit, car les ordres donnés par Fromentin, en exécution de ceux du général en chef, ont été expédiés du quartier général de Dompierre à 2 h. 30 du matin (2). Si l'on considère que Jourdan, après avoir passé la journée du 15 sur le champ de bataille, assista dans la soirée du même jour à un conseil de guerre et lança deux séries d'ordres ; si l'on remarque en outre qu'il se trouva à la bifurcation de la Longe, le 16, vers 4 heures du matin et assista à une bataille qui dura jusqu'à la nuit tombante, on admettra sans peine que Jourdan a fait preuve d'une grande vigueur physique. Il est vrai que ce général en chef était dans la force de l'âge ; il avait alors 32 ans.

---

(1) La composition détaillée de ce détachement n'a pas été retrouvée ; comme l'effectif moyen de chaque bataillon s'élevait à environ 600 hommes et comme le 6ᵉ chasseurs et le 17ᵉ de cavalerie comptaient ensemble 650 cavaliers, on peut admettre que le détachement était fort d'environ 6,000 hommes. On a vu (chap. IV), d'autre part, que les divisions Beauregard et Duquesnoy formaient un total de 16,000 hommes. Le 16 octobre, l'aile droite de l'armée de secours comprenait donc environ 22,000 hommes. Par suite, il semble que Jourdan a commis une erreur en écrivant, dans ses *Mémoires*, cette phrase : « Le général en chef, accompagné des commissaires de la Convention, se rendit le 16 au matin à son aile droite qui, au moyen de renforts qu'elle avait reçus, comptait 24,000 combattants. »

(2) Voici le résumé de ces ordres : 1º à la 34ᵉ division de gendarmerie nationale de se rendre à Dompierre ; 2º au 10ᵉ bataillon de Seine-et-Oise de venir à Noyelle pour éclairer la droite ; 3º les troupes campées seront sous les armes à 5 heures du matin (Reg. d'ordres de Fromentin, nº 38, p. 186). A. H. G.

*Les mesures prises par Cobourg pour résister aux Répu-
blicains.* — Les rapports des déserteurs ont annoncé au
quartier général autrichien que les Français ont été renforcés par des bataillons de réquisition venus de Paris
et que l'armée de secours est forte de 100,000 hommes (1).
Cobourg, prévoyant qu'il sera encore attaqué le 16,
prend de nouvelles dispositions défensives (2).

Pendant la nuit, il fait passer, d'Englefontaine sur la
rive droite de la Sambre, cinq bataillons (3); il renforce également l'aile gauche de quatre bataillons et
deux escadrons, prélevés sur l'aile droite ou sur le
centre (4).

Au total, l'armée d'observation a été augmentée de
cinq bataillons et la répartition des forces, dans la matinée du 16, diffère sensiblement de celle qui fut adoptée
le 15 octobre. En effet, l'aile gauche, sous Terzy (5), est
augmentée de trois bataillons, le centre, sous Clerfayt (6), est diminué de trois bataillons ; enfin l'aile
droite, sous Bellegarde, comprend sept bataillons et
quatorze escadrons (7), au lieu de trois bataillons et
douze escadrons.

---

(1) *Relation über die Schlacht,* 52 a, *loc. cit.*

(2) Bulletin de la Grande Armée impériale, n° 101, A. H. G.,
16 octobre.

(3) Savoir : 1 bataillon de Wartensleben, 2 de Toscana, 1 de Beaulieu et 1 de Murray ; au total, 3,750 fantassins.

(4) Savoir : 2 bataillons de Hohenlohe, 2 de Brechainville et 2 escadrons de hussards Barco.

(5) Voici l'ordre de bataille de l'aile gauche : 2 bataillons de Brechainville, 2 de Klebeck, 1 de Stain, 2 de Hohenlohe, 8 escadrons de
dragons Cobourg, 2 de hussards Barco, 4 de Blankenstein.

(6) Voici la composition du centre : 5 bataillons de grenadiers bohémiens, 2 de grenadiers Wallis, 1/3 de Slavons, 4 compagnies de la
légion Bourbon, 6 escadrons de cuirassiers Kavanagh, 2 de Royal-
Allemand, 4 de la légion Bourbon.

(7) 1 bataillon de Wartensleben, 2 de Toscana, 2 de Beaulieu, 2 de

En évaluant à 750 hommes l'effectif d'un bataillon, à 100 celui d'une compagnie et à 150 celui d'un escadron (1), on voit que l'effectif des forces alliées sur le champ de bataille dit de Wattignies, dans la matinée du 16 octobre, s'élève à 16,400 fantassins et 6,000 cavaliers ; au total, 22,400 hommes.

Les modifications, ainsi apportées par Cobourg au dispositif de l'armée d'observation, indiquent bien que la prise momentanée de Wattignies par Duquesnoy le 15, a donné au généralissime autrichien des inquiétudes pour sa gauche, puisque la force du détachement de Terzy a été doublée. Toutefois, on doit remarquer que Cobourg faisait preuve d'une certaine audace, ou d'un certain mépris pour la valeur militaire de ses ennemis, en acceptant une deuxième fois la bataille sur ce même terrain, alors qu'il supposait l'armée assaillante trois fois plus forte que la sienne propre. On verra bientôt que les événements faillirent d'ailleurs justifier sa témérité.

La lutte proprement dite. — Le combat livré le 16 par l'aile gauche et le centre de l'armée de secours fut peu animé car les Français se bornèrent, dans cette partie, à faire des démonstrations.

Fromentin a réoccupé sans peine, avec ses deux divi-

Murray, 8 escadrons de hussards Barco, 6 de chevau-légers Kinsky. Ces renseignements sont extraits de la situation 52 e, K. K. Arch.

(1) Ce sont là les chiffres admis par Murray, chef d'état-major du duc d'York, dans son Rapport du 15 octobre sur la répartition de l'armée impériale. Voir Witzleben, t. II, p. 316.

	Fantassins.	Cavaliers.
Aile droite.....................	4,500	2,100
Centre........................	6,650	1,800
Aile gauche....................	5,250	2,100
TOTAUX........	16,400	6,000

sions, les villages situés au fond du ravin tels que Saint-
Aubain, Saint-Remy-Chaussée, Monceaux et le Val,
car Bellegarde, négligeant de faire des contre-attaques,
a maintenu le gros de ses forces sur la position principale.

Au centre Balland, se conformant aux instructions du
général en chef, a fait contre-battre par son artillerie
celle de Clerfayt et, dans l'après-midi, son infanterie est
entrée dans Dourlers qui n'était défendu que par un
bataillon autrichien. Il est vraisemblable que l'offensive
de Balland fut peu énergique, car on verra plus loin que
Clerfayt n'hésita pas à envoyer neuf bataillons et six
escadrons au secours de la légion Bourbon, à la lisière
Est du bois Leroy. Par suite, tout l'intérêt de la manœuvre
est concentré à l'aile droite des Républicains : nous suivrons donc, d'aussi près que le permettent les documents, les différentes péripéties de la lutte qui s'est
déroulée aux abords de Wattignies.

a) *Le dispositif d'attaque de l'aile droite.* — Les troupes
d'attaque ont été divisées en trois colonnes qui doivent
déboucher respectivement de Choisy, de Dimechaux et
de Dimont, pour converger sur Wattignies (1). Un détachement dit d'avant-garde, qui la veille avait été placé au
bois de la Savatte (1,000 mètres au Nord de Beugnies),

---

(1) Il n'a pas été possible d'indiquer la composition détaillée de
chacune des trois colonnes ; cependant, il paraît évident que les unités
prélevées sur la division Balland formaient la colonne de gauche qui,
vers 9 heures, déboucha de Dimont sous la conduite de Jourdan et
suivit le chemin qui, partant de Dimont, se dirige droit au Nord sur
Wattignies. Quant à la division Duquesnoy, elle est restée fractionnée
en deux parties qui ont pris les mêmes itinéraires que la veille. Une
colonne a suivi le chemin orienté Est-Ouest et qui conduit de Dime-
champ à Wattignies ; l'autre, partant du ravin de Choisy, est passée
au lieu dit « le Pont des Bêtes » et s'est avancée dans la direction du
Sud-Ouest, sur Wattignies (Voir carte nº 4).

a été maintenu sur place pour empêcher l'ennemi de
déboucher de la lisière Est des grands bois de Beugnies (1).

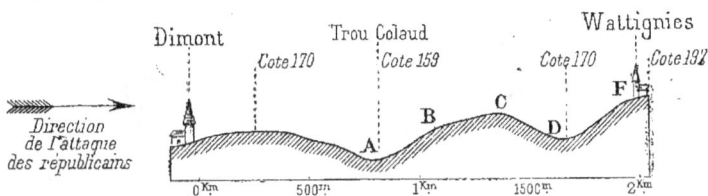

Lorsqu'on suit les itinéraires particuliers à chacune
de ces trois colonnes d'attaque, on se rend compte des
difficultés que chacune d'elles dut surmonter. Le village
de Wattignies est placé au saillant Est d'une ligne de
faîte qui se prolonge jusqu'au Point-du-Jour (1,500 mètres
Nord de Saint-Remy-Chaussée) en passant par les cotes
223, 193, 183 et 184 (500 mètres Nord-Est de Malmaison); la partie Nord-Est de l'éperon de Wattignies comprise entre *le camp* et le *Pont-des-Bêtes* est généralement
difficile à gravir; de plus, en 1793, elle était couverte
de bruyères qui n'ont pas complètement disparu. A l'Est
de Wattignies, au contraire, le terrain descend en pentes
douces et facilement accessibles jusqu'au ruisseau de la
Solre, mais il est coupé par des haies qui forment la clô-
ture des pâturages ou des champs cultivés situés sur le
flanc de ce coteau. Enfin le chemin, qui conduit de
Dimont à l'église de Wattignies par la cote 159, traverse
une zone mouvementée et peu accidentée qui facilite
beaucoup les approches de l'infanterie. Le croquis ci-
dessus représente la coupe de ce terrain, entre Wattignies et Dimont, suivant un axe Nord-Sud qui passerait
par le clocher de Wattignies.

---

(1) Ce bois de la Savatte se trouvait à la cote 209 de la carte n° 4
au 1/50,000°. Dans cette situation, cette avant-garde jouait, le 16, le

Ce profil montre clairement que la colonne de gauche était placée, au point de vue topographique, dans des conditions relativement favorables à l'attaque. Nos bataillons pouvaient en effet arriver jusqu'au ravin, dit du Trou-Colaud, sans être vus par les défenseurs de Wattignies, prendre ensuite leur formation d'attaque dans la contre-pente A B et déboucher en bon ordre sur le plateau B C. A partir de la crête C, il était possible à notre infanterie de continuer sa marche avec l'appui d'une artillerie placée en batterie entre les crêtes B et C, en un point distant d'environ 900 mètres du clocher de Wattignies. Le ravin C D F pouvait par suite être franchi avec des facilités relatives, si l'on avait soin de préparer l'attaque du village par une vigoureuse canonnade. Cet itinéraire était donc préférable aux deux autres, puisqu'il permettait aux artilleurs et aux fantassins de se prêter un mutuel appui.

D'après les *Mémoires* de Jourdan, le dispositif de l'attaque, dirigée le 16 contre le saillant de Wattignies, était analogue à celui qui avait servi de base au plan d'ensemble de la bataille du 15 puisque la colonne du centre ne devait pas exécuter son attaque avant que celles de droite et de gauche, partant de Choisy et de Dimont, « eussent achevé leur mouvement (1) ».

Cela permet de supposer que, aux yeux de Jourdan, la bonne exécution des attaques centrales était une manœuvre délicate. D'ailleurs, il avait pu se rendre compte par lui-même de ces difficultés. En effet, lorsqu'il s'avança le 8 septembre à la tête du corps de bataille contre les Hanovriens qui occupaient la lisière Sud d'Hondtschoote, au centre de la ligne de bataille, ne

---

rôle d'une flanc-garde par rapport à la colonne d'attaque qui se dirigeait de Dimont sur Wattignies (Jourdan à Duquesnoy, Avesnes, 16 octobre. Reg. 1 a/44, p. 60). A. H. G.

(1) *Mémoires* de Jourdan, Cf. Charavay, t. III, p. 315.

fallut-il pas l'intervention de la colonne Leclaire dans le flanc droit de l'adversaire pour permettre à ce corps de bataille de pénétrer dans le village ? La doctrine moderne recommande du reste de mener le combat énergiquement sur tout le front de la position à enlever tandis que le succès d'une attaque décisive, généralement enveloppante, oblige l'ennemi à se replier. De la sorte, le défenseur, menacé en même temps sur tout son front et sur ses flancs, ne peut pas utiliser ses réserves à coup sûr contre l'attaque décisive dont il ignore la direction jusqu'au moment critique.

Jourdan aurait donc été mieux inspiré s'il avait prescrit aux trois colonnes de Dimont, Dimechaux et de Choisy de marcher à l'assaut de l'éperon de Wattignies, simultanément et avec la même énergie. En outre, il semble que le succès eût été plus rapide et plus complet si la colonne de gauche avait été renforcée par toute l'artillerie lourde et par une partie de l'infanterie de la division Duquesnoy ; les raisons à l'appui de cette opinion ont été indiquées précédemment.

Ainsi, cette analyse minutieuse des dispositions de combat, adoptées par notre commandement, permet de constater l'inexpérience des généraux improvisés de la Révolution ; elle nous fait aussi mieux comprendre pourquoi 45,000 Républicains ont à peine réussi, en deux jours de lutte, à faire battre en retraite 22,000 Impériaux.

b) *L'attaque proprement dite de Wattignies*. — Grâce à un brouillard intense, qui dura jusque vers 9 heures du matin, le mouvement du détachement mixte commandé par Jourdan et la marche d'approche des deux colonnes de Duquesnoy échappèrent aux Alliés. Mais à ce moment, le combat s'engage sur toute la ligne.

La colonne de gauche déploie une nombreuse artillerie sur la crête B et canonne vivement le village de Wattignies.

Pendant ce temps les fantassins s'efforcent de traverser le ravin C D F ; par deux fois, ils sont repoussés et ramenés jusqu'au Trou-Colaud.

« Découragés, écrivent Foucart et Finot (1), ils vont peut-être reculer et descendre vers Dimont. »

Heureusement Jourdan, Carnot et Duquesnoy (le représentant) raniment les courages, reforment les bataillons et les ramènent en avant en se mettant à leur tête.

« En ce moment, lit-on dans les *Mémoires de Carnot par son fils*, le colonel Carnot-Feulins aperçut un bataillon de nouvelles recrues (2) qui s'était réfugié dans un pli du terrain, à l'abri des coups, les soldats groupés autour de leur commandant « comme des poulets effrayés par un oiseau de proie ». (C'est l'expression dont se servait mon oncle en racontant cet épisode.) Après leur avoir vainement ordonné de marcher, Carnot-Feulins saisit l'officier par le collet de son habit et l'entraîne au pas de son cheval jusque sous la mitraille ; le bataillon, qui l'a suivi, rachète par une charge vigoureuse cette minute de poltronnerie. Entraînés par l'exemple de leurs chefs, les soldats gravissent la côte au pas de charge. La peur a disparu et la fatigue aussi ; les canons (3) remontent avec les régiments ; on les charge presque en marchant ; au commandement, les rangs s'entr'ouvrent, les bouches de bronze vomissent la mitraille, les rangs se referment et on monte à l'assaut. On avance lentement mais sûrement ; la tête de la colonne a de nouveau atteint la Grande-Croix, sur le bord du plateau ; encore quelques centaines de mètres et nous sommes maîtres du village. »

Pendant ce temps, le centre et la droite sous Duques-

---

(1) *Loc. cit.*, t. II, p. 253.

(2) Il n'y avait pas de bataillons de nouvelles recrues dans l'armée de secours.

(3) Il s'agit évidemment des canons de bataillon.

noy ont eu beaucoup de peine à gravir les pentes Nord-Est
ou Est du saillant de Wattignies ; la colonne du centre a
même subi tout d'abord un échec sérieux. « Les tirailleurs, écrit Jourdan dans ses *Mémoires*, s'étant trop pressés de franchir le ravin furent culbutés. Duquesnoy, les
ayant fait soutenir, un nouveau combat s'engagea et les
Français furent repoussés une seconde fois avec une
perte assez considérable. Enfin, la droite et la gauche
ayant atteint les points indiqués, le signal de l'attaque
générale fut donné et les trois colonnes se précipitèrent
en même temps sur Wattignies..... (1) »

Il est probable qu'il n'y eut pas à proprement parler
un signal d'attaque et que les événements se déroulèrent
plus simplement. La canonnade, dirigée sur Wattignies
par la colonne de gauche, avait procuré, avant midi la
supériorité du feu à notre artillerie, de sorte que, vers

---

(1) Joliclerc, du 7e bataillon du Jura, qui faisait partie de la division
Duquesnoy, fut blessé le 16 à l'attaque de Wattignies. Voici ce qu'il
écrivait à sa mère, le 24 octobre, de l'hôpital de Saint-Denis, où il était
en traitement.

« Nous avons marché une dizaine de jours et le 15 de ce mois nous
avons commencé l'attaque. Le 16, j'ai encore été blessé et on m'a amené
sur une voiture à Saint-Denis, auprès de Paris..... Notre bataillon a
gros souffert de cette attaque. Hugon, de Nozeroy, a eu une cuisse percée d'une balle. Carrez, de Commenailles, a eu une balle au col. Le
petit Chauvin en a eu une qui lui est entrée plus bas que l'oreille et lui
est sortie par la bouche, lui fracassant la mâchoire. Vernier, de Migno-
villard, a eu la cuisse un peu effleurée d'un coup de biscaïen. Un Ducret,
d'Assurette, a eu une balle dans le pied. Notre tambour, un Tinot, de
Nozeroy, a eu une balle dans le genou. Le frère de Magnien, de Nozeroy, parent aux Poux, a eu une balle derrière l'épaule. Nous en avons
qui ne sont pas de chez nous qui sont restés sur le carreau tués raides,
d'autres qui ont été enlevés du champ de bataille mais qui sont morts
quelques heures après. Il y en a un qui a eu la langue coupée d'une
balle. Tous ces gens-là sont de notre compagnie. Moi, j'ai reçu un coup
de mitraille sur le nez. Comme il était un peu bossu cela m'ôtera ce
que j'avais de trop ; j'en serai quitte à bon compte à ce que je crois. »
Loc. cit., p. 129.

1 heure du soir, les défenseurs du village, après avoir
subi un bombardement intensif, se trouvaient menacés
par trois colonnes d'infanterie qui convergeaient en
même temps sur le saillant Est de la position. L'attaque
se trouvait donc bien préparée quand la colonne de
gauche gravit les dernières pentes qui la séparaient
des maisons voisines de l'église.

D'après la *Relation* de Cobourg, il était 1 heure de
l'après-midi lorsque nos fantassins arrivèrent à la Grande-
Croix et commencèrent à pénétrer dans le village. Mais,
à ce moment, une charge vigoureuse était exécutée par
deux escadrons de hussards Barco qui s'étaient dissimulés derrière un pli de terrain, à la lisière Nord-Ouest de
Wattignies; Terzy se portait également en avant à la
tête d'un bataillon de Brechainville, de deux bataillons
du régiment Klebeck et de deux compagnies de Stain.
De même la légion de Bourbon, qui défendait la lisière
Est du bois Leroy, s'avançait et fusillait nos tirailleurs
dans le flanc gauche. Les Républicains déconcertés par
cette contre-attaque plièrent un instant. Mais Jourdan
rallia les indécis et l'on regagna le terrain perdu. En
outre, à l'instant même où le général en chef faisait tous
ses efforts pour empêcher la retraite, Duquesnoy appa-
raissait sur la droite à la tête de la colonne du centre :
« Nos soldats l'aperçoivent, écrivent MM. Foucart et
Finot (1), et un formidable cri de « En avant! Vive la
République ! » domine le bruit du canon et de la fusillade.
L'ennemi est serré entre deux feux; c'est maintenant un
combat corps à corps (2); les armes sont confondues.
Les canonniers autrichiens sont tués sur leurs pièces et
celles-ci tournées contre l'ennemi. On voit les uniformes

---

(1) *Loc. cit.*, p. 254.

(2) On raconte encore, dans Wattignies, que les Républicains et les
Impériaux se livrèrent un combat acharné dans la ferme qui se trouve
à l'extrémité Est de l'éperon, à 200 mètres environ de l'église.

écarlates des Croates disparaître peu à peu et bientôt le
drapeau de la République flotte au haut du clocher de
Wattignies. »

La prise du village ne mettait pas fin à la lutte car il
fallait encore pousser jusqu'à Clarge, sinon pour obliger
Cobourg à battre en retraite, tout au moins pour s'installer solidement sur le plateau de la cote 223. La tâche
n'était pas très facile. Clerfayt, comprenant que l'effort
principal des Républicains se portait sur l'aile gauche
de la position, avait envoyé vers la lisière Est du bois
Leroy cinq bataillons et six escadrons (1). D'autre part,
la configuration du sol, entre Wattignies et la lisière Est
du bois Leroy, est très favorable à l'action de la cavalerie. Cette zone est constituée par un plateau découvert qui était, en 1793, parsemé de bruyères. Il était
donc prudent de protéger, dans la direction du bois Leroy
et contre un retour offensif éventuel, les troupes qui se
dirigeraient sur Clarge. A cet effet, Duquesnoy ordonna
au général Gratien de marcher avec sa brigade (2)
dans la direction de la cote 223 pendant que le gros
des troupes d'attaque était poussé sur Clarge. En conséquence, les tirailleurs de Gratien s'avancent à travers les
bruyères ; mais une charge de cavalerie, exécutée par des
cuirassiers de Kavanagh, des hussards de Blankenstein
et de Barco, s'avance sur nos fantassins qui se replient
sur Wattignies. Carnot, qui a vu le mouvement (3), se

---

(1) Au dire de Jomini (t. IV, p. 131), il s'agirait des cinq bataillons
de grenadiers bohémiens ; quant aux escadrons ce furent probablement
les six escadrons de cuirassiers de Kavanagh.

(2) Comme Gratien avait amené de Mons-en-Pesvel un détachement de
six bataillons, il est vraisemblable que sa brigade comprenait ces mêmes
troupes, dont la décomposition est indiquée au chapitre IV de ce
volume.

(3) L'arrêté pris par Carnot et Duquesnoy prescrit que Gratien, destitué, sera arrêté et jugé par une commission militaire. Ce document
est daté d'Avesnes, 16 octobre. A. H. G.

précipite vers cette brigade, la rallie, destitue Gratien (1),
qui pleure de honte et fait former les bataillons en
colonne d'attaque.

D'après MM. Foucart et Finot, l'incident rapporté
ci-dessous se serait produit à ce moment.

« Apercevant un soldat qui a laissé tomber son fusil,
Carnot le ramasse, le charge, fait feu sur l'ennemi, le
remet aux mains du pauvre diable ahuri et le pousse
dans les rangs. Prenant ensuite le fusil d'un grenadier
blessé, il se place à la tête de la colonne en criant : « En
avant, la victoire est à nous » Et ces soldats, que l'énergie
de leur chef a transformés, s'élancent, culbutant l'ennemi,
franchissant tous les obstacles (2). »

Pendant ce temps, une batterie de 12 pièces est venue
s'établir sur le plateau, sous la conduite de Carnot-
Feulins, afin d'appuyer le mouvement de l'infanterie.
Cette fois la marche victorieuse de nos colonnes n'est
plus arrêtée par rien : celle de droite, conduite par le
représentant Duquesnoy, balaye les pentes Nord-Est et

----

(1) Pierre-Guillaume Gratien, né à Paris le 1er janvier 1764 avait, à
Wattignies, 29 ans ; fils d'un marchand, cavalier au Dragons-Dauphin
le 21 janvier 1784, congédié le 1er octobre 1789, il fut élu capitaine au
2e bataillon de Paris le 20 juillet 1791 ; capitaine de la 1re compagnie
le 26 septembre suivant ; lieutenant-colonel en second le 8 janvier 1792 ;
général de brigade le 3 septembre 1793 ; arrêté le 16 octobre 1793,
absous le 30 mars 1794 ; réintégré le 13 juin 1795, suspendu le 29 octobre 1795; réintégré le 1er janvier 1796, réformé le 22 septembre 1796 ;
réintégré le 27 mars 1797, suspendu le 22 août 1799 ; réintégré le
30 novembre 1799, membre de la Légion d'honneur le 11 décembre 1803, mis en disponibilité le 2 mars 1804 ; réintégré le
22 mars 1804, commandeur de la Légion d'honneur le 14 janvier 1804 ;
lieutenant général du roi de Hollande le 15 février 1807 (15 novembre 1806-31 octobre 1809) en Hollande; baron de l'Empire le
6 septembre 1811 ; général de division le 23 septembre 1812 ; commandant la 3e division de réserve de l'armée d'Italie le 1er janvier 1814 ;
meurt à Plaisance le 24 avril 1814.

(2) *Loc cit.*, p. 255.

vient faire sa jonction, entre Clarge et la cote 223, avec celle de Gratien, maintenant conduite par Carnot; Terzy se replie définitivement sur le bois Leroy (1).

On rapporte que Carnot, Duquesnoy et Jourdan se rejoignirent alors vers Clarge et se jetèrent dans les bras l'un de l'autre.

La victoire était acquise.

c) *La division Beauregard aux prises avec le colonel Haddick.* — On a vu que, à notre extrême droite, la division Beauregard, dont le rôle général était de couvrir la droite de Duquesnoy, avait à lutter contre le détachement Haddick, fort de deux bataillons et huit escadrons (2).

Vers 8 heures du matin, Beauregard prononce son attaque contre le village d'Obrechies, qui était occupé par le bataillon Jellachich et par trois compagnies Schröder. Haddick renforce aussitôt les défenseurs par une compagnie de Schröder et fait mettre en batterie, sur la hauteur 192, deux obusiers de 6, soutenus par de la cavalerie.

De part et d'autre, les combattants entretiennent une violente canonnade. Pendant ce temps, Terzy envoie cinq compagnies Hohenlohe et plus tard un bataillon Brechainville à Haddick, qui tient ferme sur sa position. Cependant, au bout de quelques heures, l'incendie s'allume dans Obrechies; d'autre part, les progrès de la colonne française, qui marche de Choisy sur Wattignies,

---

(1) D'après la *Relation* de Cobourg, la charge qui arrêta un instant la brigade Gratien aurait permis de se retirer à une batterie autrichienne. Celle-ci avait pris position, avec deux compagnies de grenadiers comme soutien, au Nord de Wattignies, près la cote 194, sur la ligne de faîte qui descend vers Obrechies; elle tirait dans la direction de l'Ouest.

(2) Savoir : un bataillon Jellachich, un bataillon Schröder, quatre escadrons de dragons Cobourg et quatre escadrons de hussards Blankenstein.

menacent la ligne de retraite des Impériaux. Haddick prend alors ses dispositions en vue d'une contre-attaque. A cet effet, quatre escadrons (1) et quatre compagnies sont amenés derrière la croupe qui descend de la cote 219 vers le Nord-Ouest ; cette troupe y est dissimulée aux vues des Français : un autre détachement mixte, comprenant deux escadrons et de l'infanterie, vient occuper le bois situé à 1,000 mètres au Nord-Est d'Obrechies (probablement le bois de la Caruo actuel). Au moment où les Républicains, qui s'avancent à l'assaut, vont pénétrer dans Obrechies, une contre-attaque vigoureuse opérée simultanément par les trois fractions du détachement Haddick, venues de trois directions différentes, intimide nos fantassins qui se replient sur Solrinnes, laissant aux mains de l'ennemi cinq canons et trois caissons.

Heureusement cet incident se passa assez loin du saillant de Wattignies et ne fut pas connu de la division Duquesnoy ; son élan ne fut donc pas ralenti par cet échec du détachement Beauregard.

d) *La rencontre entre les détachements du général Élie et de Benjowsky* (2). — Le 14 octobre, Jourdan envoya au général Élie (3), l'ordre ci-dessous :

« Il est ordonné au général commandant les troupes réunies sous Philippeville de se mettre en marche au reçu du présent ordre pour se porter sur Beaumont afin d'y former une fausse attaque. Il tâchera d'inquiéter

_____

(1) Savoir : deux escadrons de hussards Blankenstein, deux escadrons de dragons Cobourg.

(2) A suivre sur la carte 3 *bis*.

(3) Jacob-Job Élie, né à Wissembourg (Bas-Rhin) le 26 novembre 1746, fils d'un officier au régiment d'Alsace, enrôlé au régiment d'Aquitaine-Infanterie, le 2 décembre 1766, congédié le 2 décembre 1774, enrôlé au régiment de la reine le 5 juillet 1781, sergent le 1er novembre suivant, porte-drapeau le 1er août 1788, coopère à la prise de la Bastille le 14 juillet 1789, capitaine au 5e bataillon de la

l'ennemi sans cependant compromettre ses troupes, s'il rencontrait des forces supérieures. Il tâchera de s'instruire du mouvement de l'ennemi, et dans le cas où le mouvement de l'armée le (l'ennemi) forcerait d'abandonner Beaumont, il s'en emparera. Dans le cas contraire, il fera bivouaquer sa troupe dans la position qu'il croira la plus avantageuse jusqu'à nouvel ordre (1). »

En conséquence, Élie sortait de Philippeville le 15 à la tête de 3,500 hommes (2). Ce détachement traverse Silenrieux (où nos soldats inquiétés par quelques patrouilles de cavalerie ennemie venues de Beaumont échangent entre eux quelques coups de feu par suite d'une méprise) et arrive vers 9 heures du soir à Bossus-lès-Walcourt. Élie qui a décidé de passer la nuit en ce point, se couvre par des grand'gardes; celle qui est placée sur la route de Beaumont est pourvue de deux pièces de canon.

Or, on sait que Benjowsky occupe Beaumont avec trois bataillons, trois compagnies et onze escadrons.

5e division de la garde nationale parisienne soldée le 1er septembre 1789, capitaine au 103e d'infanterie, le 3 août 1791, obtient la décoration militaire le 27 novembre suivant, lieutenant-colonel le 7 février 1793, commandant à Givet et à Charlemont, général de division le 3 septembre 1793, passé à l'armée de Sambre-et-Meuse le 2 juillet 1794, non compris dans l'organisation des états-majors arrêtée le 13 juin 1795, rappelé à l'activité le 28 février 1796, commandant de Lyon le 28 mars suivant, employé à l'armée des Alpes le 19 août 1796, commandant la Maurienne et la Tarentaise le 22 octobre 1796, réformé le 18 mars 1797, retraité le 24 juin 1811, mort à Varennes-sur-Argonne (Meuse) le 6 février 1825. Le général Élie avait fait la campagne de Corse en 1769, et avait assisté au bombardement de Sousse et de Bizerte en 1770 (Cf. Charavay, t. III, p. 132).

(1) Jourdan à Élie, Avesnes, 14 octobre. Registre 1a/44. A. H. G.

(2) Dans le rapport adressé au Ministre par Élie, ce général déclare que son détachement ne comprenait qu'un tiers de soldats expérimentés savoir : 100 cavaliers, quelques compagnies de grenadiers, des chasseurs et des canonniers. Les deux autres tiers se composaient d'hommes de la levée en masse, incorporés depuis une vingtaine de jours au plus.

Informé par les patrouilles, qui ont été chassées de Silenrieux, de la présence de cette colonne républicaine, Benjowsky décide de faire attaquer aussitôt les avant-postes adverses. A 10 heures du soir, deux compagnies et un escadron partent de Beaumont, l'infanterie en tête, sous le commandement du major Beffler, et s'avancent en silence jusqu'à la grand'garde française placée sur la route de Beaumont. Cette grand'garde, complètement surprise, est enlevée et laisse ses deux pièces entre les mains des Impériaux. Cela fait (il était environ minuit), Beffler vient s'installer à Barbençon et prévient Benjowsky du succès complet de l'opération. Ce général envoie immédiatement quatre compagnies et trois canons de renfort à Barbençon et prescrit au major Beffler de marcher sur Bossus (1).

Pendant que le susdit renfort se dirigeait sur Barbençon, examinons ce qui se passait à Bossus-lès-Walcourt, dans les rangs français. Le général Élie dépeint ainsi l'effet produit par la surprise de nuit sur le gros de son détachement, qui se trouvait à quelques centaines de mètres de la grand'garde enlevée par les Impériaux.

« Comme les feux de l'ennemi étaient vifs et que les nouveaux bataillons de la masse n'avaient jamais entendu siffler les balles à leurs oreilles, la crainte la plus lâche s'empara de leur cœur et, au lieu de rester en bataille comme plusieurs braves corps, la confusion se mêle parmi eux, ils crient : « Nous sommes perdus ! », ils sont

---

(1) On a la bonne fortune de posséder une relation détaillée de ce combat pour chacun des deux partis en présence, savoir : 1° le *Rapport* du général Élie, de Givet, 19 octobre, A. H. G. ; 2° la *Relation* des attaques de Benjowsky, copiée par nos soins aux K. K. Arch. de Vienne où elle est classée sous le n° 52 h (Berichte von Coburg) ; en outre, on lit dans le tome III de Charavay, p. 318, un « Bulletin de l'armée autrichienne sur la bataille de Wattignies » qui donne quelques renseignements sur le combat de Bossus.

même épouvantés du feu bien suivi que font nos braves
canonniers et ils fuient en renversant ceux qui atten-
daient l'ennemi de pied ferme. Secondé par tout l'état-
major et par plusieurs braves officiers, je cherche à les
rallier; les cris de la lâcheté et les hurlements étouffent
les voix vraiment républicaines, et ne pouvant nous faire
entendre, je fis battre la charge. Ce moyen épouvanta
l'ennemi qui cessa son feu et fut poursuivi par les braves
qui lui tuèrent environ soixante hommes.

« Cependant, à force de peine, d'encouragements et
de menaces, je parvins à rallier les fuyards, j'ordonne
aux officiers de faire leur devoir et je fais mettre en
bataille sur deux lignes; la première dans la plaine en
avant de Bossus et la seconde appuyée à ce village; le peu
de cavalerie et la réserve étaient dans la meilleure disposition, et l'artillerie, placée avantageusement en divers
points, menaçait d'un feu rasant et croisé tout ce qui
oserait se présenter. C'est dans ces dispositions que je
me proposais d'attaquer l'ennemi au point du jour (1). »

Or, précisément au point du jour, le détachement
de Beffler, renforcé comme on l'a vu, débouche de Barbençon et s'avance sur le plateau dans la direction de
Bossus. Son mouvement, d'après le rapport d'Élie, est
masqué aux vues des Républicains par « un brouillard
très épais »; ceux-ci, attaqués brusquement sur le front
par l'infanterie et sur le flanc par la cavalerie impériale,
s'affolent et s'enfuient.

« Les obus et les boulets, écrit encore Élie, qui tombaient près de la seconde ligne composée de la masse
(lire : des troupes de la levée en masse) jetèrent de nouveau la confusion et le désordre dans ces bataillons; ils
font feu sur la première ligne qui se trouvait ainsi atta-

---

(1) *Rapport* d'Élie aux représentants Massieu et Calis, Givet, 19 octobre. A. H. G.

quée en front par l'ennemi et en queue par les nôtres.
Non contents d'avoir détruit plusieurs de nos braves en
les attaquant par derrière, ils crient : « Sauve qui peut ! »,
et ils fuient en jetant leurs fusils, leurs sacs et leurs cartouches sur leur passage. Les conducteurs des pièces de
canon partent avec leurs chevaux, coupent les traits et
laissent là l'artillerie ; les braves canonniers, au désespoir, font feu et meurent plutôt que d'abandonner leurs
postes ; la réserve, la cavalerie et les chasseurs versent
des larmes précieuses en voyant tant de lâcheté ; ils
veulent se rallier, veulent combattre et ils ne le peuvent
parce qu'ils sont renversés par les fuyards..... (1) ».

« Lorsque je vis, ajoute Élie, que tout était désespéré, j'envoyai une ordonnance à Philippeville pour en
faire sortir les trois compagnies de grenadiers qui y
étaient et deux pièces de quatre pour protéger ma retraite
et empêcher l'ennemi de me poursuivre plus loin, ce qui
fut exécuté (2). »

Après avoir pris l'avis des généraux et des chefs de
corps réunis à Philippeville, Élie prenait le parti de rentrer à Givet avec ses troupes.

---

(1) Élie déclare dans ce même rapport (*loc. cit.*) que plusieurs officiers des bataillons de la levée en masse « mirent leurs épaulettes dans
leurs poches pour ne pas être reconnus comme officiers dans leur fuite ».

(2) Le général de brigade Bertaux, commandant à Philippeville, écrit
ceci au Comité de Salut public : « J'appris par un adjoint de l'état-
major qu'il (Élie) m'avait dépêché, que son armée était en déroute. Je
donnai ordre que la générale fût battue et je fis rassembler le peu de
bonnes troupes qui me restaient avec deux pièces de canon de **4** ; je
leur donnai ordre de se porter en avant sur les hauteurs pour protéger
la retraite de cette armée, ce qui a été effectué ; dès les 7 heures du
matin, j'ai vu arriver aux palissades 500 à 600 hommes sans armes, qui
les avaient abandonnées comme des lâches. Tout a été perdu, artillerie,
équipages, pain et fourrages qui avaient suivi pour leurs subsistances ;
de treize bouches à feu, il n'en est rentré qu'une pièce de 8 » (Berteaux
au Comité de Salut public, Philippeville, 16 octobre). A. H. G.

Les Républicains laissaient dans cette affaire 400 hommes prisonniers, 11 canons, 1 obusier et quelques caissons (1) ; les pertes des Impériaux s'élevaient à 44 tués, 82 blessés et 12 disparus (2), soit au total 138 hommes.

La délivrance de Maubeuge. — La brèche faite dans la position principale des Impériaux, par l'occupation de Wattignies, modifiait gravement la situation de l'armée de Cobourg. Celle-ci avait perdu les 15 et 16 octobre 365 tués, 1,753 blessés et 369 prisonniers ou disparus (3). Par suite, l'effectif de nos ennemis sur la rive droite de la Sambre se trouvait réduit à 30,000 hommes environ, savoir : 20,000 hommes de l'armée d'observation et 10,000 hommes du corps de siège commandés par Colloredo. Il est vrai que York était arrivé à Englefontaine, dans l'après-midi du 16, avec 5,000 hommes, et qu'une sortie de la garnison de Maubeuge, sur la rive gauche de la Sambre, n'était pas à craindre. Les Coalisés auraient donc pu renforcer le 17 l'armée d'observation avec les contingents d'York et du prince d'Orange. Witzleben prétend que Cobourg eut l'intention de prendre de telles dispositions pour faire tête le 17 à une nouvelle attaque (4). Mais, les Hollandais ayant refusé une fois de plus de franchir la Sambre, ce projet dut être abandonné et l'ordre de battre en retraite sur la rive gauche de la Sambre fut lancé dans la soirée du 16.

On ne prévoyait pas, au quartier général français, que la prise de Wattignies aurait des conséquences aussi heureuses. Nos pertes, au cours des deux journées de lutte, atteignaient le chiffre de 3,000 hommes (5). L'armée

(1) Murray à Dundas, 116 *bis.* A. H. G.
(2) État des pertes, 52 j. Berichte von Coburg. K. K. Arch.
(3) État des pertes, 52 g. Berichte von Coburg. K. K. Arch.
(4) *Loc. cit.,* t. II, p. 326.
(5) Aucun document officiel ne donne ce renseignement. Jourdan

de secours comptait donc encore 40,000 hommes au
moins, et la garnison de Maubeuge, qui n'avait pas quitté
ses remparts le 15 et le 16, était forte de 20,000 hommes.
Jourdan pouvait donc continuer son attaque le 17 avec
une soixantaine de mille hommes et compter sur un succès vraiment décisif, puisque ses troupes étaient deux
fois plus nombreuses que celles de l'adversaire. Cependant il semble que, dans la soirée du 16, on redoutait
encore au quartier général d'Avesnes un retour offensif
de l'ennemi, car les ordres donnés à ce moment contenaient en substance les prescriptions suivantes (1) :

La division Duquesnoy s'installera solidement sur le
plateau de Wattignies où elle se retranchera ; un renfort
de six bataillons et d'un régiment de hussards, sous le
commandement du général Lemaire, quittera la division
Balland le 17 à 5 heures du matin et viendra à Dimechaux, où il se tiendra à la disposition de Duquesnoy.
Ce renfort est en principe destiné à soutenir la division
Beauregard si elle est attaquée, ou à la remplacer si
l'on envoie cette division ailleurs. De plus, le parc
d'artillerie doit envoyer deux pièces de 12, deux pièces
de 8, un obusier, et des munitions à Duquesnoy.

La division Beauregard restera sur la défensive ; elle
occupera solidement Eccles et le bois voisin à gauche de
ce village.

Ces dispositions donnent à penser que Jourdan crai-

---

déclare dans ses *Mémoires* que, le 15, la division Balland perdit à elle
seule 1,200 à 1,500 hommes. A propos de la journée du 16, il évalue
les pertes des Français à 3,000 hommes, ce qui donne un chiffre global
de 4,500 hommes pour les deux journées. Carnot déclare, au contraire,
que nous avons eu 2,000 hommes environ tant tués que blessés (Carnot
au Comité. Charavay, t. III, p. 328). En s'en tenant au chiffre de
3,000 hommes, il semble que l'on se rapproche de la réalité. Ce nombre
a été admis par Witzleben, p. 329.

(1) Registre 1 a/44. A. H. G. Ordres publiés *in extenso* par Charavay,
t. III, p. 321,

gnait un retour offensif des Alliés contre sa droite et peut-
être l'échec de la division Beauregard fit-il naître ces
appréhensions.

Ce fut seulement dans la matinée du 17 que l'on apprit
au quartier général la retraite des Impériaux (1) ; un
brouillard épais qui dura « jusqu'à midi (2) » avait caché
ce mouvement aux reconnaissances de cavalerie envoyées
par Jourdan à la découverte (3). A cette nouvelle, Jourdan, Carnot et Duquesnoy, suivis de l'état-major, se
dirigeaient sur Maubeuge où ils faisaient leur entrée à
2 heures de l'après-midi. « Déjà l'ennemi, écrit de Montfort, avait repassé la Sambre avec toute son artillerie.
Nous ne retrouvâmes que quelques blessés qu'il avait
abandonné dans le village de Beaufort, environ 50,000
fascines, 10,000 à 15,000 gabions et plusieurs milliers
d'outils de terrassiers (4). »

L'inaction de la garnison de Maubeuge. — On a remar-

---

(1) Jourdan au Ministre, Avesnes, 17 octobre. Registre 1 a/44.
Cf. Charavay, t. III, p. 330. « J'apprends à l'instant que l'ennemi a
évacué dans la nuit le camp qu'il avait sur les hauteurs de Dourlers,
surtout parce qu'il a craint d'y être enveloppé. Je monte à cheval et
j'espère vous en rendre bon compte. »

(2) Lettre de Jourdan au Ministre écrite dans l'après-midi du 17.
Cf. Charavay, t. III, p. 335.

(3) Extrait des *Mémoires* du général de Montfort. Cf. Charavay,
t. III, p. 325.

(4) *Ibid.*, p. 326.

« Le réprésentant Carnot, ajoute de Montfort, portait l'uniforme
du génie, mais modifié de manière à présenter les trois couleurs,
savoir : revers blanc, collet et parements rouges. Il n'avait conservé le
velours noir comme signe distinctif du génie que pour la patte du pare-
ment. Il avait été dit que les officiers du génie porteraient le velours
noir en signe de deuil pour la mort de Louis XVI. Carnot nous invita
à prendre le même uniforme que lui ; nous le fîmes, mais nous ne le
gardâmes pas longtemps, seulement le temps de salir une fois les
revers..... »

qué que, pendant les deux jours de bataille, les troupes enfermées dans Maubeuge n'ont fait aucune tentative pour faciliter la tâche de l'armée de secours. Cependant le moment eût été bien choisi pour risquer une grande sortie sur la rive droite de la Sambre dans la direction de Beaufort. Ferrand, qui évaluait les forces de l'armée de siège à 40,000 hommes, explique ainsi au Ministre son inaction :

« Gardien de la clef la plus importante de la République, une seule démarche hasardée pouvait compromettre essentiellement le poste qui m'était confié », déclare-t-il à Bouchotte (1) ; puis il invoque dans son rapport les excuses suivantes (2) :

« La contenance des ennemis dans le camp où ils ont toujours maintenu des forces majeures, n'a pu permettre aucun mouvement offensif ; leur front, hérissé de redoutes et d'une nombreuse artillerie, plus de 15,000 hommes de cavalerie, tout aurait rendu une attaque téméraire et répréhensible, malgré l'attaque qu'éprouvait leur armée d'observation et n'aurait pu que compromettre les intérêts de la République. » Cette opinion timide avait d'ailleurs été admise par un conseil de guerre réuni dans la matinée du 16. Ce même jour, vers 11 heures du soir (3), on avait entendu, depuis le camp retranché, le bruit des voitures de l'artillerie ennemie qui passaient sur la rive gauche de la Sambre et la nouvelle avait été confirmée par des déserteurs le 17, dès 6 heures du matin (4). Ferrand avait alors envoyé

---

(1) Ferrand à Bouchotte, Maubeuge, 19 octobre. A. H. G., Cf. Charavay, t. III, p. 350.

(2) Rapport des événements survenus à Maubeuge depuis le 29 septembre, signé Ferrand. 19 octobre, A. H. G., Cf. Charavay, t. III, p. 351.

(3) *Ibid.*

(4) Ferrand à Bouchotte, Maubeuge, 27 octobre, A. H. G. Dans

des découvertes, comme on disait alors, et fait prendre les armes. Mais, lorsque les colonnes sortirent de la place, il était trop tard : les Alliés avaient déjà franchi les ponts qu'ils avaient utilisés, une première fois, lors de l'investissement. D'après un témoin oculaire (1), le général Vézu aurait vu, dans l'après-midi du 16, du haut de la tour de Maubeuge, les Autrichiens commencer à plier leurs tentes et il aurait proposé de faire sortir une colonne de 6,000 hommes. « C'était l'avis de la plupart des chefs et des généraux, déclare de Montfort (2). Le général Chancel (3), commandant en second, ouvrit un avis plus timide. Il craignit que ce bruit (celui de la bataille du 15 et du 16 au matin) ne fût qu'un combat simulé, par lequel l'ennemi cherchait à nous faire croire qu'une armée venait à notre secours, afin de nous attirer au dehors, de nous faire tomber dans un piège, de nous ramener battus et, peut-être, profitant de ce premier avantage et des désordres parmi nous qui en auraient été la suite, entrer pêle-mêle avec nous dans la place. Il appuyait son avis sur ce qu'à Condé, où il commandait, il avait été victime d'un pareil stratagème et

---

cette lettre Ferrand affirme qu'il y avait seulement 13,000 à 14,000 hommes présents sous les armes tant dans Maubeuge que dans le camp retranché. Cf. Charavay, t. III, p. 419.

(1) Goris, chef du 1er bataillon de Cambrai, au Comité de Salut public, Maubeuge, 22 octobre, A. H. G.

(2) *Mémoires* de Montfort. Cf., Charavay, t. III, p. 325.

(3) Thiébault prend la défense de Chancel dans ses *Mémoires* (*loc. cit.*, p. 461). Il prétend que Chancel, qui était un ami de son père, essaya vainement de décider les autres généraux à marcher au canon dès le 15 ; mais on doit faire des réserves sur l'impartialité de l'auteur de ces *Mémoires*, où l'on trouve de nombreuses erreurs de fait et des interprétations manifestement fantaisistes.

Foucart et Finot font justement remarquer (*loc. cit.*, t. II, p. 242) que, devant le Tribunal révolutionnaire, Chancel se borna à dire, pour sa défense, qu'il n'avait pas reçu l'ordre d'opérer une sortie ; il ne fit aucune allusion aux tentatives dont parle Thiébault.

sur ce qu'aucun officier, ni même aucun espion n'avait encore passé pour nous donner avis de la marche de Jourdan. Cet avis prévalut : les troupes, sous les armes depuis le matin, ne reçurent point d'ordre et restèrent à regret dans le camp..... »

Comme l'a écrit Jourdan (1), Ferrand était libre, en sa qualité de commandant en chef, « de rejeter l'avis de Chancel. Néanmoins les commissaires rendirent ce dernier responsable de cette faute et le traduisirent au tribunal révolutionnaire qui le condamna à mort ».

Les conséquences générales de la bataille de Wattignies. — La retraite de l'armée impériale sur la rive gauche de la Sambre et le déblocus de Maubeuge ont, il est vrai, consacré la victoire des Républicains, mais ce succès n'était pas de ceux qui obligent le vaincu à demander la paix incontinent. En effet, les forces alliés sont maintenant groupées sur la rive gauche de la Sambre : l'armée d'observation à Berlaimont, les Hollandais à Bettignies, Latour à droite de Bettignies, Colloredo à gauche de ce village (2). Dès ce moment Cobourg peut disposer de 65,000 hommes environ qui sont répartis entre Thuin et Solesmes, savoir (3) :

25,000 hommes de l'armée de siège, y compris le contingent hollandais ;

35,000 hommes de l'armée d'observation, compte tenu des pertes approximatives subies depuis le 29 septembre ;

---

(1) *Mémoires* de Jourdan, A. H. G.
(2) Witzleben, t. II, p. 332.
(3) Voir la composition détaillée des deux armées de siège et d'observation, chap. IV. On remarquera que les 35,000 hommes de l'armée d'observation comprennent, outre la fraction de cette armée qui a combattu à Wattignies, tous les détachements disposés entre Douchy et Thuin.

5,000 hommes, amenés par York à Englefontaine.

Les troupes françaises, comprenant les 42,000 hommes de l'armée de secours, plus les 18,000 hommes des brigades Meyer, Colomb et Desjardin, maintenant libres de sortir de Maubeuge, ne sont pas en état de franchir la Sambre de vive force, en face d'un nombre égal de Coalisés. Nos soldats sont très fatigués par ces deux journées de combat. « L'armée est toute éparpillée, écrit Carnot, le succès la décompose aussi bien que les revers. Demain elle va se reposer, se rallier, se mettre en état d'opérer de nouveau. Je ne puis vous dire ce que nous ferons, l'ennemi ayant, comme je vous dis, conservé tout son ensemble plus que nous-mêmes. Je me propose de vous porter moi-même les résolutions qui seront arrêtées. Notre fatigue est excessive (1). »

D'autre part, les munitions sont épuisées. « Les journées des 15 et 16 octobre ont été si vives, déclare Jourdan, que nous nous sommes trouvés dégarnis de munitions. J'ai fait de suite des demandes à Lille, Douai et Arras. Les commandants de ces places nous font passer ce que je leur ai demandé et j'espère le recevoir au premier jour, mais ils m'observent à leur tour qu'ils se trouvent démunis et qu'il ne leur sera pas possible de nous fournir de nouveaux secours, s'ils ne reçoivent promptement de la poudre... J'ai donné ordre au commissaire-ordonnateur d'approvisionner de munitions de bouche les places de Maubeuge, Landrecies et Avesnes. J'attends que cela soit fait et que nous ayons reçu des munitions pour entreprendre quelque chose de conséquent (2)..... »

---

(1) Carnot au Comité de Salut public, Avesnes, 17 octobre. *Arch. nat.* A. F. 239, Cf. Charavay, t. III, p. 330.

(2) Jourdan à Bouchotte, Avesnes, 19 octobre. A. H. G. Analysé. Cf. Charavay, p. 347.

Le 20 octobre, le général en chef avoue nettement sa faiblesse relative en écrivant ceci à Bouchotte (1) : « L'ennemi a réuni toutes ses forces de l'autre côté de la Sambre et s'y est retranché de la manière la plus respectable ; il a construit différentes redoutes qui défendent le passage de cette rivière ; il a derrière lui la forêt de Mormal. Malgré tous ces avantages, j'aurais tenté de profiter de sa terreur si les munitions ne m'eussent manqué et s'il ne m'eût fallu ravitailler absolument les villes de Maubeuge, Avesnes et Landrecies. Je me vois donc forcé de garder encore quelques jours la position où je suis..... Je désirerais bien entrer dans la Belgique mais il ne serait pas prudent de le faire sans avoir encore battu l'ennemi..... » Enfin, le lendemain 21, Jourdan reconnaît que toute offensive lui est interdite car « l'ennemi conserve toujours sa position, il y a réuni toutes ses forces et l'on ne peut l'attaquer sans s'exposer à être battu..... (2) »

Il est donc permis d'affirmer que, au point de vue stratégique, l'effet utile de cette victoire était médiocre. Peut-on dire que, tactiquement parlant, les résultats furent plus brillants? A notre avis et en toute sincérité, on doit répondre à cette question par la négative. En effet, la manœuvre conçue par Carnot ou Jourdan n'a pas désorganisé les forces de l'adversaire, malgré la supériorité numérique des Républicains qui luttaient à raison de deux contre un. L'énergie déployée par les troupes d'attaque pour enlever, le 16, les hauteurs de Wattignies, énergie qui paraît avoir été éveillée et entretenue à la fois par Jourdan et les Représentants, ne s'est pas manifestée avec une égale intensité sur les autres points du champ

---

(1) Jourdan à Bouchotte, Avesnes, 20 octobre. A. H. G. Cf. Charavay, t. III, p. 365.

(2) Jourdan à Bouchotte, Avesnes, 21 octobre. A. H. G. Cf. Charavay, t. III, p. 369.

de bataille. Élie et Beauregard ont subi un échec humiliant, tandis qu'à l'extrême gauche et au centre les divisions Cordellier, Fromentin et Balland, dont les chefs se trouvaient livrés à eux-mêmes le 16, n'ont pas montré, à beaucoup près, la même ardeur ni la même volonté de vaincre que les colonnes dirigées sur Wattignies. Nous penchons à croire que l'insuffisance technique de la plupart des généraux fut la cause principale de la mollesse relative avec laquelle certaines unités se sont battues le 15 ou le 16. Cette opinion, du reste, est fortement appuyée par celle de Carnot qui écrivait, au lendemain de son triomphe : « C'est un brave et honnête sans-culotte que Jourdan. Le général Duquesnoy est aussi très bon ; les autres, tels que Balland, Fromentin, Lemaire ont aussi beaucoup de bonne volonté, mais sont faibles en talents. Cordellier n'a pas paru. Je crois que le général en chef ne sait pas encore où il demeure. C'est peu de chose à ce qu'il me semble (1)..... »

Seul entre tous, Jourdan gagnait, dans ces deux journées de lutte, la réputation d'être un grand général. « Le coup d'essai du général Jourdan, déclaraient les Représentants, est d'avoir battu Cobourg. Voilà l'éloge de ses talents, celui de son patriotisme est dans la bouche de ses compagnons d'armes (2). »

---

(1) Carnot au Comité de Salut public, Avesnes, 17 octobre 1793. Cf. Charavay, t. III, p. 329.

(2) Duquesnoy et Bar à la Convention nationale, Maubeuge, 17 octobre, A. H. G. Cf., Charavay, t. III, p. 317.

Au club des Jacobins le sévère Hébert s'exprimait en ces termes, le 18 brumaire, an II (8 novembre 1793) : « Jourdan, jusqu'ici, s'est conduit vaillamment ; ses ennemis mêmes lui rendent cet hommage et, quoique jeune, il est, à mon avis, un grand homme, puisqu'il a déjoué, battu les généraux les plus consommés de l'Autriche. » (Cf. *Moniteur*, t. XVIII, p. 382.) — Cf. Charavay, t. III, nota des pages 317 et 318.

En revanche Cobourg fut accusé d'incapacité. On lit, en effet, dans une correspondance de Londres, insérée dans le *Moniteur* du

Cependant l'heureux vainqueur a reconnu lui-même que les fautes des Alliés ont contribué, en partie, à assurer le succès des Républicains et sa gloire personnelle.

« Jourdan, écrit-il (1), dut en partie la victoire aux dispositions de son adversaire. Le prince de Cobourg tint son armée d'observation trop près de Maubeuge. En l'établissant sur la lisière du bois des Haies-d'Avesnes, en arrière de la Grande-Helpe, la droite à Noyelle-sur-Sambre, la gauche sur les hauteurs en arrière de Semousies et fortifiant cette position de quelques ouvrages de campagne, il l'eût rendu inattaquable de front et aurait même pu s'emparer d'Avesnes, mauvaise place hors d'état de défense, avant l'arrivée de l'armée du Nord. Jourdan, obligé de se jeter sur sa droite dans un pays coupé de bois et de ravins et dépourvu de tout, livrant par conséquent aux partis ennemis ses communications avec Guise, où se trouvaient ses magasins, eût été exposé à la plus affreuse disette. Supposons qu'après avoir surmonté cette difficulté, il eût débouché sur Chimay pour prendre la direction de Beaumont, le prince de Cobourg, par un simple changement de front, se serait posté, la droite à Solre-le-Château et la gauche à Solre-sur-Sambre, dans une position également forte, couverte de bois et de ravins faciles à défendre. L'armée

---

10 novembre 1793, des appréciations comme celles-ci : « On n'imagine pas comment une armée, regardée comme l'élite des troupes de l'Europe, commandée par les plus habiles généraux du siècle, a été forcée de fuir devant des sans-culottes, et un général Jourdan dont le nom n'avait pas été prononcé avant sa victoire. Cet événement forcé, l'examen des prétendus talents de Cobourg et toutes ses dispositions depuis la prise de Valenciennes prouvent son incapacité. On sait d'une manière assurée qu'il ne doit la réputation qu'il a usurpée qu'aux conseils d'un officier général qui le dirigeait et que ses blessures ont forcé de se retirer. Le grand général, réduit à présent à lui-même, n'inspire plus que la méfiance à ses troupes, à ses alliés..... »

(1) *Mémoires* de Jourdan. Cf. Charavay, t. III, p. 347.

française, harassée par des marches pénibles, manquant
de subsistances et ne se faisant suivre qu'avec les plus
grandes difficultés par son artillerie, eût été peu en état
de l'attaquer et pendant ce temps la garnison de Maubeuge, qui ne montra que de la faiblesse, aurait capitulé.
On peut également reprocher au Prince de ne pas avoir
fait soutenir le général Terzy. Dès le 16 au matin, il put
s'apercevoir que son adversaire portait ses principales
forces sur Wattignies ; il était donc convenable de faire
marcher les réserves sur ce point. La présence du général Benjowsky à Beaumont, pour observer des corps de
nouvelle levée, y était fort inutile ; posté à Obrechies, il
eût tombé sur la droite des Français et fait échouer leur
attaque sur Wattignies.

« Jourdan, de son côté, eut tort de ne pas porter plus
de troupes sur sa droite. 10,000 hommes dispersés le
long du bois des Haies-d'Avesnes auraient tenu en échec
la gauche et le centre des Autrichiens et, en marchant
sur Wattignies avec le reste de son armée, il aurait
remporté une victoire plus complète..... »

Le ton de cette critique et l'autorité de celui qui l'a
écrite dispense de tout commentaire. Ces lignes font en
outre le plus grand honneur au caractère de Jourdan. La
modestie très sincère de ce général en chef ne devait
d'ailleurs pas souffrir longtemps des appréciations flat-
teuses qui s'adressaient alors à ses qualités militaires,
parce qu'il venait d'être victorieux. A cette époque, plus
qu'à aucune autre, la Roche tarpéienne était proche du
Capitole et peu s'en fallut que le vainqueur de Wattignies eût à subir, quelques semaines plus tard, l'affli-
geante destinée du vainqueur d'Hondtschoote.

DOCUMENTS ANNEXES

DOCUMENTS ANNEXES

Mois de Septembre 1793

Berthelmy au Commissaire Ordonnateur.

Hondtschoote, 9 septembre.

Je vous donne avis, Citoyen, que d'après les nouvelles dispositions du général en chef, la garnison et le camp retranché de Dunkerque seront réduits demain matin à 7.000 hommes sans y comprendre la garde nationale de cette ville, que la garnison de Bergues sera réduite à 1.000 hommes. Il restera 3.000 hommes à Cassel, 5.000 commandés par le citoyen Vandamme, depuis Hondtschoote jusqu'à Rousbrugghe. L'avant-garde du corps de l'armée part demain matin pour se porter en avant de Bailleul. Elle recevra pour ses vivres ici pour demain (*sic*). Le corps d'armée ira demain soir coucher à Cassel et après-demain au camp de Bailleul. A l'avant-garde, commandée par le général d'Hédouville, se trouvera réuni un corps de 10.000 hommes commandé par le général Dumesny. Ainsi le camp de Bailleul et son avant-garde seront de 40.000 hommes, au moins, non compris le camp de la Madelaine, fort de 18.000 hommes avec les cantonnements de la Lys.

Je vous remettrai la situation particulière des garnisons de Dunkerque, Bergues, du camp de Cassel, du corps aux ordres du citoyen Vandamme dont le quartier général sera à Hondtschoote, du corps d'armée ainsi que de l'avant-garde à Bailleul, du camp de la Madelaine et dépendances, du camp de Gaverelle et dépendances, du corps de Maubeuge, aussitôt qu'il me sera possible, mais en attendant vous pouvez compter à très peu de chose près sur les masses que je vous donne. Le camp de Gaverelle est de 8 à 9.000 hommes et le corps de Maubeuge de 30.000 environ. Demain, la distribution du pain et de la viande se fera pour deux jours, s'il est possible, à Hondtschoote pour toutes les troupes qui y sont aujourd'hui et qui y seront encore demain matin. Ces troupes, vous le savez, montent à 20.000 hommes. La distribution se fera de plus à bonne heure qu'il sera possible (*sic*). Pour l'avant-garde commandée par le général Hédouville et forte de 6 à 7.000 hommes, on tiendra hors de la ville sur la route de Rousbrugghe la distribution pour deux jours du pain et de la viande prête à se faire à 5 heures du matin, heure à laquelle arrivera cette avant-garde.

Au Commissaire des guerres à Herzeele.

Hondtschoote, 10 septembre.

Je vous donne avis, Citoyen, que d'après les nouveaux ordres que je viens de recevoir du général en chef, j'ai à revenir sur la lettre que je vous ai écrite aujourd'hui. Vous vous en tiendrez à celle-ci. Le corps de Maubeuge reste fort comme je vous l'ai annoncé ce matin de 30.000 hommes. Il n'y a non plus aucun changement au camp de Gaverelle. Le camp de la Madelaine sera demain au soir augmenté de la 36° brigade d'infanterie, du 6° régiment de cavalerie et de la 29° compagnie d'artillerie légère qui partent d'ici aujourd'hui et forment ensemble 4.500 hommes environ. Il sera augmenté encore de 2.000 hommes venant de l'armée du Rhin et actuellement à Cassel, d'où ils partiront demain matin. Vous ordonnerez qu'ils emportent leurs vivres pour deux jours. Les troupes parties d'ici ont été approvisionnées. Le corps du général Dumesny, fort de 10.000 hommes sera augmenté demain au soir d'un corps de 7.000 hommes aux ordres du général d'Hédouville parti d'ici aujourd'hui et emportant les vivres deux jours (*sic*). Le corps d'armée qui doit rester à Hondtschoote jusqu'à nouvel ordre est fort de 12.000 hommes. La garnison de Dunkerque demeurera telle quelle est jusqu'à nouvel ordre. Elle est de 10.000 hommes. Aujourd'hui, un corps de 4.000 hommes est parti pour Bergues où il demeurera également jusqu'à nouvel ordre. Je compte vous donner demain l'état général de l'armée active et vous donner aussi ensemble les dispositions du général en chef. Cet état comprendra la liste des officiers de l'état-major qui vous est absolument nécessaire.

Le général chef d'état-major de l'armée, au général d'Hédouville.

Quartier général d'Hondtschoote, le 10 septembre 1793.

Pour mettre à exécution l'ordre que vous avez reçu du général en chef, vous vous rendrez aujourd'hui à Rousbrugghe d'où vous partirez demain à la petite pointe du jour pour faire votre réunion le plus à bonne heure possible. Arrivé à Rousbrugghe, vous enverrez à la découverte sur la route que vous devez tenir et vous vous éclairerez avec soin depuis Rousbrugghe jusqu'à Poperinghe sur votre gauche, dans la forêt qui est entre ces deux points. Une fois que vous aurez passé Poperinghe, vous prendrez les devants pour vous rendre à Bailleul où vous devez vous concerter avec le général Béru et avec le général Dumesny. Mais jusqu'à Poperinghe, il est essentiel que vous voyez avec votre division. De Poperinghe, vous détacherez une découverte pour savoir dans quelle position est le général Dumesny, si c'est à Bailleul ou en avant de Bailleul.

Au Commissaire ordonnateur.

Je vous donne avis, Citoyen, que la brigade du 36ᵉ régiment, le 6ᵉ régiment de cavalerie et la 29ᵉ compagnie d'artillerie légère, avec 2.000 hommes venant de l'armée du Rhin, faisant en tout 7.000 hommes, sont allés renforcer le camp de la Madelaine où ils seront arrivés demain au plus tard dans la matinée; que la 67ᵉ brigade, part aujourd'hui pour se réunir demain au corps de troupes commandé par le général d'Hédouville en avant de Bailleul; cette brigade est forte de 4.000 hommes environ; qu'une division aux ordres du général Deroques, forte de 6.200 hommes partira demain matin, de Dunkerque pour se rendre le même jour à Cassel et le 13 à Bailleul; qu'une autre division aux ordres du général Landrin forte aussi de 6.000 hommes environ, doit partir également demain de Bergues, pour suivre la même destination; que le camp retranché et la garnison de Dunkerque demeurent de 7.800 hommes seulement. Le quartier général sera demain soir à Bailleul.

BERTHELMY.

A la brigade du 67ᵉ

Du 11 septembre 1793.

Ordre à la brigade du 67ᵉ commandée par le général Demars de partir sur-le-champ avec armes et bagages pour se porter aujourd'hui en avant de Bailleul, et se réunir aux corps de troupes commandés par les généraux Dumesny et d'Hédouville. Cette brigade une fois arrivée, sera aux ordres du général d'Hédouville, elle passera par Rousbrugghe et Poperinghe; elle rencontrera à Rousbrugghe le 17ᵉ régiment de cavalerie qui fera route avec elle et l'éclairera dans sa marche. De ce même point de Rousbrugghe, le général Demars enverra sur Poperinghe à la découverte et s'éclairera avec soin sur la gauche, principalement dans les bois entre Rousbrugghe et Poperinghe. Une fois arrivé à Poperinghe, il détachera un corps de cavalerie qui ira s'assurer de la position des troupes aux ordres du général d'Hédouville; elles doivent être entre Ypres et Bailleul. Dès qu'il fera sa réunion, le général Demars enverra sur-le-champ à Cassel, des ordres pour faire transporter à Bailleul les équipages de sa brigade.

BERTHELMY.

Du 11 septembre.

Ordre au 17ᵉ régiment de cavalerie de partir sur-le-champ pour se rendre en avant de Bailleul et se réunir au corps d'armée commandé par le général d'Hédouville; il passera par Rousbrugghe où il se joindra à la brigade du 67e régiment commandée par le général Demars aux ordres duquel il sera.

P. S. Si la 67e brigade avait passé Rousbrugghe, le 17e régiment la trouverait sur la route de Poperinghe. Cette brigade va partir ce matin d'Hondtschoote.

Au citoyen Vandamme.

Du 12 septembre 1793.

Le citoyen Vandamme restera commandant à Hondtschoote; il aura 5.000 hommes à ses ordres, compris les hussards de Chamboran. Il prendra la défensive depuis Hondtschoote jusqu'à Rousbrugghe, qu'il brûlera, ainsi que les bois de Saint-Six et le village de Poperinghe.

Le général d'Hédouville commandera l'avant-garde composée d'environ 6.000 hommes; il partira demain à 3 heures du matin pour se porter sur Rousbrugghe par Leyselc, et ensuite sur Poperinghe et Reningelst où il fera sa réunion avec le corps aux ordres du général Dumesny qui doit être devant Ypres ou au camp de Bailleul; dans cette position, le général d'Hédouville recevra de nouveaux ordres, il remettra ses postes au commandant Vandamme dont le corps ne fait plus partie de l'avant-garde de l'armée.

BERTHELMY.

Rapport de l'affaire du 12 commandée par le général Declaye d'après les ordres du général en chef Houchard et du général de division Gudin.

Le général Declaye au Ministre de la guerre.

Cambrai, le 12 septembre 1793, l'an Ier.

D'après les ordres du général, je suis sorti de Cambrai le 12, à minuit, pour pouvoir attaquer à la pointe du jour, conformément aux ordres du général Gudin. J'avais avec moi environ deux mille cinq cents hommes d'infanterie et environ deux cent cinquante hommes de cavalerie; mes pièces de position consistaient en six pièces de 4 longues, et deux obusiers de 8 pouces; mon infanterie était divisée en deux brigades commandées : la 1re par le chef de brigade Baquet du 83e et la seconde par le chef de brigade Dussaussoy, commandant le bataillon de l'Aube. Comme aucun de mes bataillons n'avait de pièces de bataille, j'avais donné à chaque brigade une pièce de 4 longue et une de 4 de bataille, et comme je n'avais qu'un détachement de cavalerie, et que je devais agir dans un pays très découvert, j'avais donné 2 pièces de 4 au citoyen Raindre, capitaine d'artillerie légère ; pour la faire servir en artillerie légère, j'avais monté ses canonniers et tout disposé pour cet effet. J'ai rencontré l'ennemi entre Rieux et Avesnes-le-Sec ; il ne me montrait que de la cavalerie. Je l'ai canonné vivement et l'ai forcé de quitter la position dont je me suis emparé de suite ; je l'ai chassé de poste en poste jusqu'à Villers-en-Cauchie où il était plus nombreux, et sur la hauteur duquel il a fait un rassemblement. La canonnade l'a forcé sur plusieurs points, toujours mon petit corps de troupe marchait très en ordre et chassait l'ennemi avec beaucoup de vigueur. J'ai fait attaquer Villers-en-Cauchie, l'ennemi s'y défendait. Je me suis déterminé à l'enlever de vive force et je l'ai fait prendre la baïonnette au bout du fusil et à la charge. L'ennemi a été forcé de toutes parts et je me suis trouvé à la vue de leur camp, et si j'eusse eu la cavalerie nécessaire pour soutenir mon infanterie en plaine, j'étais sûr de les forcer dans leur camp ; mais je n'avais en cavalerie que ce qu'il me fallait pour me faire éclairer et flanquer, et d'ailleurs, d'après le général, les ordres étaient de me borner à de fausses attaques vers le camp de Solesmes et comme j'étais prévenu qu'il marchait à moi en force, surtout en cavalerie et que ma position pouvait être tournée et ma retraite coupée, je me suis déterminé, d'après l'avis de plusieurs officiers supérieurs à prendre la position d'Avesnes-le-Sec ; ma retraite n'était que de deux cents toises, je l'ai ordonnée, mes ordres étaient très précis de les faire très en ordre et d'une manière militaire. J'ai donné ordre aux pièces de position de mettre en batterie sur les points de ladite position et pour protéger mon infanterie, qui devait passer dans un bas-fond, j'ai fait porter mon peu de cavalerie en avant avec les deux pièces d'artillerie légère ; l'ennemi nous tournait par la droite et par la gauche ; j'ai été attaqué par la cavalerie de toutes parts, l'infanterie s'est bien conduite. La cavalerie s'est de même bien comportée ainsi que l'artillerie, sauf quelques officiers et des canonniers de ce corps, qui doivent essuyer de grands reproches, mais la plupart des charretiers sont des lâches ; ils ont coupé les traits des chevaux, se cachaient sous les pièces ne s'occupant que de leur fuite personnelle, et ont par cette conduite lâche et criminelle abandonné le peu de bouches à feu à l'ennemi ; ce qui a jeté le désordre dans l'armée, qui n'a cessé de se montrer le mieux qu'il lui a été possible, mais s'étant trouvée beaucoup inférieure en nombre, elle a été obligée de se retirer.

Le conseil de guerre s'occupera de connaître ceux, qui dans cette occasion, n'ont pas montré tout le courage et le zèle des républicains pour les livrer sur-le-champ au glaive de la loi.

Le général de brigade, Commandant en chef Cambrai et arrondisments.

DECLAYE.

Rapport sur l'attaque qui a eu lieu le 12 septembre en avant de Landrecies, dans la forêt de Mormal.

Le général de division Ihler au Ministre de la guerre.

Le 12 septembre 1793.

J'ai commencé l'attaque d'après les dispositions qui avaient été déterminées dans l'instruction; l'attaque a été prompte et vive; les quatre bataillons avec la compagnie franche ont d'abord repoussé les ennemis jusqu'à leurs retranchements, mais chose dont on n'était pas instruit, c'est qu'il règne des abatis dans l'intérieur de la forêt d'une largeur extraordinaire depuis le pont d'*Hachette* jusqu'à *Preux* et que les redoutes étaient tellement formidables et hérissées de frises et d'abatis qu'elles n'ont pu être forcées par la première attaque.

Etant absolument nécessaire de s'emparer de ces abatis et de prendre poste dans la forêt avant d'oser entreprendre trois autres redoutes qui sont dans la position de *Preux* et *Hecq* et qui couvrent et protègent le camp ennemi, sans quoi nos troupes eussent été prises de flanc et en queue si on eut hasardé de vouloir se porter sur les redoutes de *Preux* et *Hecq*, je fis donc faire une nouvelle attaque sur les mêmes redoutes et abatis dans la forêt par trois bataillons frais; elle n'eut pas plus de succès; ces deux attaques ayant duré depuis quatre heures et demie du matin jusqu'à 11 heures, et d'après les rapports des officiers supérieurs employés à cette attaque ainsi que du général Mayer qui en était spécialement chargé, sur l'impossibilité de forcer les abatis et les redoutes, je me déterminai à faire cesser l'attaque pour les raisons suivantes :

1º Que le Quesnoy ne se faisant point entendre et que des Autrichiens pris dans le commencement de l'attaque nous avaient dit que le Quesnoy s'était rendu la veille, 11 septembre.

2º Que nous n'avons également point entendu l'attaque combinée que devait faire sur le camp des ennemis à Solesmes le général Declaye, avec un corps de troupes de cinq à six mille hommes tirés des places de Cambrai et Bouchain.

3º Que cette attaque prolongée jusqu'à 11 heures deviendrait plus opiniâtre et avec moins d'espoir de succès, puisque l'ennemi avait eu le temps de mieux disposer de ses moyens de résistance.

4º Qu'enfin n'ayant pu s'emparer de la partie de la forêt à la faveur de laquelle on aurait pu attaquer les trois redoutes qui sont entre Preux et Hecq, il eut été de l'imprudence la plus répréhensible d'entreprendre cette attaque, avant de s'être assuré son flanc et ses derrières, et que le camp ennemi à Solesmes, n'ayant pas été attaqué par le corps de troupes sorti de Cambrai et Bouchain, la colonne de gauche commandée par le général Colomb aurait risqué d'être enveloppée par derrière.

La colonne de gauche commandée par le général Colomb a eu des succès plus rapides; elle a emporté trois retranchements et était prête à attaquer le village de *Poix*, tel qu'il était convenu dans l'instruction; mais le retard qu'éprouvait l'expédition dans la forêt qui devait m'assurer le flanc droit, afin d'être en mesure de pouvoir attaquer le village d'*Englefontaine*, en même temps que le général Colomb attaquerait *Poix* pour être en mesure ensemble.

Nous avons eu 92 blessés, d'après le rapport du contrôleur d'hôpital à *Landrecies*, sans y comprendre les officiers blessés; on ne saura le nombre des morts que d'après le rapport particulier de chaque corps, mais on peut assurer que les ennemis ont beaucoup perdu.

Le général de brigade : Ihler.

Levasseur au Comité de Salut Public.

Menin, 13 septembre.

Le général Houchard a donné des ordres pour que Menin fut attaqué le 13. L'armée de la République a pris Menin le 13. Rien ne peut résister à la valeur de nos troupes; c'est un torrent qui entraîne tout ce qui s'oppose à son passage. Werwick a fait une grande résistance. Le camp sous Menin y avait fait filer des troupes. Ce poste enlevé, comme à l'ordinaire, au pas de charge et au cri de: « Vive la République », les troupes qui défendaient Menin, étourdies des coups que nous venions de porter à Werwick, n'ont pu tenir, attaquées par les braves divisions que commandent les braves Béru, Macdonald et Dupont. Nous avons pris 40 pièces de canon et beaucoup d'effets de campement. Ces nouvelles seront bien agréables à la République; je suis désolé de diminuer le plaisir qu'éprouve la Convention, en lui apprenant que mon collègue qui marchait à la tête de la colonne commandée par le général Dumesny a été blessé grièvement à la jambe par un éclat d'obus; j'étais à la tête de la colonne commandée par le brave général d'Hédouville; j'ai été plus heureux. Le 2e bataillon de Paris a fait des prodiges de valeur et le 4e des Bataves.

Je prie la Convention nationale au nom de l'honneur français de prendre des mesures dignes de sa dignité pour empêcher le pillage. Il s'est commis, ici comme à Tourcoing, bien des horreurs. Je suis loin d'en accuser l'armée républicaine.

Un dragon s'est trouvé parmi nous sans être demandé pour empêcher le pillage. Nous nous sommes aperçus qu'il avait sous son manteau une pièce de toile. Nous l'avons fait conduire sur la place publique. Les généraux et l'état-major à qui j'ai porté plainte au nom de la République, l'ont condamné à six années de fer. Le 2ᵉ bataillon de la Gironde sous les armes a applaudi à ce jugement. Le voleur a été déshabillé et a passé devant les rangs, couvert des huées de ces bons républicains. Si la loi eût permis de le faire fusiller, cet exemple eût arrêté cette fureur du pillage.

Salut et fraternité,

LEVASSEUR.

Le citoyen Brunel Léon, natif de Troyes en Champagne, chasseur au 6ᵉ régiment vient de me remettre un drapeau pris sur les ennemis ; en me le présentant, il s'est précipité dans mes bras en m'embrassant de tout son cœur.

Le général Berthelmy au Ministre de la guerre.

Au quartier général d'Armentières, 13 septembre 1793.

Depuis ma lettre datée d'Hondtschoote, après l'expédition du 8, vous avez eu des détails très intéressants sur les suites qui en ont résulté. Le général Houchard vous a écrit de Dunkerque, la retraite des Anglais, laissant une immense artillerie, beaucoup de munitions et de bagages. Leur déroute a été complète et nos troupes ont appris, à cette bataille, ce que vaut leur courage et l'avantage qu'elles ont sur les soldats du Roi.

Cette retraite des Anglais devant Dunkerque a été trop précipitée pour qu'on ait pu la leur fermer, mais leur perte a été énorme et dans une proportion vraiment étonnante, par rapport à la nôtre. Ils ont perdu nombre d'officiers ; deux de leurs généraux ont été enterrés à Hondtschoote ; un des fils du Roi d'Angleterre y a été grièvement blessé (le prince Adolphe), et on assure que le général d'Alton a été tué, devant Dunkerque. Au lieu de 5 pièces de canon prises à Hondtschoote, il y en a 8 ; ce qui fait 60 avec les 52 laissées devant Dunkerque.

Le général Houchard a laissé au camp retranché devant cette place, un corps considérable qui ne manquerait pas de dégoûter l'ennemi des nouvelles tentatives qu'il pourrait y faire. Il a également laissé des forces imposantes depuis Dunkerque jusqu'à la Lys, et sans perdre de temps, il a dirigé le reste de l'armée forte de 30.000 hommes environ, sur le camp de Menin habité par les Hollandais en plus grande partie. Le général d'Hédouville qui commande l'avant-garde de ce corps vient de repousser les avant-postes avec une grande impétuosité, et sans doute il est à Menin dans ce moment. Les troupes du camp de la Madelaine se battent aussi dès ce matin et ont attaqué le camp de Cysoing ; le canon a ronflé, mais nous n'avons pas encore de nouvelles. Soyez assuré, Citoyen Ministre, que nous ne respirerons que quand tous nos ennemis auront été battus ; que nous suivrons l'ardeur des troupes et que nous ne négligerons aucuns moyens de renouveler leurs triomphes.

Un événement met un peu le trouble à notre joie : la garnison de Cambrai n'a pas réussi dans sa sortie, elle ne devait faire qu'une fausse attaque et elle se sera peut-être aventurée inconsidérément. Néanmoins, nous n'avons encore de nouvelles que par des fuyards et sans doute le mal est grossi. Au surplus à la guerre, toutes les chances ne sont pas heureuses, et si sur ce point nous avons été battus, nous nous en vengerons, vous pouvez y compter.

Je pense que le siège du Quesnoy ne doit pas tarder à être levé. Notre approche de Cysoing pourrait bien engager Cobourg à regarder derrière lui. Je vous donnerai avis précipitamment de toutes les nouvelles qui y pourraient intéresser votre patriotisme.

J'ai su à Hondtschoote, à n'en pas douter, que les Anglais alarmés n'étaient pas en grande intelligence avec les Autrichiens, que même toutes les troupes coalisées n'étaient pas entre elles du plus par fait accord ; qu'en Angleterre, les mouvements du peuple étaient tels qu'il fallait des succès au duc d'York pour arrêter le parti de l'opposition.

Il me semble donc bien important que vous preniez toutes les mesures imaginables pour faire parvenir à Londres les détails de la bataille d'Hondtschoote ; je vous soumets cette question, les ennemis ayant été battus devant Menin, notre quartier général sera établi demain matin, au camp de la Madelaine.

BERTHELMY.

Ayez la bonté de faire remettre la lettre ci-jointe à son adresse.

P.S. Les deux généraux blessés sont Jourdan et Colaud, le premier légèrement à la poitrine, le second au gras de jambe ; ni l'un, ni l'autre ne le sont grièvement, Jourdan pourra reprendre le commandement en huit jours, mais il faudra peut-être deux mois pour l'entière guérison de Colaud.

Les Représentants du Peuple, près l'armée du Nord, au Comité de Salut public.

Arras, le 13 septembre 1793, l'an 1er.

Nous ne venions que d'arriver du camp de Gaverelle, lorsque les députés du conseil de l'administration du district de Cambrai vinrent nous annoncer hier au soir la nouvelle que la garnison de cette ville, sortie presque en entier pour aller se réunir avec une partie de celle de Maubeuge et quelques détachements de la garnison de Douai, avait été presque taillée en pièces, entre Haspres et Avesnes-le-Sec. Cependant, les mêmes députés nous disaient qu'un instant avant leur départ de Cambrai, un caporal du 4ᵉ bataillon des Fédérés qui arrivait couvert de blessures, avait assuré que nos troupes qui avaient été dans le plus grand désordre, s'étaient enfin ralliées sous le canon de la place de Bouchain.

Nous ajoutions d'autant plus foi à cette seconde nouvelle que nous ne pouvions pas nous imaginer que la maladresse et l'ignorance en eût fait sortir en entier une garnison composée de 4 ou 5.000 hommes et qu'on l'eût fait marcher sans le précéder de quelques détachements pour éclairer les mouvements de l'ennemi et le replier devant des forces supérieures. Cependant, il nous restait quelques soupçons que le général Declaye commandant la place de Cambrai ne fut coupable de perfidie ou d'une ignorance véritablement criminelle.

Son projet avait d'autant plus de publicité qu'une ordonnance, qu'il nous avait envoyée avant-hier au soir, annonçait cette sortie pour la nuit et que l'ennemi qui ne manque pas d'espions pouvait être facilement instruit de la marche de nos troupes. Ces sorties combinées de ces différentes garnisons avaient pour but de faire faire une diversion du côté de Lille.

Son utilité paraissait évidente, mais la perfidie a tourné à notre perte ces mouvements qui devaient avoir le plus grand succès.

Vous trouverez ci-inclus les lettres que nous avons écrites au conseil général du district de Cambrai et au général Davaine et la réponse que cet officier vient de nous faire sur le rapport de Ransonnet, l'un des chefs de brigade de la division de Gaverelle, l'on ne peut plus douter que la journée d'hier n'ait été très malheureuse. Vous verrez dans la lettre de ce dernier officier que le général Declaye est rentré à Cambrai et qu'une ordonnance a ajouté qu'on tenait un conseil de guerre à son égard.

Nous ferons tomber bientôt le voile qui couvre cette perfidie, car on ne peut pas se refuser de croire que la trahison n'ait occasionné ce désastre. C'est dans un ravin que nos troupes ont été presque toutes taillées en pièces, sans pouvoir se défendre. Il était facile de se replier sur la gauche et de faire une jonction avec les détachements de Maubeuge et de Douai.

Nous avons fait partir dans la nuit un courrier extraordinaire pour le général Houchard qui est instruit des événements et qui ne manquera pas sans doute d'envoyer du renfort au restant de cette garnison qui n'est que de 3 ou 400 hommes.

Nous avions demandé au général Davaine 1.500 hommes dont la réunion avec le 7ᵉ bataillon de l'Yonne, la garde nationale et le reste de la garnison pourrait défendre la place jusqu'à l'arrivée de nouvelles troupes que le général Houchard ne manquera pas d'envoyer.

Le général Davaine nous observe avec raison qu'il a des postes très importants à garder et qu'il ne peut pas détacher de ses forces et nous allons en demander à la garnison de Douai qui pourra fournir quelques détachements.

Au milieu des peines que nous causent ces malheureux événements, la nouvelle que vient de nous donner le colonel Antoine en adoucit un peu l'amertume.

Cet officier nous rapporte qu'il y a eu une attaque d'observation du côté de Pont-à-Marque. Le camp de Menin a été attaqué et forcé par les troupes du camp de la Madelaine ; l'ennemi a battu en retraite. Le 9ᵉ régiment de nos hussards a chargé les hussards noirs hollandais dont un de nos braves soldats a enlevé l'étendard qu'il a porté dans Lille.

L'ennemi est en déroute sur Pont-à-Marque, Menin et Courtrai, et il a perdu beaucoup.

Ces nouvelles nous sont données comme certaines par le colonel Antoine qui est arrivé de l'affaire qui a eu lieu de ce côté.

Nous aurions désiré, Citoyens mes collègues, être dans le cas de ne vous transmettre que l'histoire de nos triomphes ; mais vous savez que la victoire ne se fixe pas toujours au gré des amis ardents de la liberté.

Les dispositions des habitants de ces départements nous assurent pourtant que ces triomphes de l'ennemi ne seront pas de longue durée et que nous l'écraserons bientôt sous la masse de nos défenseurs.

Elie LACOSTE, PEYSSARD.

Le général en chef Houchard au Ministre de la guerre.

Lille, le 13 septembre 1793.

Comme je vous l'ai mandé de Dunkerque, le 10, Citoyen Ministre, l'avant-garde commandée par le général d'Hédouville, est réunie au corps qui était du côté d'Ypres, et s'est portée sur les Hollandais le long de la Lys ; ils ont été battus hier à Messine et Commines et le général Béru les a chassés de Roncq. Aujourd'hui 13, les attaques ont marché de front, il n'y a pas de doute qu'elles n'aient été extrêmement heureuses, car je trouve ici plus de 800 prisonniers et 20 pièces de canon. Tout le monde dit que nos troupes sont dans Menin et se portent vers Courtrai ; je n'en sais pas davantage aujourd'hui. Je n'ai pas pu me porter à ces attaques, à cause des dispositions générales que j'ai à faire, mais j'espère prendre ma revanche. J'ai été forcé de laisser devant Dunkerque 12.000 hommes et 6.000 à Hondtschoote dans la crainte que les Anglais ne revinssent. Je laisserai aussi le long de la Lys pour empêcher qu'ils ne viennent me prendre à revers un corps de 20.000 hommes ; il ne me restera de mon corps d'armée que 15.000 hommes environ avec lesquels je compte marcher du côté de Tournay pour prendre Cobourg à revers ; ce corps s'augmentera à mesure que j'avancerai sur ma droite, de sorte que j'espère le porter à 30.000 hommes ; demain je verrai plus clair dans mes affaires. Vu l'état des choses, je suis infiniment fâché des attaques qui ont été faites du côté de Maubeuge pour délivrer le Quesnoy. On vient de m'écrire que le général Declaye avait eu 6.000 hommes taillés en pièces et qu'une grande quantité de ses troupes avaient été faites prisonnières de guerre, ainsi que lui, de sorte que la ville de Cambrai se trouve sans garnison. Cette nouvelle affreuse me jette dans la plus grande tristesse et empoisonne tout le plaisir que j'aurais. Que ce fatal exemple vous mette sur vos gardes, Citoyen Ministre, et ne vous fasse pas confier le sort de nos braves sans-culottes à des mains ignorantes et incapables de les commander. J'ai nommé Ferrand pour aller prendre le commandement des troupes de Maubeuge, mais il vient de me mander qu'il ne peut monter à cheval. Je lui ai donné pour chef d'état-major le brave Dupont que je regrette infiniment. Je vous demande de faire général de division le brave d'Hédouville qui commande l'avant-garde avec tant de distinction et d'audace. Je vous redemande encore Omerschwiller pour commander la cavalerie, puisque Colaud est hors d'état de servir dans ce moment. Je vous ferai d'autres demandes par la suite, quand je connaîtrai les officiers qui se sont distingués. Je vous enverrai les 2 carmagnoles qui ont pris chacun un drapeau à Hondtschoote. Je vous remercie mille fois des envois que vous me faites en canons, munitions et chevaux, il ne vient pas de cavalerie ; il est bien malheureux que je n'aie pas un des régiments de carabiniers, le pays où je vais entrer, est un pays de plaines. Je vous envoie le rapport de mon expédition ; ce tableau est l'expression de la vérité qui ne doit jamais abandonner un vrai sans-culotte.

J'apprends dans l'instant par Levasseur représentant du peuple que l'affaire de Werwick qui a eu lieu ce matin, a été extrêmement chaude et rude. Le représentant Chasles a été blessé à la jambe d'un éclat d'obus. Le général Béru s'est emparé de Menin où les ennemis ont abandonné 40 pièces de canon et des bagages. Je vous prie de confirmer Béru général de division ; il a la confiance entière des représentants du peuple et des soldats. Je vous demande aussi de faire général de division le brave Colaud, quoiqu'il soit grièvement blessé; il lui tarde de recommencer ; il en fait les fonctions depuis longtemps. J'ai eu le malheur de perdre Coquebert qui a été fait prisonnier ; c'est une grande perte pour moi ; il m'a été rapporté qu'il a tenu

aux ennemis, qui voulaient le forcer à des déclarations, le langage
d'un fier républicain.

HOUCHARD.

Le général de division Béru au Ministre de la guerre.

Au quartier général de Menin, le 13 septembre 1793.

Je vous rends compte, Citoyen Ministre, qu'ayant eu ordre du
général en chef d'attaquer Menin pendant que le général d'Hédouville attaquerait Werwick, j'ai marché le 12, avec un corps de
10 à 11.000 hommes; je me suis emparé de Roncq le même jour; j'ai
porté un corps de troupe sur Tourcoing pour appuyer ma droite
contre les renforts que le camp de Cysoing pourrait envoyer à Menin.

Le général Macdonald s'est établi sur les hauteurs de Werwick avec
une brigade. Dans cette position où les troupes ont bivouaqué, j'ai
attendu que le général d'Hédouville fût arrivé à la même hauteur
par la gauche de la Lys pour agir de concert. Son attaque sur Werwick a commencé à 7 heures du matin; mes batteries contre les
retranchements d'Halluin ont joué bientôt après; outre les troupes
de Tourcoing qui devaient se porter sur Mouscron et la brigade du
général Macdonald qui devait marcher par Bousbeck, j'avais à ma
gauche et à ma droite deux colonnes dont l'objet était de déborder le
village d'Halluin et d'occuper les passages par où l'ennemi aurait pu
percer mon ordre de bataille.

Les premières approches m'ont coûté environ deux heures de
temps, le feu du canon a été très vif de part et d'autre; l'ennemi
avait l'avantage d'être couvert par des retranchements considérables
et solides, disposés sur un terrain avantageux. La gauche ayant plié
un instant, elle a été reformée et conduite à la charge sur les retranchements qu'elle a forcés; toutes les troupes se sont mises en mouvement au pas de charge dans le même temps, l'ennemi a disparu de
ses redoutes, s'est précipité dans Menin et s'est enfui sur Ypres,
Bruges et Courtrai. Sa déroute a été telle qu'il a abandonné une
quarantaine de pièces de canon de tous calibres, et des effets de
tous genres; en proportion, ce sont les premiers aperçus. Etant faible
en troupes à cheval, je n'ai pu continuer la poursuite assez rapidement; avec quelques escadrons de plus, j'aurai pris l'armée hollandaise.

Le général d'Hédouville est arrivé deux heures après à Menin avec
ses troupes qui ont pris Werwick. Un bataillon de grenadiers qui
venait de Bousbeck se réfugier à Menin, a été fait en entier prisonnier
sur le glacis de la place. Je crois avoir fait de 1.000 à 1.200 prisonniers de guerre, dont un général et plusieurs officiers supérieurs.
Notre perte est de 3 à 400 hommes tués tant que blessés à l'affaire de

Menin; celle des ennemis est beaucoup plus considérable. Je dois des éloges à la bravoure des troupes, le 2ᵉ bataillon de Paris a surtout fait merveille. Les troupes arrivées de l'armée du Rhin, celle de la division que je commande se sont distinguées à l'envi, par un courage digne du Français républicain.

Après la victoire, j'ai eu la douleur de voir le pillage déshonorer nos succès; les représentants du peuple témoins de ces excès ont fait avec nous tous leurs efforts pour l'arrêter; il a fallu faire des actes de sévérité.

Le citoyen Chasles représentant du peuple a eu la jambe frappée d'un éclat d'obus à l'attaque de Werwick. Le citoyen représentant Levasseur a été aussi témoin de cette glorieuse journée pour les armes de la République, et en a partagé tous les dangers.

J'attends de nouveaux ordres du général en chef.

Le général : BÉRU.

Ordre de marche pour l'armée.

Du 13 septembre 1793.

L'armée partira demain matin pour se rendre au camp de la Madelaine; en conséquence, elle lèvera son camp à 5 heures. On chargera les équipages aussitôt; et ensuite la colonne se mettra en marche dans l'ordre suivant :

Le 8ᵉ régiment de cavalerie.
La 1ʳᵉ compagnie d'artillerie légère.
La 25ᵉ compagnie d'artillerie légère.
Les bataillons d'infanterie légère.
} formeront l'avant-garde.

Ensuite, la 2ᵉ division commandée par le général Deroques :
Le parc d'artillerie.
Le 12ᵉ régiment de chasseurs à cheval.
Les administrations.
L'ambulance.

Les équipages de l'armée, qui marcheront suivant l'ordre de bataille des régiments; chaque bataillon enverra ses campements à 5 heures à la porte de Bailleul où le citoyen Tursky les recevra.

ETAT de la situation des troupes aux ordres du général de division Davaine, le 13 septembre 1793.

NOMS DES CORPS	Effectif compris : les prisonniers, les malades et détachés	Présents sous les armes aux ordres du général	EMPLACEMENT DES CORPS
3ᵉ Régᵗ de chasseurs. . .	442	421	Gony, Courcellettes, Estrées.
7ᵉ Régᵗ de hussards . . .	514	441	Arleux et Pallué.
2ᵉ Bᵒⁿ des Basses-Alpes.	630	452	Hamel et Bellonne.
1ᵉʳ Bᵒⁿ de l'Aisne.	717	448	Gouy, Courcellettes, Corbehem.
2ᵉ Bᵒⁿ du 81ᵉ Régᵗ. . . .	755	466	Au Mont Brûlé.
3ᵉ Bᵒⁿ du Lot.	498	415	A Flequiére.
2ᵉ Bᵒⁿ du 74ᵉ Régᵗ. . . .	755	457	Torlequenne.
2ᵉ Bᵒⁿ de la Corrèze. . .	444	423	L'Ecluse.
Chasseurs des 4 Nations.	126	103	Arleux, Port aux Vaches.
Flanqueurs d'Hasnon. .	67	62	Ferin.
Le Bᵒⁿ permanent de Cambrai	231	221	Arleux, Pont aux Redoutes.
27ᵉ Cⁱᵉ d'artillerie légère.	72	68	Arleux.
Détachement d'artilⁱᵉ du parc	174	162	Aux Redoutes.
1ᵉʳ Bᵒⁿ de l'Oise	720	497	Au Camp de Montauban.
1ᵉʳ Bᵒⁿ du 54ᵉ Régᵗ. . . .	623	433	*idem*
5ᵉ Bᵒⁿ de l'Oise	625	472	*idem*
5ᵉ Bᵒⁿ de Paris	600	469	*idem*
2ᵉ Bᵒⁿ du 98ᵉ Régᵗ	614	452	*idem*
1ᵉʳ Bᵒⁿ des Républicains. .	583	426	*idem*
18ᵉ Régᵗ de cavalerie. . .	269	263	A Biache.
Canonniers du parc . . .	303	141	Au Camp de Montauban.
	9.762	7.292	

L'Adjudant Général, chef de brigade
PLAIDEUX.

Le général de brigade chef d'état-major de l'Armée du Nord, au Ministre de la guerre.

Au faubourg des Malades, à Lille, le 14 septembre 1793.

Vous savez maintenant, Citoyen Ministre, quelle a été l'issue de l'expédition de Menin, 40 pièces de canon, 1.200 prisonniers et un plus grand nombre de tués ou blessés, cela en vaut encore la peine.

Nous nous occupons des moyens de ne pas manquer un troisième succès. Nous devons attaquer le camp de Cysoing demain ou après

15

nous disposons nos forces en conséquence. Nos troupes ont repris l'habitude de vaincre, et quoique la position des ennemis soit bonne, j'ai toute espérance. La fatigue ne se fait pas sentir, quand on est vainqueur et nous allons sans reprendre haleine; le soldat est transporté de plaisir; mais notre joie est concentrée jusqu'au moment où nous aurons tout battu, alors nous nous réjouirons avec la patrie.

L'affaire de Cambrai est bien malheureuse. Declaye n'était pas militaire; c'est beaucoup d'être patriote, c'est la première chose, mais ce n'est pas tout. Nous avons encore quelques hommes que je compare à Declaye et je vous dirai franchement ce que j'en pense. Si Declaye était patriote, pour la Patrie, il se serait fait tuer. Il n'avait pour vivre que ce moyen-là.

BERTHELMY.

Le général de brigade Beaurgard, commandant le département de l'Aisne, au Citoyen Ministre de la guerre.

> Au quartier général de Réunion-sur-Oise (ci-devant Guise) ce 14 septembre, an Iᵉʳ de la République.

Citoyen Ministre,

Après une lettre reçue du général de division Gudin où il me mande de prendre les dispositions nécessaires pour opérer une diversion avec l'ennemi qu'il attaquerait sur deux points : forêt et Englefontaine, le point qu'il m'avait désigné pour attaquer l'ennemi était le Nouvion, lorsque Cambrai attaquerait le camp de Solesmes.

A cet effet, j'ai mandé au général de brigade Parant, commandant à Saint-Quentin, de réunir ses moyens et ses forces pour opérer cette diversion; je lui ai envoyé un projet d'attaque qu'il a adopté et dont je vous donne copie ci-joint.

Notre jonction devait se faire au Mazinguet près le Cateau pour former notre attaque parallèle à celle du général Gudin.

L'heure de notre départ était fixée à 3 heures du matin.

La jonction de la Capelle s'étant effectuée et n'ayant trouvé aucun ennemi dans la forêt de Nouvion, j'ai jugé nécessaire de me réunir promptement au général Parant et attaqué le Cateau où l'ennemi paraissait être porté.

J'ai arrivé à dix heures du matin au Mazinguet, quoique la contre-marche qu'avait fait ma troupe était très longue et très fatigante. Le courage et la bonne volonté de ma petite colonne et le désir de rencontrer l'ennemi leur a donné des jambes et ils ont marché avec un ordre réellement imposant. Arrivé au Mazinguet où je comptais trouver la colonne du général Parant, je fus attaqué par l'ennemi et les ai repoussés jusqu'au Cateau où nos éclaireurs ont entré. Mais le mouvement que fit une colonne ennemie pour me couper du côté de Bohain m'a forcé de battre en retraite et de me retirer sur Hennape pour mettre à couvert Guise et Saint-Quentin dépourvus de garnison et dont j'ignorais où était la colonne,

J'ai témoigné à son aide de camp qu'il m'a envoyé combien j'étais surpris qu'il n'eût opéré sa jonction qu'à 7 heures du soir, lui ayant envoyé copie de la lettre du général Gudin et le plan d'attaque qu'il a adopté par une lettre dont je vous envoie copie et ne fut pas rendu à 8 heures du matin comme j'en étais convenu; son aide de camp ne m'a fait d'autre réponse qu'il venait prendre mes ordres.

Je vous avoue que j'ai vu avec peine de l'insouciance dans la conduite du général Parant, ce qui m'a engagé de lui faire réponse que puisque j'avais rempli seul le but du général Gudin, j'allais continuer ma retraite et lui de se rendre à Saint-Quentin et que je l'invitais à ne plus fatiguer sa troupe à faire des marches, s'il n'avait envie d'arriver qu'à 7 heures du soir, le jour de l'attaque.

Voilà, Citoyen Ministre, un compte exact de mes opérations du 12 de ce mois.

Si j'eusse été joint par la colonne de Saint-Quentin, j'aurais pu vous annoncer quelques succès, ma troupe étant bien disposée; mais que pouvais-je faire avec 1.200 hommes, et compris 150 hommes de cavalerie tirés de tous les dépôts, contre un camp dont vous devez connaître la force. Avec les troupes aux ordres du général Parant, j'aurais réuni une colonne de 3.000 à 5.000 hommes avec laquelle j'aurais tenté d'attaquer le camp de Solesmes et aurais même plus que rempli les vues du général Gudin.

Je vous fais part que j'ai donné une chasse si complète aux Cobourg, Latour et Houlans, que je ne crois pas que de quelque temps ils n'osent se remontrer pour piller et brûler les villages circonvoisins de Guise. Avec mon petit nombre de cavalerie, j'ai chargé près de Boui où l'ennemi avait un détachement de 600 hommes de cavalerie. Ils ont eu deux hommes tués et quatre faits prisonniers. Je n'ai malheureusement qu'un très petit nombre de troupes, ce qui borne mes opérations et me prive d'étendre mes forces aussi loin que je le désirerais et m'oblige à me restreindre à une guerre de patrouilles.

· Il vient de m'arriver une levée de 1.000 hommes environ du district de Laon. Je vais les instruire à l'exercice de la pique, arme vraiment formidable contre la cavalerie et qui ne demande que très peu d'usage.

· Je vous ferai passer le plus tôt possible l'exercice et la manière de se servir de la pique longue. Si vous la jugez bonne, vous pourrez en armer toutes les levées qui seront faites, car c'est la seule arme qui leur convienne, attendu le peu de temps qu'il faut pour les instruire.

Je suis avec fraternité. Le général de brigade : BEAURGARD.

Le général de brigade Parant, commandant à Saint-Quentin, au Ministre de la guerre.

Saint-Quentin, le 14 septembre 1793.

Je vous rends compte, Citoyen Ministre, qu'en conséquence d'un plan combiné avec le général Beaurgard, je suis parti d'ici le 11, à trois heures après-midi avec 1.479 hommes de cavalerie formant toute ma garnison. J'ai été bivouaqué à Poix, le 12, en longeant la rivière d'Oise, j'ai été à Bohain où je n'ai trouvé aucun ennemi ; de là après avoir fouillé les bois de Flandre, de Liessies et d'Andigny, je me suis porté à Wassigny. Je m'attendais à y trouver 150 hommes de cavalerie à combattre, mais n'ayant trouvé personne, j'ai été à la ferme du Petit Blocus. Y étant arrivé, j'aperçus une colonne d'infanterie en avant du terrain que j'occupais ; je la fis de suite reconnaître et je faisais déjà mes dispositions d'attaque, lorsque je fus instruit que c'était la colonne aux ordres du général Beaurgard. Aussitôt je lui dépêchai un aide de camp accompagné du citoyen Bernoville pour nous concerter. Ils me rapportèrent que le général Beaurgard avait déjà été attaqué et que ses éclaireurs venaient de l'avertir qu'un corps ennemi cherchait à lui couper sa retraite sur Guise, qu'en conséquence il allait chercher à l'effectuer par *Venerolle* et qu'il m'engageait à faire de même, ce que je fis à l'instant Ainsi mon expédition n'a produit aucun effet, sinon cinq voitures de blé prises sur l'ennemi par mes tirailleurs. Je m'étais fait accompagner par les citoyens *Dumont*, *Bernoville* et *Lemaire-Dessains*, jeunes gens de cette ville qui ont servi avec beaucoup de zèle et d'intelligence. Nous avons marché trois jours sans nous reposer et je n'ai que des éloges à donner aux soldats et officiers du bataillon des Ardennes, des détachements des 43ᵉ, 47ᵉ régiments d'infanterie et de Seine-et-Oise, mais je n'ai pas un compte aussi satisfaisant à vous rendre du bataillon de l'Egalité qui, malgré la fermeté et les talents de son chef, a été de la plus grande indiscipline. Ce bataillon n'ayant aucune instruction est trop dangereux dans une ville qui est continuellement aux prises avec l'ennemi. Je viens d'écrire au général de division Belair pour le prier de le tirer de ma garnison et j'espère qu'il sentira la conséquence de ma demande. Le commandant du bataillon de l'Egalité dont je ne puis vous faire trop d'éloges, si outré de la conduite de ce bataillon, est venu m'offrir sa démission pour combattre comme soldat. Mais je connais trop ses talents pour avoir accepté une pareille proposition.

Par votre lettre du 6 de ce mois, vous m'annoncez des canons, de la poudre, de la cavalerie. Je n'ai encore rien reçu. Les moments sont cependant bien précieux et je me trouverai dans la dure nécessité d'être spectateur tranquille de tous les ravages ennemis tant que je ne recevrai pas les moyens de les chasser du sol de la liberté, ce que peut produire avec succès la cavalerie.

Je suis très fraternellement.

Le général de brigade commandant Saint-Quentin : PARANT.

Le général Goullus, commandant Le Quesnoy.

Quesnoy, le 14 septembre 1793.

Des causes dont je me remémorerai et qui vous seront déduites avec clarté, m'ont obligé de proposer après 11 jours de tranchée ouverte au général Clerfait qui commandait l'armée des assiégeants, une capitulation dont la teneur est ci-jointe (1).

Il était impossible d'opposer une plus vigoureuse résistance ; tout a été brûlé, tout a été dévoré par les flammes, et le tableau que je vous en ferai, dès que je le pourrai, vous prouvera quels étaient mes moyens ; on mettra en avant quels étaient ceux que je devais employer et la Convention nationale prononcera sur ma conduite.

La garnison est sortie de la place *le 13, à neuf heures du matin,* elle était pourvue de vivres pour deux jours en avance ; elle a déposé ses armes, ses drapeaux aux environs de la maison de la Paix, distante d'un quart de lieue de la place, et s'est mise ensuite en marche sur trois colonnes pour se rendre à Bruxelles, où elle recevra des ordres ultérieurs. Les vainqueurs ne trouveront aucun établissement militaire, et les fonds qu'on a dû leur remettre, leur offriront de faibles ressources.

Mes blessures m'ont empêché de suivre la troupe, je compte incessamment partir, et j'ignore encore le lieu de ma captivité ; j'ai rempli mes devoirs, je le démontrerai, et les ennemis même ne pourront que rendre justice à la défense qui leur a été opposée, proportionnellement aux moyens que j'avais, moyens dont ils ont eu connaissance à la prise de possession de la place.

Veuillez communiquer la présente à la Convention.

Le chef de brigade, commandant en chef le Quesnoy au 12 septembre.   GOULLUS.

Le général chef d'état-major de l'armée au commissaire ordonnateur en chef.

Du 14 septembre 1793.

Prévenu le commissaire ordonnateur du départ du 9ᵉ bataillon de la réserve, du 2ᵉ du 56ᵉ régiment et du 2ᵉ de l'Orne pour se rendre à Cassel aux ordres du général Leclaire ;

---

(1) 11 septembre 1793.

Que le 1er bataillon de Paris et le 1er de la Butte-des-Moulins vont à Bailleul;

Que le général Béru a ordre de faire passer 3.000 hommes au poste de Pont-à-Marque, et que le général Davaine partira de Gaverelle pour se rendre au camp de Six avec le 7e régiment d'hussards et les bataillons qui n'occupent point la communication de Douai à Arleux et l'Ecluse. Il prendra deux pièces de 8 et deux obusiers.

Au général Leclaire.

Avis donné au général Leclaire, que le général d'Hédouville a reçu l'ordre de faire passer sous ses ordres à Cassel le 9e bataillon de la réserve, le 2e du 56e régiment et le 2e de l'Orne.

Au général d'Hédouville.

Du 14 septembre 1793.

Ordre au général d'Hédouville de faire partir demain à 4 heures du matin pour Cassel, le 9e bataillon de la réserve, le 2e bataillon du 56e régiment et le 2e de l'Orne; ils y seront aux ordres du général Leclaire auquel le général d'Hédouville donnera avis.

Le général d'Hédouville rassemblera en masse et dès ce soir toutes les troupes a ses ordres, y compris celle du général Dumesny. Ce rassemblement se fera de manière à pouvoir venir prendre demain matin la position que lui indique le général en chef.

Le général d'Hédouville aura seulement un corps détaché de 3.000 hommes avec lequel il fera inquiéter l'ennemi du côté de Courtrai et ce corps sera destiné à rejoindre le général d'Hédouville sur l'avis qu'il en donnera.

BERTHELMY.

Au général Béru.

Du 14 septembre 1793.

Ordre au général Béru de faire partir sur-le-champ 3.000 hommes pour renforcer le poste de Pont-à-Marque, de tenir les troupes à ses ordres prêtes à former un corps, de rassembler au camp de la Madelaine toutes celles qui ne viennent pas des postes. Donnez des ordres pour faire sortir du faubourg des Malades le bataillon d'infanterie et le régiment de cavalerie qui y sont établis.

BERTHELMY.

Au général Béru.

Du 14 septembre 1793.

Je vous préviens, Citoyen général, que l'intention du général en chef est que vous établissiez une défensive sur la Lys et de la manière suivante, avec les troupes qui sont à vos ordres.

A Nièpe	600	hommes
A Armentières	1.200	—
A Houplines	500	—
Au Pont rouge	500	—
A Varneton	1.200	—
A Commines	600	—
A Wervick	900	—
A Menin	1.500	—

Un corps de réserve campé à la hauteur de Wervick de 5.000 hommes.

Au général Davaine.

Du 14 septembre.

Ordre au général Davaine de partir demain à 4 heures du matin avec le régiment de hussards et les bataillons à sa disposition qui n'occupent pas la communication de Douai à Arleux et l'Ecluse et avec deux pièces de 8 et deux obusiers pour se porter au camp de Six devant Douai, où il campera demain dans la matinée 15 du courant. Il recevra les instructions particulières du général en chef.

Au général Davaine.

Du 14 septembre.

Je vous annonce, Citoyen, que vous devez regarder comme non avenu l'ordre que vous avez reçu aujourd'hui de vous porter en avant sur la route de Douai. Vous resterez jusqu'à nouvel ordre dans la position que vous occupez actuellement.

Au général Davaine.

Lille (Faubourg des Malades), 15 septembre.

Je vous donne avis, citoyen, que l'intention du général en chef est que vous fassiez partir pour Cambrai 3 bataillons de la division à vos ordres. Mais il faut prendre les plus grandes précautions pour qu'ils puissent s'y rendre en sûreté.

Cette place est dépourvue de troupes et le général Declaye l'a voulu. On rapporte que le Quesnoy est pris et l'ennemi ne manquera pas de se jeter sur Cambrai. Il pourrait même se faire qu'il eût déjà porté des forces de ce côté, et voilà pourquoi vous ne pourrez prendre trop de mesures pour la marche des 3 bataillons. Servez-vous de la cavalerie que vous avez pour vous éclairer. Il n'est pas moins important que vous jetiez un bataillon dans Bouchain et vous aurez pour cela les mêmes précautions à prendre que pour Cambrai.

Il arrive dès demain matin des corps considérables de troupes à Gaverelle, moyennant quoi vous ne devez avoir aucune inquiétude sur le vide que laisseront les quatre bataillons.

Signé : BERTHELMY.

Hentz et Duquesnoy, représentants du peuple, au Comité du Salut Public.

Cassel, le 15 septembre 1793.

Citoyens, mes collègues,

La déroute des alliés ennemis devant Bergues et Dunkerque, la victoire qui vient d'être remportée sur les Hollandais ont répandu la terreur parmi nos ennemis. La mésintelligence commence à éclater; des rapports qui nous sont faits annoncent que les colonels rendent leur épée et se retirent avec leur corps en disant qu'ils ne veulent pas servir avec des brigands. Ce qu'il y a de sûr, c'est que leurs soldats commettent chez eux le pillage et tous les désordres, et que le peuple las enfin des tyrans menace de se révolter.

Il y a un mouvement continuel vers Furnes; il est évident que tout évacue sur Ostende. L'ennemi s'attend à quelque chose et ce serait un gros coup que de combler ce port. On doit penser qu'Houchard fera ce qu'il faut.

Nous allons nous occuper de la réforme de bien des abus qui règnent et de la suspension d'une foule d'officiers lâches et même royalistes. C'est à la valeur seule des soldats que nous devons nos succès et nous n'apprenons pas sans peine que plusieurs officiers n'étaient pas à la tête de leur troupe dans les dernières affaires; quand nous les connaîtrons, nous les destituerons.

Le soldat a repris courage; la confiance se rétablit; l'ennemi fuit après nous avoir fait cadeau d'une belle artillerie, de la poudre, des boulets et attirails. L'Angleterre saura tout et tous les gens qui connaissent le terrain nous assurent que Pitt pourra bien se repentir de ses perfidies.

C'est un miracle que Dunkerque a été sauvé. L'Anglais se croyait si sûr de son fait et des intelligences qu'il y entretenait que presque tous les officiers de l'armée anglaise et hanovrienne demandaient à tout le monde des commissions pour les dames de Dunkerque. Aussi dans cette ville, à travers la joie qui règne parmi le peuple, on remarque beaucoup de figures allongées. Beaucoup de riches, beaucoup de négociants, tous tenant le langage de Brissot et Compagnie laissent assez voir par un rire aigre et forcé qu'ils aimeraient mieux être Anglais que républicains.

Nous pensons que dans le grand mouvement qui va se faire, on distribuera des forces aussi dans cette partie, et qu'enfin le plan de prendre l'ennemi sur les derrières aura lieu.

Les représentants du peuple envoyés près l'armée du Nord.

DUQUESNOY. HENTZ.

A. Varin, commissaire aux armées, au citoyen Bouchotte, Ministre de la guerre (Détails de la prise de Menin).

Lille, le 15 septembre 1793.

L'avant-garde de l'armée du Nord, aux ordres du général d'Hédouville, après l'expédition d'Hondtschoote et s'être avancée jusqu'à une lieue de Furnes, s'est reportée du côté de la route d'Ypres en laissant cette ville sur sa gauche, descendre à la hauteur de Commines; elle s'est emparée de ce village et s'est portée sur Werwick. Elle a en cet endroit rencontré les avant-postes des troupes hollandaises campées près de Menin. Le jeudi soir, les tirailleurs de part et d'autre se fusillèrent. L'avant-garde bivouaqua toute la nuit; au matin, elle marcha sur Werwick, attaqua les Hollandais qui avaient quitté le camp de Menin pour venir à sa rencontre. Il y eut une affaire sérieuse où les Français eurent un avantage complet. Pendant que le général d'Hédouville battait les troupes hollandaises sorties de leur camp, le général Béru sorti du camp de la Madelaine, s'empara de Menin. Le succès eut été doublé, si un corps de 4.000 hommes détaché par le général d'Hédouville pour aller à Gheluwe, village situé sur la route de Menin à Ypres, fut arrivé plus tôt. Il ne restait, lorsqu'il arriva à ce poste, que la queue de la colonne hollandaise qu'il fit en partie prisonnière.

Le commissaire aux armées du Nord et des Ardennes.

VARIN.

P. S. — (Aucune réception de lettres.)

Nous représentants du peuple:

Arras, le 15 septembre 1793.

Ne pouvant pas rester incertains sur la nature de ces événements qui ont eu lieu entre Ypres et Avesnes-le-Sec dans la journée du 12 de ce mois et la voix publique accusant le général Declaye qui commandait la garnison de Cambrai, dans cette malheureuse affaire, nous attendions qu'un conseil de guerre que l'on nous avait annoncé être tenu le 12 même, au soir, à la rentrée du général Declaye dans Cambrai, l'aurait fait mettre en état d'arrestation, mais instruits aujourd'hui que cet officier jouit de sa liberté et une adresse des officiers et soldats de la garnison de Bouchain nous dénoncent le général Declaye comme l'auteur de toutes les déroutes qui ont eu lieu le 12, nous avons ordonné que ce général soit mis en état d'arrestation et traduit au comité de sûreté générale de la Convention nationale; nommons à cet effet les citoyens Beuguet et Lefetz pour l'exécution de cet arrêté.

La force armée et les autorités constituées sont tenues d'obéir à la réquisition des citoyens Beuguet et Lefetz et de concourir eux-mêmes à l'exécution de cet ordre.

Les scellés seront apposés sur les papiers du général Declaye et il sera fait ensuite un inventaire régulier de tout ce qui pourrait s'y être trouvé de suspect.

Le général Declaye étant préalablement suspendu de ses fonctions sera remplacé provisoirement par le citoyen Thory, commandant le second bataillon de la Somme, auquel sera délivré une expédition du présent arrêté.

Peyssard et Lacoste.

Réponse du Ministre de la guerre à la lettre de Houchard en date de Lille, le 13 septembre.

Le 15 septembre 1793.

J'ai reçu, général, vos lettres du 10 de Dunkerque, du 12 de Hondtschoote et du 13 de Lille, je les ai communiquées à la Convention nationale et au Comité du salut public. J'avais également reçu la lettre du général Berthelmy du 8 qui me rendait un premier compte des affaires du 6, 7 et 8. Je vous félicite du succès que les braves troupes de la République ont remporté et la part que vous y avez eue, doit vous causer une vive satisfaction. L'on a bien regretté ici que les Anglais n'aient pas été réduits à se rendre ou à un total anéantissement. La connaissance du local avait pu le faire espérer, mais nous devons croire que vous avez trouvé une meilleure combinaison et il est tout simple que vous l'ayez suivie. Les patriotes attendent sans inquiétude le résultat de votre plan d'opérations, chaque jour d'ici à quelque temps, peut offrir des événements. Donnez l'ordre d'inventorier les objets de prise pour que cela tourne au profit de la République. Je n'ai pas trouvé joint à votre lettre du 10, l'état des bouches à feu et munitions des Anglais que vous m'y annonciez. J'ai examiné avec attention votre relation du 12. La brigade du 36ᵉ n'ayant pas tenu ferme à son poste, a pensé causer une déroute à Rexpoède. Il s'est trouvé à cet article de votre rapport une phrase omise qui me laisse ignorer quel corps a livré un combat le 7 vers ce lieu ; je suppose que c'est l'avant-garde, parce que je vois que Vandamme qui en faisait partie, affronta l'ennemi jusque sous Hondtschoote.

Je suis aussi fâché que vous des attaques faites du côté de Maubeuge. Je joins ici une copie du rapport ; vous verrez comme elles ont été conduites mollement, comme on a arrêté dans sa marche le général Colomb qui allait d'une manière plus décidée et comme on a été cause que la garnison de Cambrai a supporté tout le poids. Ce n'est point moi qui avais nommé Declaye commandant à Cambrai, c'est votre prédécesseur ; cela n'empêche pas qu'il ne passe pour patriote, il faut connaître l'ensemble de l'affaire pour savoir s'il y a de sa faute.

Un ministre doit être toujours sur ses gardes, car l'on cherche souvent à le tromper sur ce point de vue ; je trouve juste votre réflexion, mais non à l'égard de Declaye. Seulement je dirai que jusqu'à présent beaucoup de bons patriotes me l'avaient donné pour bon patriote et militaire intelligent. Quand il s'agit de pourvoir quelqu'un d'un emploi, l'on cherche patriotisme et capacité, et l'exemple des Bouillé, Dumouriez, Custine et de tant d'autres scélérats, a prouvé que ce qui nous a le plus nui c'est l'aristocratie, c'est le défaut de patriotisme. Tous ces gens-là avaient bravé des dangers avec les troupes de la République, avaient conduit des opérations de guerre qu'on croyait avantageux, et cependant ils nous trompaient. Il ne suffit donc pas pour donner de la confiance qu'un homme, pendant un certain temps, se batte pour nous, il faut que ses opinions politiques et son attachement pour le système populaire soient connus, autrement l'on ne peut y avoir confiance, fut-il brave comme César ; voilà comment pensent les patriotes, voilà comme je pense ; il nous faut du patriotisme et quelque fut votre capacité et votre expérience, jamais je ne vous aurais proposé au conseil pour général en chef, si vous n'aviez pas été patriote.

Je prendrai en considération vos demandes de grades. Le conseil pèsera ce que la justice et la saine politique permettent d'accorder. La conduite militaire de nos représentants doit produire un bien bon effet sur le soldat.

Les Représentants du peuple envoyés près l'armée du Nord au Comité de Salut public.

Lille, le 16 septembre 1793.

Citoyens et collègues,

Je crains que le fruit de nos brillants succès ne soit perdu. L'armée du Nord me paraît bien mal organisée : le service des subsistances s'y fait mal. Si vous pouviez trouver un Commissaire ordonnateur en chef, honnête homme, intelligent, je vous en féliciterais. Les généraux, un jour d'action, n'ont pas assez d'aides de camp; ils se servent d'ordonnances pour porter les ordres : ces ordonnances, par une fausse honte, ne veulent pas se faire répéter ce qui leur a été dit et que souvent ils ont mal entendu, ce qui donne suite à des fautes très graves. J'ai représenté aux généraux que des ordres devaient être donnés par écrit; ils en conviennent et ne le font pas. Les aides de camp, vu le prix excessif des chevaux et la modicité de leurs appointements, ménagent leurs chevaux et le service en souffre.

Pour attaquer rien n'égale la valeur de nos troupes, mais dès que nos soldats sont entrés dans un village, les plus lâches s'y portent au pillage, au meurtre et au viol comme à Menin, tandis que les bons et braves soldats restent à leurs corps et poursuivent l'ennemi au péril de leur vie. Le butin que les pillards ont fait exciter parmi les autres le goût du pillage, et si l'ennemi voulait nous attaquer une heure après être entrés dans un village, il aurait bon marché de nous. J'ai vu des officiers donner l'exemple du pillage; je les ai sabrés comme les autres, arraché leurs hausse-cols et aux grenadiers leurs épaulettes.

Je crois que si, d'après l'affaire d'Hondtschoote, nous eussions de suite marché sur le chemin de Furnes, nous aurions coupé la retraite aux Anglais. On m'a répondu que nous n'étions pas en force.

A l'affaire de Werwick, nous avons vu avec étonnement une colonne ennemie se retirer, sans que le général d'Hédouville l'ait fait charger; on se contenta de les canonner : la cavalerie les eût atteints plus vite en allant plus loin, on eût pris des tirailleurs. Je proposai au commandant du 6ᵉ chasseurs de me suivre avec son corps pour fondre sur cette colonne; il me répondit que ce n'était pas le moment, peut-être avait-il raison? Bref, l'ennemi s'est retiré tranquillement et si on l'eût suivi jusqu'à Menin, il y eût porté la terreur et nous eût laissé beaucoup plus d'effets.

Le général Houchard avait des ordres pour l'évacuation de Menin : on devait faire une fausse attaque sur Courtrai; ces ordres mal exécutés ont failli être funestes à l'armée. Le général d'Hédouville laisse son arrière-garde aux prises avec l'ennemi; nous arrivons, Bentabole et moi fort heureusement; il y avait beaucoup de confusion dans la retraite, le général d'Hédouville s'en fut à la tête de la colonne, tandis qu'il aurait dû rester à la sortie de la ville, pour mettre de l'ordre. Le soldat ne sachant pas qu'on évacuait Menin par ordre du général, était inquiet. Bientôt on cria que nous étions forcés dans Menin, le désordre se mit dans la colonne et c'était à qui courrait le plus fort. Bentabole et moi nous courûmes à la tête de la colonne et, le sabre à la main, nous ordonnâmes aux soldats d'arrêter. La confiance en nous est telle qu'ils s'arrêtèrent à l'instant, en nous priant de leur donner des ordres. Jugez de notre embarras. Nous les rangeons en bataille à droite et à gauche. Le général Béru arrive avec son sang-froid et son courage ordinaires et envoie chercher de l'artillerie légère; qnelques décharges arrêtent l'ennemi; il fait filer des troupes sur Tourcoing et Linselles, le reste bivouaque à Bondues. Nous avons perdu une ou deux pièces de canon et, sans l'arrivée du général Béru, je ne sais ce que nous serions devenus. D'Hédouville est brave, mais ce ne sera jamais un général; cette affaire ne lui fait pas honneur.

Nous vous faisons passer copie d'une lettre du général Houchard, par laquelle il nous invite à nommer général de division le général Béru. Nous avons déjà nommé généraux de brigade Dupont et Macdonald, deux excellents officiers; on n'a pas daigné confirmer cette nomination : un protégé du ministre, d'un adjoint, d'un commis, aurait déjà eu son brevet. Le Conseil exécutif voit avec peine les nominations des représentants du peuple. La prise de Menin a été faite par le général Béru : je conviens que le combat de Werwick rendait cette prise plus aisée. Le général Béru est digne de ce grade; est-ce un droit pour y prétendre? La justice, l'intérêt de la patrie, la confiance du général en chef nous déterminent et nous nommons général de division le général Béru.

Vous avez rappelé de l'armée Delbrel et Letourneur. Delbrel a une très grande connaissance des affaires, il est infatigable et a rendu de grands services. Letourneur en eût rendu aussi. C'est un très bon patriote et plus sincèrement révolutionnaire que cet homme vain qui n'avait pas confiance en lui.

Bentabole demande à être remplacé à la fin du mois; sa santé exige des soins qu'il a retardés pour se livrer au travail de la commission. L'assiduité qu'il y a mise, n'a fait que rendre plus nécessaire un repos et un régime, afin de se réserver les moyens de se rendre encore utile dès que sa santé sera rétablie.

Le 25 du mois dernier, en allant à Armentières avec les généraux pour visiter les postes sur la Lys, un maudit cheval me précipita sur un arbre Je fus frappé à la tête, mon cheval et moi tombâmes dans le fossé et ce fut encore ma tête qui reçut le coup. Je n'ai point fait de remèdes ayant voulu me trouver le 27 à Tourcoing : depuis ce temps, j'ai de violents maux de tête que les fatigues auxquelles je me livre, ne guériront pas. Je demande mon rappel pour le même temps que Bentabole, en vous prévenant toutefois que si j'éprouve des accidents plus graves, je me rendrai à Paris. En attendant, j'espère me trouver à une affaire où un boulet pourra me guérir. Ce n'est pas la perte de la santé que je regrette, mais l'occasion d'être utile à la chose publique.

BENTABOLE, LEVASSEUR.

Rapport fait par le citoyen Julliot, adjoint au corps du génie au Quesnoy, sur le siège de cette ville et sa reddition.

Landrecies, 16 septembre 1793.

Le 17 août, la ville du Quesnoy éprouva le blocus précédé de la prise des avant-postes et de la forêt de Mormal; dans cette affaire, environ 130 blessés rentrèrent à l'hôpital ambulant de cette ville.

Dans la sortie du 18 au 19 du même mois, environ 100 hommes ennemis furent égorgés aux postes du Ramponneaux et autres voisins.

Dans celle du 22, les Français perdirent 150 hommes, autant de blessés. La perte de l'ennemi allait au moins à pas égal.

Dans les journées des 23 et 24, la redoute des Béarts fut attaquée avec vigueur et défendue de même. L'ennemi se retira après avoir attaqué avec une perte d'hommes assez conséquente du côté de la porte de Valenciennes pour former leur attaque. Cette position était effectivement la plus avantageuse pour approcher la ville, parce que la redoute que l'on avait construite, avait été détruite par les ordres de Custine.

Dans la nuit du 26 au 27, l'ennemi ouvrit une tranchée à 350 toises des glacis qui avaient de longueur environ 700 toises.

Le 2 septembre au matin, les batteries des ennemis étaient placées et prêtes à jouer. Le même jour, à dix heures, la sommation fut faite à la ville de se rendre. Le Conseil de guerre et corps constitués l'ayant refusée, le bombardement commença le même jour, à cinq heures du soir et continua sans relâche jusqu'à six heures après l'envoi du trompette français qui eut lieu le dix dudit mois, à cinq heures et demie. La capitulation proposée par le général Cobourg fut acceptée par le conseil de guerre et corps administratifs; le conseil de guerre était composé des chefs de tous les corps, adjoints aux adjudants généraux, commandant temporaire et commandant en chef. Cette capitulation porte : 1° que tous ceux qui sont attachés au service militaire dans quelque partie que ce soit sont prisonniers de guerre et conduits en le pays de Liège; 2° que la garnison rendra les armes, excepté les officiers qui conserveront les leurs avec leurs effets; 3° que tout habitant a un mois pour sortir de la ville avec ses effets; etc.

On ne perdra pas de vue que le conseil de guerre n'a employé aucune voie légale pour rendre publique la capitulation.

Dans le bombardement qui eut lieu depuis le 2 jusqu'au 12 septembre, ont été incendiés tous les quartiers destinés au logement des troupes, écuries, églises, hôpitaux, arsenal, récollets, etc. Le quart des maisons des habitants, un autre fracassé par les bombes et les boulets. Dans le même espace, ont été démontées plusieurs pièces de canon de la place, les embrasures démolies, 115 canonniers blessés. Plusieurs fois, les canonniers ont abandonné leurs postes.

Dans le cours du siège, il était des moyens pour remonter promptement ces pièces; mais le zèle des charpentiers, serruriers, charrons n'a pas répondu aux ressources qu'offraient les matériaux contenus dans cette place, où les chefs n'ont pas employé les moyens convenables.

Les fronts des bastions 3 et 4 attaqués, placés à droite et à gauche de la porte de Valenciennes, leur courtine, leurs demilunes n'avaient aucune brèche, lors de la capitulation et ne pouvaient en avoir une praticable qu'au bout de huit jours. Les murs de ce côté ayant 24 pieds de hauteur, dont 10 pieds d'eau sur 10 toises de large.

Les trois redoutes qui entouraient une partie de la ville non prises, ni attaquées, à la réserve de celle des Béarts.

Les ponts de communication des souterrains au chemin couvert n'étaient point coupés. La garnison occupait tous les chemins couverts et places d'armes. La troisième parallèle de l'ennemi n'était pas encore tracée : elle ne l'a été que pendant les trois jours employés à la capitulation.

La bascule et la soupape de la porte de la demi-lune étaient coupées. La porte de la ville percée par quelques boulets à son fronton; un des crampons de la bascule coupé.

Dans le siège et le blocus, perdu au total environ 200 hommes et 300 blessés.

La cause de la prompte reddition de cette place ne réside pas dans la faiblesse des fortifications, mais dans l'abominable conduite de quelques-uns des membres du conseil de guerre; c'est sur eux que doit tomber le blâme de cette infâme action.

A Landrecies, le 16 septembre 1793, l'an II de la République française.

L'adjoint au corps du génie : Julliot.

Gay-Vernon à Bouchotte,
Gavrelle, 18 septembre 1793.

Je viens de recevoir, Citoyen Ministre, la lettre de suspension provisoire que le Conseil exécutif a jugé convenable de m'envoyer. Je ne vous cacherai pas qu'un poignard dans le cœur m'aurait été moins sensible. Vous avez trop de lumières, trop de justice dans l'âme, Citoyen Ministre, pour ne pas être persuadé que je suis un vrai sansculotte, un zélé défenseur de l'égalité. Depuis 15 mois je sers la République de ma tête et de mon bras dans les camps et je défie qui que ce soit d'oser dire que j'aie trempé dans un parti quelconque. Ferme à mon poste, j'y ai conservé le caractère philosophique qui ne

m'a jamais quitté, depuis que mon éducation est achevée. Je puis
avoir été trompé par les hommes, mais mon cœur n'a jamais partagé leurs vices et leurs erreurs; il a toujours été pur et le sera
jusqu'au tombeau.

Je souscris à l'instant aux ordres du Conseil exécutif; je vais
m'éloigner en versant des larmes amères d'une armée aux succès de
laquelle je brûlais de coopérer encore. Mais mon espoir est que mon
tombeau ne tardera pas à s'ouvrir : mes forces sont épuisées, mon
zèle seul me soutenait. Je vais me rendre au hameau de Vernon,
entre Saint-Léonard et Sauviac, département de la Haute-Vienne. Là
je tâcherai encore de piocher la terre et de donner l'exemple des
vertus républicaines aux habitants des campagnes avec qui je vivrai.
Soyez sûr, Citoyen Ministre, que la constitution républicaine sera
lue tous les jours de repos dans mon petit jardin et que tout ce qui
m'entourera la saura bientôt par cœur et la pratiquera fidèlement en
vrai républicain.

SIMON GAY-VERNON.

*Isoré, Bar et Duquesnoy, représentants du peuple, au Comité de
Salut Public.*

Maubeuge, 18 septembre 1793.

Citoyens collègues,

Nous vous faisons passer ci-joint la relation de la reddition de la
place du Quesnoy que nous venons de nous procurer seulement
hier, tant la partie secrète est négligée dans cette armée et nous
pouvons presque assurer qu'on ne doit la perte du Quesnoy qu'à
l'apathie des généraux qui commandent ici; en effet, comment se
persuader qu'avec une armée disponible de 15.000 hommes, tous
remplis d'ardeur et ne respirant que le combat, on n'ait pu voler au
secours du Quesnoy que le 14 septembre, le jour de la reddition,
lorsqu'aucune force ennemie ne tenait l'armée de Maubeuge en échec.

Depuis longtemps, tous nos collègues qui sont venus à Maubeuge
se sont plaints de l'impuissance du général Gudin pour commander
cette armée, et cependant il n'est pas encore remplacé, malgré qu'il
ait lui-même demandé sa retraite. Le général Houchard avait envoyé
le général Ferrand pour commander à sa place. Il vient d'écrire
aujourd'hui que le général Jourdan doit venir prendre le commandement de l'armée et que le général Ferrand se rendra à Cambrai.
Nous avons fait rester ici le général Ferrand en attendant que
Jourdan arrive. Ce dernier a déjà commandé à Maubeuge; il est très
connu et en général estimé de l'armée qui brûle de le voir arriver.
Nous le désirons avec autant d'impatience et nous pouvons dire qu'il
est honteux pour la République de voir ainsi s'écouler la belle
saison sans mettre à profit l'ardeur d'une aussi belle division et de

laisser échapper l'occasion difficile à retrouver peut-être :où les ennemis avaient été obligés de dégarnir Mons et Namur pour se jeter sur le Quesnoy et Valenciennes. Il manque à cette armée bien des choses essentielles à son existence, auxquelles nous apportons tous nos soins pour y pourvoir (sic); mais il est des objets qu'il ne dépend pas de notre activité de lui procurer, tels que sabres et pistolets. Pour les canonniers, il faudrait dans le moment, sous le plus bref délai, trois à quatre cents de ces deux sortes d'armes. Nous vous prions instamment de nous les faire expédier en diligence ou nous indiquer les magasins où nous pourrons trouver ces effets; il nous faudrait aussi des carabines pour nos tirailleurs; nous avons écrit au ministre pour qu'il nous indique le dépôt où il a fait rassembler les armes des ci-devant compagnies d'arquebusiers du département des Ardennes, de l'Aisne et du Nord que le citoyen Corvillier a été chargé de ramasser. Nous vous prions, si le ministre n'a pas encore pensé à cette demande de lui réitérer et de nous envoyer sa réponse par le citoyen Corvillier lui-même, s'il est à Paris maintenant comme nous le présumons, afin que nous le chargions lui-même du soin de nous faire arriver ces armes dont nous avons le plus grand besoin pour diriger une opération et sortir enfin de la cruelle apathie où est plongée cette armée.

Nous vous prions aussi de penser que l'hiver approche et que le besoin de capotes commence à se faire sentir d'une manière assez forte.

Il faut absolument à la place de Maubeuge 300 milliers de poudre de plus qu'elle n'a, il en faut aussi 30 milliers à Avesnes et 60 milliers à Landrecies; ces deux dernières places ont été visitées hier et avant-hier par deux de nous, les garnisons se sont montrées sous les armes avec les dispositions les plus républicaines et nous osons dire que si le Quesnoy avait possédé le même esprit que Maubeuge, Avesnes et Landrecies, il serait encore à la France; nous avons fait sortir de cette ville tous les aristocrates et les sociétés populaires y entretiennent la chaleur révolutionnaire qui aurait dû sauver le Quesnoy. On disait hier méchamment Landrecies cernée; vous voyez que cela n'est pas vrai et si ce bruit court jusqu'à vous, vous n'en croirez rien; si le général Houchard marche vers Menin et que nous puissions prendre une direction qui réponde à sa marche, il ne faudra pas un coup de fusil pour faire évacuer les villes de Condé, Valenciennes et le Quesnoy.

Les contingents de la nouvelle levée n'arrivent pas, comme nous le désirerions; peut-être serons-nous obligés d'aller éveiller le département de l'Aisne qui vient de montrer un zèle tel que les aristocrates le veulent en faisant marcher à Laon tous les hommes pour n'en donner aucun. Il s'élève dans l'armée de nombreuses difficultés sur le sens du mot ancienneté dont se sert la loi pour déterminer l'avancement; est-ce ancienneté dans le grade seulement ou ancienneté de service dans l'arme, dans l'armée ou dans le corps; il est intéressant de déterminer par un décret la manière dont devra s'entendre la loi; nous vous prions de le provoquer incessamment à la Convention.

DROUET, ISORÉ, BAR.

Copie d'une lettre datée de Landrecies du 18 septembre 1793, l'an IIe de la République, écrite au citoyen Boudet officier au 2e bataillon du 43e régiment à Guise.

J'ai reçu, mon cher frère, le 7 la lettre du 2, et le 15 celle du 13; je vois avec plaisir que tu continues à te bien porter; il en est de même de mon côté grâce à Dieu. Tu dois sûrement avoir appris les dispositions toujours trop tardives, et l'attaque du 12, pour porter des secours au Quesnoy; c'est toujours la trahison ou l'ineptie de nos généraux qui s'en mêle; il est bien temps de porter du remède au malade quand il est mort. L'attaque eut lieu de ce côté-ci sur deux colonnes et nous pénétrâmes bien avant dans la forêt en leur enlevant 5 redoutes de vive force, leur faisant plusieurs prisonniers; c'est par ces prisonniers qu'on apprit la reddition du Quesnoy; on s'attendait qu'une colonne viendrait forcer le Cateau et ferait lever le camp qu'ils ont à Solesmes et une autre qui viendrait du côté de Cambrai, comme il avait été convenu avec nos généraux; et point du tout, ce ne fut que lorsque les 18.000 hommes arrivés de Maubeuge à la porte de Landrecies avec quatre bataillons de la garnison furent divisés en deux colonnes et pénétrèrent dans la forêt, après avoir pris 5 redoutes et fait plusieurs prisonniers et leur avoir tué 250 à 300 hommes sans compter les blessés, il leur arriva les troupes qui fesaient ou avaient fait le siège du Quesnoy. N'entendant pas le canon du côté de Cateau, ni du côté de Solesmes ayant dû commencer à la même heure que le nôtre, le général prit le parti de battre en retraite sur Landrecies, en abandonnant toutes les redoutes qu'on avait prises.

La colonne de Maubeuge se reposa quatre heures sur les glacis, les quatre bataillons de la garnison rentrèrent et la colonne de Maubeuge se remit en marche à la nuit, pour revenir à Maubeuge pour y être à la pointe du jour le 13, crainte que l'ennemi ne s'y porte en force. Rien autre chose que la fusillade à nos avant-postes à tous moments du jour et de la nuit.

Pour copie conforme, signé : GROVÉE.

— — : REGNAULT.

Le général en chef Houchard au Ministre de la guerre.

Au quartier général de Gaverelle, le 19 septembre 1793.

J'ai fait part, Citoyen Ministre, de l'ordre de suspension que vous m'avez adressé en date du 12 de ce mois, aux citoyens Duval, général de division, Gay-Vernon adjudant général ; l'un et l'autre s'y sont conformés et ont quitté l'armée.

Je ne puis pas m'empêcher de vous témoigner ma douleur de la privation de Gay-Vernon qui est un officier et un patriote du plus grand mérite, et s'il ne l'avait pas été, je sentirais moins sa privation parce que je ne l'aurais pas pris près de moi pour m'aider dans mes pénibles fonctions ; et je vous parle avec la franchise d'un vrai républicain que ses secours me sont d'un si grand besoin, tant pour ma correspondance que pour ses connaissances locales et militaires, que je ne puis continuer le commandement de cette armée ; elle est au-dessus de mes forces et de mes moyens ; et si j'ai accepté le commandement, c'est dans l'espérance que je trouverais des hommes amis de la chose publique qui voudraient bien m'aider de leurs conseils : Gay-Vernon a bien voulu me seconder même au détriment de sa santé. Je vous prie, Citoyen Ministre, de me donner un successeur. Je ne puis plus me charger du commandement sans tromper la République sur les espérances qu'elle a conçues de moi : il me faut des coopérateurs et des conseils ; je ne crains pas de le dire et rendez-moi Gay-Vernon.

Après l'expédition de Menin dont je vous ai rendu compte, Citoyen Ministre, j'ai cru devoir ramener les troupes de la République au camp de Gaverelle pour y reformer l'armée et porter du secours aux places de Cambrai et Bouchain dont les malheureuses garnisons ont été exterminées. D'ailleurs, Cobourg, ayant pris le Quesnoy, il pourrait se porter sur Arras, et prendre l'armée à revers. Ce sont ces considérations qui m'ont déterminé.

Cobourg marche avec 40.000 hommes sur Tournay ; Beaulieu est au camp de Cysoing avec 18.000 hommes. J'ai laissé devant Dunkerque et sur la Lys des troupes et je vais m'y porter. Sûrement Cobourg voudra faire quelques entreprises sur Dunkerque pour tâcher de renouer la coalition ; ils disent qu'ils veulent faire le siège de Lille. J'en doute à moins qu'ils aient l'espérance que le peuple se révolterait comme il a fait à Valenciennes.

Je vais toujours prendre les moyens de renforcer le camp de Cassel et me mettre à hauteur de l'ennemi.

Envoyez aussi un général de cavalerie ; il ne s'en trouve pas un de cette arme si précieuse.

HOUCHARD.

Varin à Bouchotte.

Arras, 19 septembre 1793.

Ci-joint copie d'une lettre qui contient des détails sur la sortie combinée de Cambrai et de Bouchain, l'état de cette dernière place et l'affaire du Quesnoy.

J'attends la réponse des généraux Canolle à qui j'ai écrit et Tricotet à qui j'ai parlé.

La destitution de Gay-Vernon afflige le général Houchard au point que je ne serais pas étonné qu'il offrit sa démission. Je crois pourtant qu'il en sera empêché par les conseils des sans-culottes Berthelmy et Allain, adjudants généraux. Dans le fait, ce général se trouve sans intimes; mais ce qu'il lui faudrait, ce serait comme la loi l'exige, quatre aides de camp qu'il économise et pour cause. Il est vrai que la difficulté est de les trouver sans-culottes; mais il en existe, s'il veut les trouver.

Une réflexion que je crois devoir vous soumettre, Citoyen Ministre, est celle-ci : l'affiche qui rend compte des opérations de l'armée du Nord du 6 au 13 septembre compris, porte : *Expédition du général Houchard.* Ne conviendrait-il pas mieux de dire, quand on rendra compte des opérations des armées de la République : *Expédition de telle armée au commandement de tel général?*

Je suis fraternellement le républicain : VARIN.

Agent du Conseil exécutif.

Elie Lacoste et Peyssard, représentants du peuple près l'armée du Nord, aux représentants du peuple composant le Comité de Salut public de la Convention nationale.

Arras, le 20 septembre 1793.

Citoyens, nos collègues,

Vous trouverez ci-inclus des exemplaires des arrêtés pris par nous les 10, 17 et 18 de ce mois. Ils paraissent conformes aux principes qui vous dirigent et que vous faites consacrer journellement par la Convention nationale.

Vous avez reçu les notes que nous avons remises le 18 de ce mois à notre collègue Hentz. Il vous aura lui-même fait part de quelques observations qui portent sur des faits dont le rapprochement démontre le système de perfidie du général en chef ou de son état-major. Vernon, l'un des adjudants généraux qui avait concurremment avec Berthelmy, chef de l'état-major, la confiance du commandant en chef, a été suspendu et nous pensons que Berthelmy qui dirige toutes les opérations militaires n'est pas moins dangereux et qu'il serait bien à propos de le suspendre et de le remplacer.

Le croisement continuel des troupes, les marches forcées, le déplacement de la division sur laquelle l'on pouvait le plus compter pour couvrir la partie la plus importante de la frontière, tout paraît nous annoncer que le système de Lafayette reparaît sur la scène et que l'on veut faire envelopper les départements du Nord et du Pas-de-Calais et faciliter à l'ennemi l'entrée dans l'intérieur de la République.

Il vous est facile, Citoyens nos collègues, de vous faire le tableau général des opérations de la campagne. Vous verrez une armée que rien ne pouvait arrêter dans sa marche victorieuse sur Ostende où elle aurait trouvé des ressources infinies, venir à marches forcées du côté de Menin et tenter de rentrer dans un pays ravagé, pour abandonner à nos ennemis des départements fertiles en ressources et qui sont la clef de la République.

Et le général Houchard dans une lettre du 15 ou du 13 nous dit qu'il est obligé de détourner les yeux de ces petites considérations pour ne voir que l'objet général.

Nous pensons, Citoyens nos collègues, que nous devrions nous en tenir à la guerre défensive et, en empêchant l'ennemi de stationner dans les départements de la frontière, nous le forcerions à évacuer de lui-même le territoire de la République. Nous aurions pour couvrir toutes les parties qui peuvent être menacées l'armée du Nord renforcée par les citoyens de la nouvelle levée que l'on pourrait laisser dans les garnisons. L'on pourrait former trois ou quatre camps dans des endroits déterminés avec les citoyens de la seconde classe en réquisition qu'il sera facile d'avoir au premier appel.

Sur des dénonciations qui nous ont été faites par le général Davaine et plusieurs autres officiers, nous avons fait mettre en état d'arrestation six officiers de l'armée du Nord, dont deux nommés Birague et Foullet étaient prévenus d'entretenir des intelligences avec les ennemis, de manger même fréquemment avec des émigrés et des officiers autrichiens. Les quatre autres sont accusés d'entretenir le désordre dans leurs compagnies respectives par des propos très criminels. Ces derniers s'appellent Jeannat, Phassias, Ledoux, Cordier. Le tribunal militaire instruira incessamment la procédure contre ces individus, et nous espérons qu'il sera fait bientôt à la tête de l'armée quelques exemples capables de porter dans l'âme des traîtres l'épouvante et la terreur.

Nous observerons, Citoyens nos collègues, que nos deux mois de commissariat expirent. Nous vous prions donc de nous faire remplacer et, quel que soit notre dévouement à la République, notre santé totalement délabrée ne nous permettant pas de continuer un travail qui est au-dessus de nos forces, nous sommes obligés de vous demander notre rappel.

Salut et fraternité,

Elie LACOSTE, PEYSSARD.

Au général Davaine.

Au quartier général de Gaverelle, le 20 septembre 1793.

Ordre donné au général de division Davaine de partir sur-le-champ avec sa division, armes, bagages et effets de campement pour se rendre à Cassel. Cette division campera tous les jours dans les environs des lieux ci-dessous désignés. Le 20, à Lens, le 21, à Saint-Venant, le 22, à Cassel. Le 17ᵉ régiment de cavalerie, ci-devant 18ᵉ, ne sera point compris dans cet ordre. Le général Davaine passera de sa personne au quartier général pour prendre du général en chef les instructions nécessaires d'après cet ordre.

L'adjudant général : Jacob TRIGNY.

Au commissaire ordonnateur en chef de l'armée.

J'ai l'honneur de vous prévenir, Citoyen, que la division du général Davaine vient de recevoir l'ordre de partir sur-le-champ avec armes, bagages et effets de campement, pour se rendre à Cassel. Cette division passe par Lens où elle campera le 20, le 21 à Béthune, le 22 à Aire et le 23 à Cassel. Cette division est forte de 5.283 hommes et 365 chevaux; les corps qui la composent sont le 1ᵉʳ bataillon de l'Aisne, le 2ᵉ bataillon du 81ᵉ régiment, le 2ᵉ bataillon des Basses-Alpes, le 2ᵉ bataillon de la Corrèze, le 2ᵉ bataillon du 74ᵉ régiment, le 3ᵉ bataillon du Lot, le 5ᵉ de l'Oise, le 1ᵉʳ bataillon du 22ᵉ régiment, le bataillon de Popincourt et le 4ᵉ de Seine-et-Oise.

Vous voudrez bien donner les ordres nécessaires pour que cette division soit pourvue dans sa route de subsistances et autres fournitures.

L'adjudant général, Signé : Jacob TRIGNY.

Texte de la lettre adressée par le Ministre de la guerre à Jourdan, dans la soirée du 22, pour lui notifier sa nomination au commandement en chef de l'armée du Nord.

« Au nom de la République française, une et indivisible, le Conseil exécutif provisoire jugeant qu'il est du bien du service d'employer un général en chef près les troupes qui composent l'armée du Nord et voulant pourvoir au commandement de cette armée, a fait choix du

citoyen Jourdan, général de division, pour remplir près des dites
troupes provisoirement les fonctions de général en chef, persuadé
qu'il justifiera l'opinion qu'on a conçue de son patriotisme et de ses
talents militaires.

« En conséquence, il fera pour la défense et l'indivisibilité de la République, le maintien de l'ordre, de la liberté et de l'égalité tout ce
qu'il jugera convenable ou tout ce qui lui sera prescrit par les ordres
ou instructions du Conseil exécutif provisoire. Il fera vivre les troupes
sous son commandement en bonne police et discipline et se confor-
mera, quant aux réquisitions qui pourront lui être faites par les corps
administratifs, à ce qui est prescrit à cet égard par les décrets de
l'Assemblée et de la Convention nationale.

« Mande et ordonne, le Conseil exécutif provisoire, aux troupes formant l'armée du Nord, aux officiers généraux, aux officiers d'état-
major, à ceux de l'artillerie et du génie, aux commissaires des guerres
et à tous autres employés près d'elles, de reconnaître le dit citoyen
Jourdan pour leur commandant en chef et de lui obéir en tout ce
qu'il leur ordonnera, pour le bien du service et le succès des armes
françaises.

« Fait au Conseil exécutif provisoire, à Paris, le vingt-deux septembre mil sept cent quatre-vingt-treize, l'an deuxième de la République, une et indivisible. »

*Bélair, général commandant l'armée intermédiaire, au citoyen
Ministre de la guerre.*

Cambrai, le 23 septembre 1793.

Citoyen Ministre,

A force de zèle et de soins, et au moyen de ce que j'ai été parfaitement secondé par le citoyen Laurent, représentant du peuple, le
convoi que je vous ai annoncé est arrivé ici sain et sauf hier.

Par ce moyen, la garnison se trouve renforcée de 900 hommes,
tant d'infanterie qu'artillerie, de 6 pièces de 16 sur leurs porte-
corps, 6 affûts de 16 avec les armements des pièces, 6 chariots à
boulets de 16 et 6 pièces de 4, dont deux de la légion de la Nièvre
avec leurs caissons. Nous examinerons aujourd'hui les moyens de
défense de la place; demain nous irons à Douai pour connaître l'état
de l'arsenal, et de là au quartier général des armées du Nord et des
Ardennes réunies; après quoi, et après nous être entendus avec le
général Houchard, je serai plus en état de mettre de l'ensemble entre
ses opérations et les miennes et de vous rendre compte de l'état exact
de tous les moyens d'attaque et de défense de toute cette partie des
frontières de la République. Le citoyen Laurent donne à peu près les

mêmes nouvelles au Comité de Salut public. Nous n'avons rencontré aucun ennemi sur la route et les mesures étaient prises pour le bien recevoir s'il fut venu.

A. P. JULIENNE BÉLAIR.

Mélée au Comité de Salut public.

Citoyens,

Lorsque vous aurez enfin destitué tous les nobles ; lorsque que ce vœu des patriotes sera rempli ; lorsque cette mesure sans laquelle tout est perdu, sera prise ; lorsque le général Béru sera traduit au tribunal révolutionnaire, je demande qu'il ait à répondre aux questions suivantes :

PREMIÈRE QUESTION

Pourquoi étant maître de Menin, le vendredi 13 septembre 1793 dans la matinée, à la tête d'une armée pleine d'ardeur, ne vous êtes-vous pas sur-le-champ emparé de Courtrai où les fuyards hollandais avaient porté le désordre et qui était sans garnison ?

RÉPONSES PRÉSUMÉES

Parce que je suis noble et qu'il est dans notre plan d'empêcher le bien en attendant que nous soyons en force pour faire le mal.

2e QUESTION

Pourquoi avez-vous répandu le faux bruit que vous n'aviez pas pu rassembler l'armée et qu'occupée au pillage, elle avait refusé de marcher, malgré qu'on eût battu deux fois la générale ?

Parce que je suis noble et qu'en attendant que nous puissions écraser la liberté, il faut calomnier ceux qui la veulent et qui la défendent.

3e QUESTION

Si l'armée a refusé de partir le vendredi, pourquoi étant parti le samedi, n'avez-vous pas pris Courtrai qui n'avait pas encore de forces ? Pourquoi vous êtes-vous contenté de faire une lieue, pour rester à une lieue de cette ville ?

Parce que je suis noble et que j'attendais le général Beaulieu, mon ami, qui devait arriver le samedi soir, au secours de Courtrai.

4e QUESTION

Pourquoi voyant l'ennemi arriver, avez-vous renvoyé 10.000

Parce que je suis noble et qu'il est convenu parmi nous d'être

hommes à Lille? Ces 10.000 hommes n'étaient-ils pas nécessaires pour battre l'ennemi, soit pour protéger la retraite en cas qu'il fallait en venir là?

Pourquoi vous êtes-vous affaibli dans le moment où vous aviez le plus besoin de forces?

toujours le plus faible, parce que à force égale, nous battrons toujours nos ennemis.

5ᵉ QUESTION

Pourquoi n'aviez-vous pas placé sur le rempart de Menin, aucun canon qui put défendre la seule rue qui mène sur la route de Lille?

Parce que je suis noble et que beaucoup de vilains ou sans-culottes auraient évité la mort, si j'eusse pris cette mesure salutaire.

6ᵉ QUESTION

Pourquoi au lieu de vous reformer en bataille de l'autre côté de la Lys, ce qui en aurait imposé à la cavalerie qui nous poursuivait, avez-vous rassemblé les troupes dans l'étroit village de la Luen, qui est un coupe-gorge et dans lequel on ne peut faire aucune manœuvre?

J'ai répondu cela plus haut, c'est parce que je suis noble.

Votre citoyen.

Signé : MÉLÉE.

Pour copie conforme à l'original.

L'agent du Conseil exécutif aux armées :

VARIN.

Varin, agent du Conseil Exécutif au Ministre de la guerre.

Arras, le 24 septembre 1793.

Un citoyen qui était à l'affaire de Menin m'a remis une série de questions à faire au général Béru. Je vous en envoie copie et j'en fais passer aussi une au Comité du Salut Public de la Convention nationale, d'après le vœu de l'auteur.

Le général Houchard et Berthelmy, chef de l'état-major, ont été arrêtés hier ici par les représentants du peuple, par ordre du Comité de Salut Public de la Convention nationale, et ils doivent partir demain pour Paris; cet événement n'a encore pu faire impression, parce qu'il n'est su que de peu de monde.

Je me hâterai de vous instruire de l'effet qu'il fera, quand il sera su de toute l'armée.

Je suis fraternellement,

Le républicain : VARIN.

Au nom du peuple français.

24 septembre 1793.

Nous Jacques Isoré, représentant du peuple envoyé près l'armée du Nord par décret du 9 de ce mois. Requérons l'administration du département de l'Aisne, de mettre sous trois jours à exécution la loi du 23 août dernier qui met en réquisition les hommes de dix-huit à vingt-cinq ans ; ordonnons aux administrations de district et municipalités sous leur responsabilité de faire parvenir à la Réunion-sur-Oise, ci-devant Guise, les contingents de leur ressort dans le délai ci-dessous fixé à peine de destitution ; les hommes en réquisition se rendront à cette destination habillés et armés, s'il est possible en uniforme ; les citoyens aisés donneront à ceux de leurs frères qui ne le sont pas, des habits et souliers en état de supporter la rigueur de la saison ; les dits hommes en réquisition seront armés en partant de leurs foyers, d'un fusil, n'importe de quel calibre ou d'une pique, ou de toute autre arme propre à tuer un esclave ou un tyran.

A la Réunion-sur-Oise, ci-devant Guise le 24 septembre 1793, l'an IIe de la République française une et indivisible.

Signé : ISORÉ.

Au Comité du Salut public.

(4 vendémiaire) an II, au quartier général de Réunion-sur-Oise, le 25 septembre 1793,

Je vous fais passer à l'instant les différents rapports de mes espions qui m'annoncent les différents mouvements de l'ennemi.

D'après ces mouvements et la manière de guerroyer des Autrichiens que je connais, j'ai lieu de m'attendre qu'ils se porteront incessamment vers mon front pour m'attaquer et protéger le blocus de Landrecies qu'ils paraissent disposés à faire incessamment.

Je vous dois compte de mes forces et de ma position.

Je n'ai que 150 hommes de cavalerie ; je viens d'être forcé de faire passer à Cambrai 150 hommes de la légion révolutionnaire de la Nièvre pour renforcer la garnison.

Quant à mon infanterie, elle consiste en 800 hommes de troupes expérimentées.

Le surplus est composé de bataillons de la nouvelle levée républicaine qui m'arrivent successivement.

Quelques-uns des bataillons sont à peu près armés et équipés; mais plusieurs ne sont ni armés, ni équipés, ils ne sont aucunement exercés au mouvement des armes.

Pour pouvoir les exercer plus facilement, les accoutumer à la fatigue et parce que la ville de la Réunion-sur-Oise n'offrait pas de quoi les loger, j'ai formé un camp retranché et qui couvre la Réunion-sur-Oise.

La position de ce camp est formidable, ses flancs défendus par des bois et son front par un double lit de rivière. J'y élève des redoutes qui, jointes à la défense naturelle du site, peuvent arrêter fortement l'ennemi, s'il me laisse le temps d'achever mes ouvrages et de former mes hommes.

Mais j'ai lieu de craindre qu'il m'attaque bientôt et alors vous sentez la faiblesse de mes ressources. J'ai sollicité en vain jusqu'ici des secours en troupes expérimentées et surtout de la cavalerie.

J'aurais remporté de grands avantages sur l'ennemi, puisque je suis parvenu à réprimer ses brigandages, à l'inquiéter même avec 150 hommes de cavalerie, quelques pièces de 4 et point de canonniers, mais il paraît que l'ensemble du plan général de défense de la République n'a pas permis de m'envoyer les forces qui m'étaient nécessaires. Il serait fâcheux que l'ennemi profitant de sa supériorité, continue à ravager un pays si riche en grains.

Je vous dois encore compte de deux faits importants.

Les districts de Péronne et Montdidier avaient fait passer sur Landrecies leurs contingents de première réquisition; ils touchaient aux portes de Landrecies, des malveillances les ont fait rétrograder par de fausses terreurs. Je suis parvenu de concert avec le général Parant et le district de Saint-Quentin, par des mesures promptes et fermes, à faire retourner cette colonne fugitive à sa destination.

Les ennemis du bien public avaient aussi sollicité à la désertion des jeunes citoyens réunis dans mon camp. Déjà l'appréhension de la fatigue et les suggestions perfides en avaient fait disparaître un certain nombre. J'en ai fait raser deux d'entre eux solennellement et à la tête du camp. J'ai lieu d'espérer que cet exemple contiendra les autres. J'ai sollicité et les administrations ont pris les mesures nécessaires pour faire revenir les fuyards.

Vous pouvez autant compter sur mon attachement ferme pour la discipline que sur une résistance vigoureuse en même temps que prudente, en égard à la nouvelle levée qui compose la masse de mon armée.

Le citoyen général de brigade : BEAURGARD.

Le Ministre à Jourdan.

26 septembre 1793.

J'ai reçu, général, votre lettre qui m'annonce que vous êtes en route pour vous rendre à votre poste. Vous m'avez fait plaisir, car j'ai grande impatience de vous y voir. Tous les regards se tournent vers le Nord, je n'en ai aucunes nouvelles, Bouchain est-il ravitaillé depuis l'échec de Declaye? Cambrai arme 1.100 hommes, 6 pièces de 16, 6 pièces de 4, des boulets. Parant me mande que les ennemis ne se sont pas montrés depuis dix jours; qu'ils ont envoyé de leur camp de Solesmes vers Lille 10 hommes par compagnie; qu'il n'y reste que 3.000 hommes d'infanterie, mais 7.000 hommes de cavalerie, ce qui me paraît exagéré de moitié. Je n'ai pas plus de nouvelles de Maubeuge où l'on reste inactif avec des forces considérables. Bergues prétend que l'ennemi revient sur lui et Dunkerque aussi.

Donnez-moi des nouvelles par le retour de mon courrier. Prenez connaissance de votre situation et de celle de l'ennemi et cherchez les moyens de porter de grands coups avant qu'il n'ait fait de nouveaux progrès. On reproche en général à nos forces d'être trop éparses et trop peu retranchées. L'ennemi n'a pas ces deux défauts. On se plaint que la répartition de service est mal faite. Il ne faut pas qu'un bataillon faible soit aussi chargé qu'un complet, les malveillants en profitent pour refroidir. Recommandez dans les places de guerre et dans les postes la plus grande exactitude et la surveillance la plus active, que personne ne passe sans être examiné, interrogé, visité ; les traîtres du dedans et du dehors entretiennent des correspondances secrètes qu'il faut faire en sorte d'intercepter ; les gens suspects dans les villes de guerre doivent en être éloignés avec encore plus de soin que partout ailleurs et les complots seront déjoués.

Les représentants à l'armée du Nord au Comité de Salut Public.

Arras, le 26 septembre 1793.

Nous vous envoyons ci-joint copie de lettres que l'on a trouvées dans les papiers du général Houchard ; c'est une correspondance entre lui et les princes étrangers, tels que le prince héréditaire de Hohenlohe, le colonel commandant l'avant-garde de l'armée prussienne, l'aide de camp de Brunswick. Vous y connaîtrez la bonne amitié, la haute considération que ces messieurs conservaient pour M. Houchard dont ils recevaient les lettres ; vous y verrez surtout se complaisances à obliger la comtesse de la Leyen, émigrée, en écrivant au duc de Brunswick en faveur des gens ennemis de la République qui ont été arrêtés et détenus à Metz et à Forbach. Vous y verrez aussi que la correspondance entre Mayence et nous n'était pas fermée, puisque le colonel commandant l'avant-garde prussienne se chargeait de remettre des lettres à Mathieu; Merlin et Reybell, ne nous diront plus, pour s'excuser de l'infâme capitulation de Mayence, qu'ils ignoraient ce qui se passait en France.

Il nous arrive des dénonciations contre Houchard, Berthelmy et Vernon; nous avons fait arrêter trois personnes du bureau de son état-major, qui connaissent les secrets des généraux si amis de nos ennemis; nous allons les faire interroger. Nous venons d'apprendre comment, après la victoire remportée par nos braves soldats à Hondtschoote, messieurs Houchard, Berthelmy et Vernon se gorgeaient de bon vin, de bonne chère, laissant fuir l'ennemi, abandonnant nos soldats et les succès de la victoire.

Nous savons comment monsieur Berthelmy, reconnu comme aristocrate dans son pays, traitait les généraux qui n'étaient pas dans les secrets de la conspiration. Aussitôt qu'un général patriote avait acquis quelque connaissance dans le pays où il commandait, il le chassait aussitôt et l'envoyait dans un autre canton et en faisait autant des troupes et leur donnait sans cesse des ordres qui se choquaient les uns les autres, leur faisait faire des marches et contre-marches sans nécessité; ce qui nous a fait perdre plus de monde que les batailles. C'est ainsi qu'il a ruiné nos pauvres chevaux d'artillerie et de charroi, dont il vient de périr 150 en 6 jours.

Le général Jourdan est arrivé et installé. Toute l'armée est justement indignée contre Houchard; gardez bien soigneusement cet homme et Berthelmy; il faut faire prendre Vernon, qui est au moins aussi coupable. Ce qu'il y a de sûr, c'est que Berthelmy et Vernon qui avaient l'air de se faire la guerre, s'entendaient parfaitement bien pour nous trahir.

Salut et fraternité,

Signé : Hentz, Peyssard, Isoré, Duquesnoy.

Nous représentants du peuple envoyés près l'armée du Nord.

Lille, le 26 septembre 1793.

Conformément au décret du 6 de ce mois qui charge les représentants du peuple près des armées, de mettre en réquisition pour le service des armées toutes les subsistances qu'ils croiront nécessaires.

Arrêtent que toutes les municipalités et communes du district de Lille et du district d'Hazebrouck, ainsi que toutes les municipalités et communes qui sont dans les environs de la Lys, sont requises de fournir et de faire verser dans les magasins de Lille, sous quatre jours au plus tard, tous les foins, pailles et avoines dont elles peuvent disposer et d'après les désignations des Commissaires par Nous nommés.

Le prix en sera payé aussitôt la livraison, ainsi que les frais de transports suivant le taux fixé par la loi.

Les commissaires chargés par nous de faire exécuter la présente réquisition sont les citoyens Alexandre Bolle, Joseph Wattelier et Méezemaker, Commissaires des guerres.

Tous les commandants de la force armée sont tenus de fournir toutes les forces nécessaires pour faire exécuter à la demande desdits commissaires la présente réquisition.

Les officiers municipaux et fonctionnaires publics quelconques à ce compétent, qui, par négligence, retard ou opposition mettront des entraves à la présente réquisition, seront traités comme suspects et mis en état d'arrestation; et considérant que le salut de l'armée dépend de l'exécution des présentes réquisitions, tous les bons citoyens sont invités d'y prêter aide et assistance.

Fait à Lille, le dit jour vingt-cinq 1793. L'an IIᵉ de la République une et indivisible.

Signé : BENTABOLE et LEVASSEUR.

Le Ministre à Jourdan.

29 septembre.

Je reçois votre lettre d'hier; j'avais beaucoup d'inquiétude sur Bouchain que l'on avait laissé fort longtemps dégarni; je vois avec plaisir qu'il est enfin ravitaillé heureusement, on prétend que les habitants n'en sont pas bons. Il y faut un commandant ferme et sur lequel on puisse compter, un patriote courageux, décidé à ne jamais rendre la place et assez influent pour savoir tirer parti de toutes les ressources et sur les moyens de défense. Si vous n'y avez pas un tel homme, cherchez-le dans l'armée et l'y envoyez au plutôt; suivant le rapport du 24, que m'a envoyé votre état-major, il existe 21.717 hommes actifs dans Maubeuge et ses environs, c'est 4.000 de plus que vous ne comptiez, ces forces y sont paralysées, faute d'un chef. Ferrand est malade; il doit y avoir Mayer; au reste si vous le croyez nécessaire, vous pouvez y envoyer un bon officier qui, d'après vos combinaisons et les renforts, pourra faire une utile diversion. Il me paraît difficile que Bergues et Dunkerque soient réellement menacés; peut-être même l'ennemi ne cherche-t-il à faire quelque montre de ce côté que pour vous obliger à disséminer vos forces qui pour agir offensivement doivent être rassemblées le plus possible. Les carabiniers ont ordre de se rendre au Nord pour rétablir l'équilibre de cette armée vis-à-vis l'ennemi; vous pourrez y joindre toutes les troupes à cheval que vous avez dans les garnisons du Nord et des Ardennes, vous avez plusieurs généraux qui sortent de la cavalerie, tels que Collaud, d'Epinay, Bonnaire, Duquesnoy, Davaine; tâchez d'en découvrir un bon et confiez-lui le commandement. Le conducteur des

ARMÉE DU NORD, Division de Maubeuge.

27 septembre 1793.

État des Officiers de l'État-Major de l'Armée.

GRADE	NOMS	QUALITÉS	OBSERVATIONS
Généraux de Division.	Ferrand.........	Sans-culotte.	
	Gudin...........	Malade de corps, royaliste.	Ayant demandé sa retraite.
Généraux de Brigade.	Chancel	Bon.	
	Colomb.........	Bon, inepte.	
	Saint-Martin....	Trop vieux, inepte.	
	Desjardins	Bon.	
Adjudants Généraux.	Mayer..........	Bon.	
	Haquin..........	Modéré royaliste.	
	Leclaire	Bon.	
	Ramefort........	Bon Sans-culotte.	
	Brouard	Bon Sans-culotte.	
	Rouvin	Bon Sans-culotte.	
	Augier..........	Peu connu.	
	Tarraud.........	Mauvais.	
	Simon..........	Bon.	
	Durzi...........	Bon.	
Aides de Camp	Cazencuve	Bon.	
	Dupin	Bon.	
	Meyer..........	Bon.	
	Mabroi		
	Lampérière	Ne sont point connus.	
	Descourières....		
	Gudin...........	Neveu du Général.	
	Lebelle	Ex-noble.	
	Lalobe..........	Trop jeune.	
Adjoints.	Charpentier	Bon.	
	Stactrave	Bon.	
	Isnard	Bon.	
	Roussin.........	Bon.	Et faisant parfaitement son état.
Adjudant de la place.	Fontenai........	Actif ennemi de la Révolution.	
Adjoint de la place.	Lacour..........	Mauvais.	
Lieut-Col. de génie.	Jusancourt......	Homme de talent.	
Officiers du Génie.	Montfort, cap....	Bon.	
	Le Blanc, lieut ..	Bon.	
	Guillaume.......	Sans-culotte.	
	Couturier.......	Sans-culotte.	

Certifie en mon âme et conscience que la liste est exacte.

Maubeuge, ce 27 septembre, l'an 2 de la République une et indivisible

L'original est signé : LE COUTURIER, Président du Comité de Salut Public.

messageries nous donne des inquiétudes sur une colonne de 30 à 40.000 hommes, jeunes gens sans armes qui se dirigent sur Landrecies; leur mouvement a dû être concerté entre les représentants du peuple qui ont présidé à cette levée et le général d'armée; je vous envoie copie de cette déclaration. J'en envoie aussi une au général Bélair qui commande sous vos ordres une seconde ligne sur l'Aisne et la Somme et qui doit veiller à la sûreté des communications.

Donnez des ordres et des instructions aux généraux qui commandent des camps, cantonnements ou lignes de défense pour mettre dans tous les mouvements un ensemble, un accord qui ne fasse du tout qu'une seule masse, du camp de Dunkerque à celui de Carignan et à celui de réserve que vous ferez établir vers les sources de la Somme ou dans le lieu que vous aurez jugé le plus convenable à son objet qui est de boucher la trouée du centre entre la Somme et l'Oise. Je vais m'occuper des affaires que vous me demandez par votre lettre du 26 que je reçois à l'instant; voyez les troupes, parlez-leur le langage d'un brave sans-culotte, réveillez leur ardeur et leur haine des rois et annoncez-leur que vous les mènerez bientôt à la victoire, soutenus d'une seconde ligne formidable qui achèvera la destruction des satellites des tyrans; le moment de leur porter le dernier coup approche et quand vous aurez frappé, ne ralentissez point vos coups, ne donnez point de relâche à l'ennemi, ne le quittez point qu'il ne soit anéanti. Je donne l'ordre à Bajet, général de brigade, qui commandait ci-devant les carabiniers de se rendre au Nord.

Le citoyen Eblé, chef de bataillon d'artillerie, au général de division Merenveüe, commandant l'artillerie du Nord et des Ardennes.

Au camp de la Madelaine, le 29 septembre 1793.

Je joins ici l'état des bouches à feu, munitions, etc., que vous m'avez ordonné de vous adresser; chaque objet y est en bloc, si vous en désirez un plus détaillé, j'aurai l'honneur de vous le faire parvenir.

Les voitures des charrois des armées, qui servent ici à transporter les munitions, sont en si mauvais état que non seulement la pluie y pénètre lorsqu'elles sont permanentes, mais que plus de la moitié ne résisteraient pas à deux jours de marche dans de bons chemins et dans une saison moins mauvaise que celle où nous allons entrer; il est donc on ne peut plus essentiel de nous faire parvenir des caissons le plus tôt possible. Comme vous manquez déjà de chevaux, à mesure que les caissons arriveraient, j'y ferais atteler ceux des charrois et je renverrais leurs voitures à leur administration.

Je n'ai trouvé aucune pièce de rechange. Je vais en conséquence former un état des plus indispensables et j'en ferai la demande au citoyen La Martinière.

A mon arrivée ici, le citoyen Savary voulait rentrer à sa compagnie, mais me rappelant que vous m'aviez dit que vous le désiriez employé au parc, je me suis servi de votre nom pour le maintenir. Le zèle, l'intelligence, l'activité que j'ai remarqué qu'il met à remplir ses devoirs le rendront toujours précieux à conserver dans cette partie de son métier; ayez donc la bonté, général, de lui donner ordre de rester avec le titre que vous croirez devoir lui donner.

Il n'y a ici ni adjudant, ni adjudant-major. Vous sentez trop la nécessité de leur présence pour me refuser le citoyen Crochet, adjudant-major du 6ᵉ régiment, auquel je suis attaché.

Il n'existe point de maître artificier; je suis forcé en conséquence de confier le soin des munitions à quelques artificiers qui n'ayant jamais reçu aucune instruction ne sont point dans le cas de soigner cette partie essentielle; n'ayant d'ailleurs aucune responsabilité directe, ils ne mettent aucun intérêt à la chose. En conséquence, général, si vous ne pouviez pas détacher un maître artificier du grand parc, ne pourriez-vous pas m'autoriser à nommer ici maître artificier provisoire celui qui me paraîtra le plus capable à occuper ce poste et me permettre de lui faire donner, à titre de gratification, dix ou douze sous par jour pris sur les fonds du parc?

Vous voudrez bien aussi me dire, général, si je puis obliger les conducteurs d'artillerie à former les différents états dont nous avons besoin ou si je puis faire payer un écrivain dans les moments de presse; on demande en ce moment des états de tous côtés. Le citoyen Ledoux fils a rempli jusqu'à présent les fonctions de garde principal; il n'en a ni le titre, ni les émoluments, cela ne l'encourage pas, sa besogne surtout étant infiniment plus pénible que celle des autres conducteurs. J'ai donc encore à vous prier, général, de faire nommer un garde. Nous n'avons que 8 ouvriers et 1 sergent, les radoubs continuels à faire en nécessiteraient un plus grand nombre, mais je sais combien ils sont rares et surtout utiles dans les ateliers où ils sont employés en ce moment. C'est pourquoi je tâcherai de les suppléer par des ouvriers externes.

Deux pièces de 13 de ce parc-ci ont été prêtées au général Dumesny; leur mission étant remplie, elles ont suivi d'autres pièces et sont rentrées au grand parc; ne serait-il pas possible de les ravoir; elles étaient servies par des canonniers volontaires de l'Allier et c'est, je crois, l'escouade du lieutenant Doncieux du 6ᵉ régiment qui les a ramenées.

Vous voyez, général, le besoin urgent que nous avons particulièrement en caissons d'infanterie, nous n'avons aucun moyen de remplacer ceux de la ligne que différents accidents peuvent détruire. Je ne

17

vous envoie pas la situation des trois compagnies de canonniers à cheval. Je n'en ai encore qu'une, les autres sont divisées, j'aurai l'honneur de vous en adresser l'état incessamment. Celle dont j'ai la situation est de 80 hommes, les règlements ne portent ces compagnies qu'à 76. Je ne sais si vous avez été instruit de cette augmentation et si vous l'autorisez. L'officier qui veut bien se charger de ce paquet prendra les ordres que vous avez à me donner, si vous voulez bien l'en charger.

Le chef de bataillon : EBLÉ.

P. S. On m'a demandé différents certificats que la loi m'autorise à donner ; chaque individu voulait et prétendait qu'il devait être muni d'un cachet, mais je n'en ai pas trouvé ici et je ne sais si je dois en faire faire un.

Jourdan à La Martinière, chef de brigade, directeur de l'artillerie à Douai.

Gaverelle, 30 septembre.

Le général Chapuy vient de m'écrire que les places de Cambrai et de Bouchain qui sont sous son commandement, manquent de munitions d'artillerie et de plusieurs objets de ce genre. Vous voudrez bien, Citoyen, mettre la plus grande diligence à pourvoir ces deux places, de manière qu'elles soient en état de soutenir vigoureusement un siège.

Jourdan au payeur général de l'armée du Nord.

Gaverelle, 30 septembre.

Le général Chapuy commandant les villes de Cambrai et Bouchain vient de m'écrire que les 60.000 livres que vous avez déjà fait passer sont insuffisantes, surtout si l'ennemi cernait entièrement ces places. Vous ne perdrez pas de temps à vous informer de ce qu'il faut pour suffisamment les pourvoir en fonds et vous les y ferez passer avec la plus grande diligence.

Jourdan au citoyen général de brigade Chapuy.

Gaverelle, 30 septembre.

J'ai expédié au commissaire ordonnateur Pinthon un extrait de votre lettre, et je lui écris qu'il fit ses diligences pour pourvoir vos deux places de tout ce qui leur est nécessaire. J'ai pareillement écrit au citoyen La Martinière, directeur de l'artillerie à Douai, pour qu'il vous fournisse tout ce qui est nécessaire à votre approvisionnement.

Je l'ai chargé de m'instruire de suite des dispositions qu'il fera à ce sujet. Vous ne perdrez pas de temps à lui envoyer un état sommaire des besoins de vos deux places en ce genre.

Le payeur général a ordre de prendre connaissance des fonds qui vous sont nécessaires en cas de siège et de prendre les moyens les plus prompts pour vous les faire passer.

Faites former un état des frais d'espionnage; adressez-le au chef de l'état-major; vous en serez remboursé sur-le-champ. J'ai déjà écrit au ministre pour lui demander des mineurs; je vais m'informer là où il y a des armes. Je vous en ferai passer s'il est possible.

Mon armée manquant d'effets de campement, il m'est impossible que je vous en fasse passer. D'ailleurs je ne vois pas qu'il en soit beaucoup nécessaire dans des places menacées de siège.

Jourdan au citoyen Devise officier garde d'artillerie à Avesnes.

Gaverelle, 30 septembre 1793.

Le citoyen La Martinière chef de brigade, directeur d'artillerie à Douai, m'ayant prévenu qu'il existe dans la place d'Avesnes 1.442 boulets de 8 au-delà de l'approvisionnement qui lui est nécessaire, vous en ferez passer 1.220 dans Landrecies au reçu du présent ordre. Vous effectuerez ce versement soit par la voie de l'administration des transports militaires, soit par acquisition aux corps administratifs. Je vous préviens que, par réciprocité, je donne l'ordre au capitaine George, commandant l'artillerie à Landrecies, de faire passer à Avesnes 2.023 boulets de 12 et 6.090 de 4, qui sont en excédent dans cette place et qui compléteront vos approvisionnements.

Vous me rendrez compte de l'exécution de ces dispositions.

Jourdan au citoyen George, capitaine commandant l'artillerie à Landrecies.

Gaverelle, 30 septembre.

Le citoyen La Martinière chef de brigade, directeur de l'artillerie à Douai, m'ayant prévenu qu'il existe dans la place de Landrecies 18.093 boulets de 12 et 6.237 de 4 au-delà de son approvisionnement nécessaire, vous ferez passer à Avesnes au reçu du présent ordre, 2.023 boulets de 12 et 6.090 de 4. Vous effectuerez ce versement, soit par la voie de l'administration des transports militaires, soit par réquisition aux corps administratifs.

Je vous préviens que, par réciprocité, je donne l'ordre au citoyen Devise, officier garde d'artillerie à Avesnes, de faire passer à Landrecies 1.220 boulets de 8 qui sont en excédent dans cette place et qui compléteront votre approvisionnement. Vous me rendrez compte de l'exécution de ces dispositions.

Jourdan au citoyen La Martinière, chef de brigade, directeur de l'artillerie à Douai.

Gaverelle, 30 septembre.

J'ai donné ordre, Citoyen, en conséquence de votre lettre d'hier, au citoyen Devise, officier garde d'artillerie à Avesnes, de faire passer à Landrecies, 1.220 boulets de 8 et au citoyen George, capitaine commandant l'artillerie à Landrecies, de faire passer à Avesnes 2.023 boulets de 12 et 6.090 de 4.

Je vous m'engage à faire les plus promptes dispositions et à employer les moyens les plus prompts pour approvisionner les places de Bouchain, Cambrai, Landrecies, Avesnes et Maubeuge. Lorsque vous aurez des convois à faire passer, vous m'en préviendrez, afin que je veille à leur sûreté.

Mois d'Octobre

Jourdan aux représentants du peuple.

Gaverelle, 1er octobre 1793.

Je vous préviens, Citoyens représentants, qu'à mon arrivée au commandement de l'armée du Nord, je n'ai trouvé aucun fonds pour la partie secrète et pour les dépenses extraordinaires. J'ai été obligé d'en faire prendre chez le payeur de l'armée, afin que ce service essentiel ne souffrit aucun retard. Je vous prie de mettre à ma disposition, une somme de 50.000 livres pour ces objets.

Le Ministre de la guerre au général Belair, commandant les départements de l'Aisne et de l'Oise.

Paris, 1er octobre 1793.

Vous savez, général, que les irruptions fréquentes des ennemis jusqu'à la rivière l'Oise, les pillages et les dévastations auxquelles ils se sont livrés, ont obligé de rassembler quelques forces dans le département de l'Aisne qui ont arrêté les courses des Autrichiens. Le général Beaurgard vous a rendu compte de l'établissement d'un camp qu'il a fait sur les hauteurs de Boheries. Le bien du service y exigerait votre présence pour le visiter et diriger l'emploi le plus utile de cette force et pour la lier à l'ensemble de votre défensive, d'après le plan arrêté de concert avec le général en chef de l'armée du Nord. Ce sera à vous ensuite à répondre de toute la seconde ligne et donner vos ordres en conséquence tant au général Beaurgard pour votre droite qu'au général Parant pour votre gauche.

Profitez de l'énergie des citoyens, parlez-leur dans les divers rassemblements, indiquez-leur les moyens de rendre eur zèle et leur courage utiles à leur pays. Voyez aussi les Sociétés populaires, les autorités constituées, enfin entendez-vous avec les représentants du peuple sur tout ce qui peut augmenter le développement des forces républicaines ; donnez vos soins au camp de Réunion, sans cela les jaloux et les malveillants vous amuseront ; d'ailleurs, c'est votre devoir.

Les mouvements ennemis du côté de Maubeuge rendent votre présence encore plus nécessaire au camp de Réunion.

Le commandant de Péronne demande une garnison ; envoyez-lui une prise sur les réquisitions, si vous ne pouvez faire mieux. Surtout un peu de cavalerie pour les découvertes.

Jourdan à Fromentin.

2 octobre.

Il est ordonné au général de division Fromentin, commandant les flanqueurs de droite, de partir demain 3 avec sa division à 5 heures du matin pour se rendre à Bapaume, d'où il partira le lendemain 4 pour Péronne, le 5 à Saint-Quentin, et le 6 à Guise où il restera jusqu'à nouvel ordre.

Le citoyen Fromentin aura à ses ordres, outre l'artillerie qui est attachée à sa division, un parc d'artillerie composé de 2 pièces de 8, une de 12, et un obusier de 6 pouces. Le parc se trouvera prêt à suivre la colonne sur le chemin d'Arras, à la sortie du bourg de Gaverelle. Le général Fromentin aura encore sous les ordres le 6e régiment de cavalerie, le 22e de cavalerie et un escadron du 19e régiment de chasseurs auquel il indiquera un rendez-vous pour le départ. Le général Fromentin aura soin de faire filer sa colonne dans le plus grand ordre, de ne permettre qu'aucun militaire ne s'en écarte. Il fera publié une défense expresse que personne n'entre dans les cabarets ou maisons pendant le cours de la marche. Il donnera des ordres au vaguemestre général pour que les vague-mestres particuliers des bataillons se trouvent à leurs voitures, qu'ils ne permettent qu'aucune personne autre que les femmes attachées par privilège aux bataillons montent dessus. Il en sera de même pour l'artillerie. Il ne permettra point sous aucun prétexte que per-sonne monte sur les trains et caissons. Il commandera à cet effet des détachements de cavalerie pour parcourir la ligne et veiller à ce que les ordres soient scrupuleusement observés.

Le citoyen Fromentin donnera des ordres pour que les voitures portant les équipages de campement partent 2 heures avant le jour. Il fera faire défense de brûler la paille de campement.

Il indiquera et fera mettre l'ordre, le lieu et l'heure des distribu-tions. Il veillera à ce qu'il ne soit commis aucun délit et s'il s'en commet de faire arrêter sur-le-champ les délinquants et les livrer à la rigueur des lois. Il aura la plus grande précaution pour que les magasins à fourrage ne soient pas pillés. Il y mettra à cet effet une garde assez considérable pour prévenir cet accident.

Le 6e de cavalerie est cantonné à Plouvain.

Le 22e à Sailly et Ostrevent.

Le 19e à Chauny.

P. S. Le 19e chasseurs étant parti pour Chauny afin de se rétablir, vous ne devez plus compter sur lui.

Jourdan au général Béru à Lille.

1er octobre 1793.

L'ennemi a forcé les avant-postes de Maubeuge. Peut-être cette place est investie dans ce moment. Il n'est plus temps de délibérer, il faut agir. Je n'ai point ici de forces suffisantes pour cela. Il faut donc que vous organisiez de suite un corps de 12.000 hommes dans lequel vous comprendrez le 24e et le 13e régiments de cavalerie, le 2e et le 3e régiments de dragons, une compagnie d'artillerie légère et de l'infanterie légère; vous prendrez ces troupes depuis Armentières jusqu'à Mons-en-Pévesle. Vous diviserez ce corps en demi-brigades, brigades et divisions et une avant-garde. Vous y placerez le plus de généraux qu'il vous sera possible. Vous choisirez pour cette opération les bataillons que vous croirez les plus propres à se bien battre. Vous vous concerterez avec les représentants du peuple et en leur absence avec les corps administratifs pour remplacer ces troupes par des citoyens de nouvelle levée. Lorsque vous aurez organisé ce corps, vous l'enverrez à Arras, en le faisant passer par Lens; vous donnerez l'ordre à celui qui le commandera de m'envoyer un adjoint, un jour avant son arrivée à Arras, afin que je lui désigne le lieu du campement. Vous mettrez la plus grande célérité dans cette opération, vous m'instruirez du jour du départ de cette troupe, vous vous tiendrez sur la défensive pendant cette opération; ce mouvement est absolument nécessaire et la conservation de Maubeuge, Landrecies et Avesnes dépend de sa célérité. Vous ferez pourvoir à la subsistance de ces troupes, jusqu'à leur arrivée à Arras.

Jourdan au général Davaine à Cassel.

L'ennemi a forcé les avant-postes de Maubeuge; il a passé la Sambre et peut-être en ce moment cette place est investie, il faut absolument agir. Je n'ai point ici de forces suffisantes. Il faut donc que vous organisiez de suite un corps de 10.000 hommes, en y comprenant le 2e régiment de hussards, le 7e régiment de cavalerie, et de l'infanterie légère; vous prendrez ces troupes depuis Dunkerque jusqu'à Bailleul, et vous diviserez celles qui vous resteront de la manière la plus convenable pour tenir sur la défensive; vous diviserez ce corps en

demi-brigade, brigade, division et avant-garde. Vous y placerez le plus
d'officiers généraux qu'il vous sera possible. Vous choisirez pour cette
opération les bataillons que vous croirez les plus propres à se bien
battre. Vous vous concerterez avec les représentants du peuple et en
leur absence avec les corps administratifs pour remplacer ces troupes
par des citoyens de nouvelle levée; lorsque vous aurez organisé ce
corps, vous l'enverrez à Arras, en le faisant passer par Béthune et Lens.
Vous donnerez à celui qui le commandera l'ordre de m'envoyer un
adjoint un jour avant son arrivée à Arras, afin que je lui désigne le
lieu du campement. Vous mettrez la plus grande célérité dans cette
opération. Vous m'instruirez du jour du départ de cette troupe. Ce
mouvement est absolument nécessaire et la conservation de Maubeuge, Landrecies et Avesnes dépend de sa célérité. Vous ferez pourvoir à la subsistance de ces troupes, jusqu'à leur arrivée à Arras.

Ordre du 1er au 2 octobre.

On désirerait connaître le citoyen Fabulet, quartier-maître au
12ᵉ régiment de cavalerie; donner de ses nouvelles au quartier
général.

On distribuera aujourd'hui le bulletin du 26, le *Républicain* du 28
et le *Rougyff*.

La commission militaire a condamné Paris, Tranquille Aubry,
Joseph Guillot, Charles François Fauvet, Pierre Beaufils, Philibert
Lefranc et Pierre Lafleur, soldats au 9ᵉ bataillon de la Seine-Inférieure
à un mois de prison pour s'être fait vendre à vil prix des volailles chez
un citoyen.

On vendra demain, à 10 heures du matin au quartier général à
Gaverelle, un superbe cheval d'escadron âgé de 5 ans.

Le général recommande aux charretiers et à tous les soldats de ne
point marcher à travers les champs et de suivre les chemins frayés de
coutume; ceux qui enfreindront cet ordre, seront sévèrement punis et
obligés d'indemniser les propriétaires du dégât qu'ils commettront.

Les commandants des différentes divisions de l'armée qui envoient
l'état de situation de leurs troupes tous les jours, ne l'enverront à dater
de demain, que tous les quatre jours, en observant d'y mettre les
mutations en tous genres survenues pendant ce temps et en remplis-
sant toutes les cases des modèles qu'on leur envoie ci-joint.

Jourdan aux représentants du peuple.

Gaverelle, 2 octobre 1793.

J'ai été informé hier que l'ennemi ayant passé la Sambre au-dessus
et au-dessous de Maubeuge, avait cerné cette place. Les camps qui

étaient en avant de cette ville n'ont point fait de résistance; ils ont abandonné leurs tentes et leurs canons. Ils se sont repliés en désordre sur le camp retranché. Il est donc de toute nécessité que je suspende le projet dont je vous avais fait part et qui demanderait un trop long délai et que je me porte au secours de Maubeuge. J'ai donné en conséquence un ordre à une division de 8 à 9.000 hommes formant mon avant-garde de partir demain matin pour se rendre à Bapaume, d'où elle se rendra à Guise. Je compte la suivre de près. J'attends pour me mettre en route que 12.000 hommes que je tire des environs de Lille et 10.000 que je fais venir de Cassel soient arrivés, car il faut que je laisse à la position que j'occupe au moins 10.000 hommes; il serait dangereux, vu la proximité de l'ennemi dans cette partie, de laisser à découvert le pays; l'ennemi pourrait pousser ses partis jusqu'aux portes d'Arras. Je vous prie de donner vos ordres pour que les corps de nouvelle levée remplacent les troupes que je suis obligé de retirer. Il existe de nombreux bataillons, mais ils ne sont point armés. Je suis persuadé que par vos bons soins, nous serons bientôt en état de résister à tous les efforts des puissances coalisées.

Jourdan au général Béru.

Gaverelle, 2 octobre 1793.

Je suis satisfait, Citoyen général, de la célérité que vous mettez à remplir les ordres que je vous ai donnés; je m'en rapporte à vous sur les différentes dispositions que vous êtes obligé de faire en raison de la force que je suis obligé de vous enlever. Il faut au moins les deux généraux que vous m'annoncez. Il faut aussi que cette division ait un état-major suffisant. Vous recommanderez au général qui en aura la conduite de m'envoyer un adjoint à Gaverelle pour que je puisse lui désigner le lieu de campement que je veux lui faire occuper auprès d'Arras. N'ayant pas à ma disposition de général pour remplacer le général *Bonnaire,* il suivra la division. Comme je tire de Cassel un corps de 10.000 hommes, il m'est impossible d'ordonner au commandant des troupes de Bailleul de faire occuper les 2 postes intermédiaires entre cette dernière ville et Armentières. Tâchez de tirer le meilleur parti des troupes de la nouvelle levée qui sont à Lille et de continuer d'occuper les postes que vous auriez désiré faire garder par les troupes de Bailleul.

Courtois, commandant temporaire de Landrecies, au Comité du Salut public.

3 octobre 1793.

La place de Landrecies a été le point de réunion des citoyens provenant de la levée faite en vertu de la réquisition dans les départements de la Somme; il y en restait encore un bataillon. La place étant sur le point d'être cernée, je n'ai pu fermer les yeux sur les inconvénients auxquels nous serions exposés, s'il y restait plus longtemps.

Cette considération m'a engagé à convoquer le Conseil de guerre à l'effet de prendre une détermination à ce sujet; il en est résulté qu'il m'a formellement autorisé à requérir la municipalité de Landrecies de le faire sortir de la ville, pour une destination quelconque, mesure qui m'avait été proposée par un membre du Conseil général de la commune et que l'urgence des conjonctures prescrivait impérieusement.

Vous trouverez ci-joint extrait du procès-verbal dudit Conseil de guerre.

J'ai profité de cette autorisation, j'ai requis la municipalité à cet effet; le bataillon a reçu ordre de partir et s'y est conformé, sans qu'on se soit donné la peine de m'en donner avis. Le matin, l'ordre du départ était public, quoique cependant l'expérience journalière ait jusqu'à présent démontré qu'on ne saurait prendre trop de précautions pour ne point divulguer un ordre de cette nature; moi seul, je n'en avais point connaissance.

Quand le bataillon fut en route, la cavalerie ennemie, que la malveillance avait eu le temps d'instruire de son départ, se présenta au nombre de 200 hommes qui l'assaillirent et le dispersèrent entièrement; quelques-uns se sont repliés sur Landrecies; je leur demandai des renseignements dont vous trouverez les résultats ci-joints.

Pour surcroît de malheur, un obusier et un affût de rechange, envoyés par le général Beaurgard, se sont trouvés sur la même route à cette époque et l'ennemi s'en est emparé.

Quelques précautions auraient obvié à ces inconvénients, si on n'eût pas divulgué le départ de ces bataillons. Si la municipalité de Landrecies m'avait accordé une réponse à la réquisition que je lui ai faite, si dis-je, elle m'avait demandé une escorte, cette funeste catastrophe n'eût pas eu lieu.

Si, en outre le général Beaurgard m'eût averti de l'envoi qui m'était expédié, les pièces d'artillerie n'eussent pas tombé au pouvoir de l'ennemi.

Les Représentants du peuple, envoyés près l'armée du Nord, au Comité du Salut public.

Dunkerque, 3 octobre.

Partis et rendus avant-hier à Saint-Omer, nous comptions y séjourner quelque temps, lorsque, dans la nuit même, les généraux Davaine et Souham vinrent nous faire part qu'ils avaient reçu l'ordre de faire filer 10.000 hommes pour Maubeuge; les faire passer, c'est un devoir que les généraux s'occupent à remplir, mais comme cette nouvelle disposition affaiblit cette partie de l'armée, nous sommes revenus à Dunkerque, point trop important, ainsi que Bergues, pour qu'il n'y ait pas des représentants sur la simple possibilité d'un nouveau danger ; envoyez-nous deux collègues encore, avec lesquels nous nous distribuerons les autres places, d'ici quelque temps ; nous croyons cette mesure bonne ; les motifs en sont dans notre dernière lettre.

Rappelez-vous aussi, chers Collègues, qu'il nous faut des armes pour le contingent de la dernière levée ; nous allons tirer du magasin le peu qu'il en a ; cela ne donnera peut-être pas 100 fusils par bataillon ; retirer des mains de l'habitant ses armes pour les procurer aux contingents, c'est un parti que nous aurions pris, si la République y eut gagné ; mais les habitants de ces pays ont déjà vu l'ennemi et beaucoup se sont mesurés avec lui de très près ; un assez grand nombre aussi connaît le maniement des armes et les leur retirer, quand ils sont eux-mêmes en réquisition, n'eût offert, nous le croyons, qu'une fausse mesure et une secousse dangereuse ; c'est de vous que nous attendons des armes. Les subsistances nous causent toujours assez d'embarras, mais la peine que l'on prend pour le salut de la République ne doit pas être comptée ; nos moyens personnels ne sont pas bien étendus, mais ils sont sans réserve pour notre pays.

TRULLARD BERLIER.

Jourdan au capitaine Gratien, général de brigade à Carvin.

3 octobre 1793.

Vous partirez demain de Carvin à la pointe du jour et vous dirigerez votre marche sur Arras ; vous camperez près de cette ville ; vous donnerez en conséquence des ordres à un adjudant général pour qu'il vienne prendre ici mes instructions et l'indication du terrain.

Le général Parant, au général de division Belair, commandant l'armée intermédiaire.

Au quartier général de Saint-Quentin, 3 octobre 1793, à 11 heures et demie de la nuit.

Conformément à votre lettre datée de ce jour, j'ai commencé à prendre les renseignements que vous désiriez sur le rassemblement à la Réunion-sur-Oise de la jeunesse de 18 à 25 ans, partie de Saint-Quentin le 29 du mois dernier ; le président des districts ici présent me déclare que le départ s'est effectué avec précipitation d'après un arrêté du département de l'Aisne, pris sur celui du représentant du peuple Isoré, qui mettait sous la responsabilité de cette administration, toute espèce de retard.

De la levée du district de Saint-Quentin d'environ 2.000, 600 à 700 hommes sont partis avec à peu près 300 fusils de calibre, mais de réforme. L'administration du district a fait partir hier, sur des voitures, tous les fusils de chasse rassemblés dans les communes et en état de service; il n'y a que le dixième de cette jeunesse d'habillé et équipé. Cette jeunesse de Saint-Quentin avait été précédée par les bataillons de Péronne et Montdidier se dirigeant sur le même point, et j'ai été informé qu'une partie de ces bataillons avait été placée à Landrecies et dans les environs, mais que peu de jours après, ils se sont débandés et sont revenus vers leurs foyers, déclarant avoir été attaqués par l'ennemi. J'ai pris dans le moment et je continue de prendre les mesures les plus efficaces pour les forcer de retourner à leurs postes, car aujourd'hui j'en ai renvoyé 152 au général Beaurgard, que mes patrouilles avaient arrêtés et les ai fait escorter par une demi-compagnie de grenadiers.

Au surplus, cette levée n'a pas paru mieux armée et équipée que celle de ce district.

Ordre du 3 au 4 octobre.

D'après de justes réclamations de plusieurs propriétaires, il est défendu expressément aux charretiers d'artillerie, de charrois et d'administration, de vendre ou de faire enlever le fumier qui se trouve sur le terrain occupé par les parcs ou administrations, vu qu'il doit rester aux propriétaires des champs pour les indemniser du dégât que cela y occasionne. Les chefs des dits charretiers sont responsables personnellement de l'infraction à cet ordre.

Suit la copie d'une lettre du Ministre aux conseils d'administration des bataillons de garde nationale, etc., en date du 27 septembre.

Il sera vendu à 11 heures du matin au quartier général de Gaverelle, un superbe cheval d'escadron âgé de 5 ans.

Il sera vendu à la même heure, une jument propre à la selle et au cabriolet âgée de 5 ans, taille de 4 pieds, 11 pouces. On distribuera demain, à 5 heures du matin, à Fresne-Montauban une dernière botte de paille par homme, pour renouveler la vieille. L'effectif du bataillon devra être sur le reçu, et il sera fait des bons séparés pour les officiers qui doivent les payer suivant le règlement du 5 avril 1792.

Le général de brigade Chapuy, commandant en chef à Cambrai, au Comité de Salut public.

Cambrai, le 4 octobre.

J'ai l'honneur de vous adresser les états d'approvisionnements de Cambrai au 1er de ce mois, où vous verrez d'un coup d'œil tout ce qui nous manque. Je vous prie de faire attention que j'ai mis à la fin de celui d'artillerie une apostille de ce qu'il nous est arrivé dans ce genre, depuis le 1er jusqu'au 4 inclusivement, ce qui est à déduire de ce qui nous manquait au 1er de ce mois. Il est urgent de pourvoir aux besoins de cette place, surtout en poudre dont nous avons que le quart de ce qu'il nous faut, et en boulets. Le représentant du peuple, citoyen Laurent, travaille activement à nous approvisionner en bois, en vivres et fourrages, et j'espère que ses soins ne seront pas infructueux.

Le Ministre de la guerre à Jourdan.

4 octobre.

Je vous envoie, général, copie de la lettre du citoyen Perrin à l'armée des Ardennes ainsi que le tableau des forces qui se portent sur Hirson. En ce moment, elles se montent à 4.000 hommes dont 700 de cavalerie; le camp de Réunion-sur-Oise, présente une force de 10.000 hommes, suivant les rapports, dont 3.000 armés de fusil avec 18 pièces de canon. Le général Belair ne manquera pas d'exécuter les ordres que vous serez dans le cas de lui donner et de contribuer par les moyens qui sont sous son commandement à la défense de la chose publique dont vous vous occupez essentiellement. L'arrêté du Comité de Salut Public qui met à votre disposition l'armée des Ardennes, que j'ai également envoyé au général de cette armée, avec invitation d'aller promptement se concerter avec vous, vous donne les moyens de force que vous réclamiez dans votre dernière lettre. J'ai communiqué votre lettre du 3 au Comité de Salut Public; les événements prochains que vous annoncez ne peuvent que faire désirer avec impatience de vos nouvelles. Prenez confiance dans le courage de nos soldats et dans la volonté de la nation qui veut décidément être libre. Les patriotes ont confiance en vous, l'on s'occupe de remplir vos différentes demandes relativement aux besoins de l'armée.

Le général de brigade Parant, commandant à Saint-Quentin au Ministre de la guerre.

Au quartier général de Saint-Quentin, 4 octobre 1793.

J'ai l'honneur de vous rendre compte, Citoyen Ministre, qu'il nous arrive demain, cinq du présent mois, une colonne de l'armée du Nord composée de 11.000 hommes, tant infanterie que cavalerie, qui partira de cette place le 6 pour se rendre à la Réunion-sur-Oise, ci-devant Guise. J'ai aussi celui de vous rendre compte que la plupart des jeunes gens de la réquisition de 18 à 25 ans composée des districts de Montdidier et de Péronne, assemblés du côté de Guise et

Landrecies s'en retournaient dans leurs foyers; il y a tout à parier qu'ils y étaient excités par la malveillance.

Sitôt que j'ai eu connaissance de cette désertion, j'ai envoyé, sur-le-champ, des patrouilles à cheval sur la droite et la gauche du chemin de Saint-Quentin à Guise avec ordre de les arrêter et de les amener à Saint-Quentin, pour de là être conduits à leurs postes avec escorte. J'en ai déjà envoyé 154 hier et un cent ce matin, après les avoir exhortés à ne plus quitter leurs postes.

J'apprends dans ce moment avec grand plaisir qu'ils commencent à se dépersuader des insinuations perfides qu'on leur avait suggérées.

Le général Beaurgard a pris les mêmes précautions.

Les citoyen et citoyenne Le Beuf ainsi que notre ami François de Cambrai m'ont fait le plaisir d'accepter hier mon souper républicain. Nous avons bu à votre santé et bien parlé de vous; ils me chargent tous de vous dire mille choses honnêtes de leur part.

Le général en chef Jourdan, au citoyen Merenveüe, général, commandant l'artillerie.

Au quartier général à Gaverelle, 4 octobre.

Je vous préviens, Citoyen, que votre parc d'artillerie doit se tenir prêt pour se mettre en route le six du présent et suivre la colonne qui partira du camp de Rœux le même jour. Il y a un corps de pionniers à Arras que je mets sous vos ordres; vous lui ferez passer en conséquence les vôtres.

Copie de l'arrêté des représentants du peuple envoyés près l'armée du Nord, du 4 octobre 1793, l'an IIe de la République française.

Considérant que les efforts des malveillants se dirigent depuis longtemps sur les subsistances militaires, et que près des armées on ne voit que des administrations cherchant perpétuellement à entraver toutes les opérations relatives aux approvisionnements; que depuis les chefs jusqu'au dernier des employés, il n'existe que des hommes qui voudraient faire manquer les différents objets de subsistances militaires; qu'ils se rejettent les uns sur les autres, les fautes qui se commettent en ce genre; et considérant que le salut de l'armée et le salut public exigent, de concert que l'on prenne des mesures sévères pour arrêter tous les désordres qui se commettent dans les différentes administrations et que ce n'est que par des exemples frappants que l'on peut porter la terreur dans l'âme de ses vrais conspirateurs.

Arrêtons qu'il sera nommé une commission militaire *ad hoc* pour juger tous les chefs et employés dans les administrations de l'armée. Cette commission sera composée de cinq membres; ses jugements seront portés à la majorité de trois voix.

Tout chef d'administration ou employé qui sera convaincu par preuves orales de trois témoins irrécusables, ou par un procès-verbal revêtu d'une signature et appuyé d'une preuve orale, de malversation, de négligence dans les versements, les transports et approvisionnements de l'armée, sera regardé comme coupable de manœuvres contre-révolutionnaires et mis à mort dans les 24 heures à la tête de l'armée, ou de la division près de laquelle sera le convaincu.

Aucun chef d'administration ni employé dans l'armée du Nord, ne pourra se retirer et éviter par son évasion le châtiment qu'il aurait pu mériter. Il est ordonné à tous commandants de la force armée de les arrêter, s'ils viennent à abandonner l'armée, tels passeports qu'ils puissent avoir.

Faisons défense à toute autorité constituée, d'en délivrer aux individus qui auraient été employés dans les différentes administrations.

Les représentants du peuple auront seuls le droit d'en délivrer à ceux qui seraient dans le cas pour raison de maladie, notoirement connue, d'en demander.

Le présent arrêté sera imprimé, publié, affiché, mis à l'ordre pour être fait lecture à la tête des différentes divisions de l'armée et envoyé au Comité de salut public de la Convention nationale.

Signé : Elie LACOSTE, DUQUESNOY, PEYSSARD.

Laon, 5 octobre.

Nous vous prions de donner la plus grande attention aux relations que vont vous faire les deux commissaires de la société populaire du district de Vervins, sur la triste situation de la ville de Guise et de son prétendu camp, ainsi que sur le compte du général Beaurgard.

Nous travaillons à sauver cette partie du département de l'Aisne et nous espérons encore y parvenir.

Nous vous ferons part. sous deux jours, des mesures que l'urgence du danger nous nécessite à prendre; nous sommes fraternellement vos collègues.

LEJEUNE, ROUX.

P. S. La situation de Maubeuge est très critique. Un grand mouvement de l'armée de Maubeuge peut seul y apporter un changement utile. On nous assure que le général Jourdan y fait passer 12.000 hommes.

Belair, général de l'armée intermédiaire au Ministre de la guerre.

Péronne, 5 octobre 1793.

Vous trouverez ci-incluses : 1° Une copie de la lettre que j'ai reçue hier, et à l'instant par duplicata, du citoyen général Parant, commandant à Saint-Quentin, sur ce qui avait pu donner lieu à la déposition exagérée du citoyen Valentin ; 2° Copie d'une lettre que je viens d'adresser au général en chef, le citoyen Jourdan ; vous verrez que mes efforts, secondés par ceux de l'infatigable et zélé citoyen Laurent, ont assuré à cette armée, qui vivait au jour le jour, des subsistances, des fourrages, des chevaux d'artillerie et du bois à brûler, dont elle manquait, ainsi que les places que nous venons de visiter et particulièrement Cambrai. En réponse à votre lettre du premier de ce mois, je vous dirai, Citoyen Ministre, que le citoyen Laurent peut certifier du zèle ardent avec lequel j'ai combattu le modérantisme, le relâchement de la discipline militaire, la négligence dans le service, dans la conservation des propriétés nationales et comment, lui et moi, avons cherché à échauffer le zèle des autorités constituées, des sociétés populaires, des différentes armes qui composent la force publique, des officiers d'artillerie, du génie, des officiers de santé et de tous ceux qui pouvaient coopérer au bien public. Nous avons couru en poste toutes les nuits, nous avons travaillé tous les jours, nous avons visité les camps, les cantonnements, les places fortes, les casernes, les hôpitaux. Après avoir renforcé la garnison de Cambrai et l'artillerie de cette place, nous avons assuré les approvisionnements, les vivres, le bois de chauffage, les fourrages, etc.... des armées du Nord et des Ardennes venues des places de Cambrai, d'Arras, de Lille et de Bouchain et des départements de la Somme et de l'Aisne, sans cesser de correspondre avec les commandants militaires de ces deux départements ; peu d'hommes, je crois, peu de républicains, des plus zélés, pouvaient avoir pu suffire à des travaux aussi multipliés en aussi peu de temps.

Je dois vous prévenir, qu'excepté le général Parant, le commandant de l'artillerie de Saint-Quentin et le commissaire Lunit de la Serre, les autres et nommément les généraux Barthel et Beaurgard, se sont donnés la peine de m'instruire de ce qu'ils devaient me faire savoir.

En allant, suivant vos ordres, voir le plus tôt possible les travaux faits sous les ordres du général Beaurgard pour chercher à les lier à un plan de défensive générale, et à un grand ensemble, je lui reprocherai, de manière à l'engager à mieux faire, ses manques de discipline, d'obéissance et son inexactitude : je lui recommanderai fortement de ne plus entraver, comme il le fait, le service des subsistances, par des actes de despotisme, et son manque d'égards ; s'il ne se conforme pas à des ordres donnés par le désir de voir la République bien servie et bien défendue, j'aurai soin de vous en instruire. Je vous demanderai toujours des armes, de la cavalerie et de l'artillerie. Que pourrais-je faire sans moyens?

A. P. Julienne BELAIR.

Le chef de brigade commandant à Péronne au Ministre de la guerre.

Péronne, 5 octobre 1793.

Je vous annonce, Citoyen Ministre, qu'hier une division de 11.000 hommes flanqueurs de droite de l'armée du Nord sont passés à Péronne marchant en guerre avec effets de campements. Cette division, commandée par le général Fromentin, a campé sous les murs de Péronne et est partie ce matin pour Saint-Quentin d'où elle se rendra à Guise. J'ai prévenu le général Parant commandant à Saint-Quentin de l'arrivée de la troupe. D'après une lettre du commissaire ordonnateur Pinthon, on a préparé ici des vivres pour deux jours en viande et pain, et la troupe emportera ces vivres avec elle.

Je ne puis vous peindre, Citoyen Ministre, la confusion qui a régné dans les distributions de vivres et de fourrages, vous pourrez vous en convaincre facilement, quand vous saurez qu'on n'a su que fort tard l'arrivée des troupes, qu'on ignorait sa marche et sa composition, qu'on ne savait si elle devait camper ou cantonner. Dans l'incertitude où j'étais, j'avais préparé des cantonnements et je n'ai su que la division campait que lors de son arrivée. Je vous adresse copie de la lettre que m'a écrite le commandant de Saint-Quentin; elle pourra vous donner quelques éclaircissements sur la situation actuelle de Maubeuge.

CALANDINY.

Péronne, 5 octobre.

Citoyens, mes collègues,

« Les entraves que l'on met à la marche de cette armée, par défaut d'ordre dans les cantonnements et approvisionnements sont affligeantes. Il faut lutter à chaque minute contre l'égoïsme et la malveillance. Je fais tout mon possible pour obtenir des succès. Je vais partir à l'instant pour Bapaume où l'on vient d'arrêter un convoi de fourrages, indispensable pour le quartier général de Gaverelle.

La compagnie Moreau dont le ministre a le traité, entrave la marche des fourrages. Point d'ordre, point d'activité; tout est en retard, et les étapes vont leur train. Cependant, j'ai cru devoir la ménager dans les circonstances présentes où la crise est forte et où chacun veut se rendre nécessaire. Jugez de celle où je me trouve?

Quoique nos magasins de Péronne s'épuisent, je vais les remplir, et jeter dans Cambrai ce qui lui est nécessaire, en fait d'approvisionnement. Mais Paris nous gêne en venant s'approvisionner au

centre de l'armée. Il s'est présenté hier un citoyen muni d'un ordre
de la municipalité, signé Pache, pour lever dans le district huit
quintaux de froment par charrue, et cela au moment où Amiens
même en demande. Je crois Paris entouré de greniers assez abon-
dants pour se dispenser d'envoyer jusqu'à Péronne.

L'indiscipline dans l'armée, quant à la manutention de l'armement,
est dans un degré qui peut à peine se concevoir. Je vais faire mettre
tout sous la responsabilité des chefs, et les punir. Il n'y a pas d'autre
moyen d'éviter les frais immenses de toutes espèces de réparations.
Malgré que cet objet ait été mis plusieurs fois à l'ordre du jour, les
officiers plient par popularité ou insouciance, et rien ne s'exécute.
J'avais bien dit qu'il faut une fois vivre ou mourir en républicain.

J'avais le devis des bois qui environnent la Fère, et dont on pourra
faire la coupe pour approvisionner les places. J'en profiterai pour
mettre nos garnisons à l'abri du besoin ; car elles brûlent bois de lits,
fenêtres, portes, pour faire bouillir la marmite.

Il est des bataillons tout déguenillés. Le citoyen Piogé commandant des volontaires nationaux en garnison à Douai, m'a dit que les
fournitures de son bataillon étaient à Saint-Denis et que rien
ne lui parvenait. Ordonnez au ministre d'accélérer la fourniture des
habits pour les formalités requises. Il y a onze paires de souliers au
magasin de Péronne, où l'armée passe journellement par détachement.

LAURENT.

*Le général en chef Jourdan au citoyen Balland, général de
division.*

Gaverelle, le 5 octobre 1793.

Je vous préviens que vous vous mettrez en marche demain avec la
division dont je vous envoie l'état ci-joint et dont vous prendrez le
commandement : vous partirez à la pointe du jour, vous passerez par
Arras et irez coucher à Bapaume. Vous ferez cantonner votre cavalerie,
et camper votre infanterie aux environs de cette place. Le lendemain
vous coucherez à Péronne, le 9 à Saint-Quentin, et le 10 à Guise
où vous resterez en attendant des ordres ultérieurs. Vous allez en
conséquence donner des ordres à toutes les troupes qui doivent com-
poser cette colonne, de se disposer pour le départ demain 6, à
l'heure et au lieu que vous indiquerez pour le rassemblement.

Je vous observe que le 21ᵉ régiment de chasseurs, le 3ᵉ régiment
de chasseurs, le 2ᵉ bataillon de la Gironde, le 89ᵉ régiment et le 1ᵉʳ
de la Haute-Marne qui sont aux flanqueurs de gauche, se trouvent
trop éloignés et que par conséquent la journée de demain serait
trop fatigante pour eux; il est nécessaire de les mettre sur-le-champ
en mouvement. Vous leur expédierez en conséquence l'ordre de venir
camper et cantonner ce soir aux environs de Gaverelle; ils enverront

18

un adjoint intelligent au quartier général; on lui indiquera l'emplacement qu'ils doivent occuper.

Vous aurez soin de faire marcher votre colonne dans le plus grand ordre, que personne ne s'écarte dans la route, que les pailles du campement ne soient point brûlées, que les voitures marchent dans l'ordre, qui leur sera prescrit, que les vaguemestres ne laissent monter dessus que les personnes qui y ont droit, que les logements partent au moins deux heures avant la colonne pour indiquer avec la plus grande précision les lieux de campement et cantonnement.

Le citoyen Balland aura sous ses ordres les généraux de brigade Thori et Bastoul.

Trullard et Berlier, représentants du peuple, envoyés près l'armée du Nord, au Comité du Salut Public.

Saint-Omer, 6 octobre.

Nous venons de finir notre séjour à Dunkerque que nous n'y avions prolongé que pour pourvoir à ce que cette place fut mise en état; les dispositions sont prises, et l'exécution est déjà fort avancée, l'ingénieur qui y commande est patriote et intelligent; l'ennemi est toujours dans les mêmes positions; il n'est pas actuellement très nombreux de ce côté, mais le nombre de nos troupes vient aussi d'y éprouver une assez forte diminution par la partie qui en a été détachée pour être portée du côté de Maubeuge. Rien cependant n'annonce qu'on veuille tenter de nouvelles attaques, dans cette partie-ci, mais en guerre, les événements se succèdent rapidement et l'on se croit souvent dégagé à la veille d'une action.

Nous venons de faire des réquisitions pour pourvoir autant qu'il sera possible à l'habillement et surtout à l'armement des nouvelles levées. S'il eut été possible que les bataillons d'ancienne levée, en partie extrêmement affaiblis, se fussent recrutés avec le nouveau contingent, ce parti aurait pu avoir son avantage; c'est à vous à juger cette observation; en attendant l'essentiel est d'avoir des soldats dans quelques bataillons qui servent et nous y travaillons.

Une multitude de réclamations nous sont généralement portées pour obtenir des exceptions à la réquisition; nous les avons toutes rejetées, parce que nous devons, les premiers, l'exemple de l'obéissance à la loi; il est cependant un cas bien favorable et très fréquent; c'est celui de pauvres laboureurs ou de veuves dont les enfants sont tous dans l'intervalle de 18 à 25 ans, qui désireraient en conserver au moins un; voyez s'il convient de le proposer à la Convention.

Nous vous instruirons exactement de ce que nous allons faire à Saint-Omer.

Salut et fraternité,   BERLIER, TRULLARD.

Les représentants du peuple près l'armée du Nord à la Convention Nationale.

Arras, 7 octobre 1793.

Les tyrans, les traîtres et les conspirateurs, convaincus que le courage de nos soldats républicains sera toujours victorieux contre le vil ramas de satellites que les monstres couronnés leur opposent, tournent tous leurs efforts vers les subsistances militaires. On ne peut se faire une idée des obstacles sans cesse renaissants que nous font éprouver, dans toutes les parties du service, les différentes administrations de l'armée. La surveillance la plus active secondée par le civisme des membres des autorités constituées d'Arras, a eu toutes les peines de nous préserver des plus grands malheurs. Ces manœuvres des différentes administrations, où il n'existe que des contre-révolutionnaires, et les dangers inévitables qu'elles occasionneraient, nous ont déterminé à former une commission révolutionnaire, composée de 5 membres, pour juger tous les délits dont se rendraient coupables les chefs et employés de ces administrations.

Nous vous adressons ainsi qu'au Comité du Salut public un exemplaire de notre arrêté dont la simple publication a déjà produit un effet salutaire.

Nous laissons à votre sagesse d'examiner cet arrêté dont l'exécution nous a paru être rendue impérieuse dans les circonstances.

Nous recevons à l'instant, Citoyens collègues, une lettre des officiers, sous-officiers, volontaires du 1er bataillon de la Haute-Marne qui réclament contre une erreur insérée dans le bulletin de la séance du 28 septembre, où l'on rend compte à la République entière des actions d'éclat qui ont eu lieu tant à Hondtschoote qu'à Werwick et à Menin. Il est dit dans ce bulletin : « *A l'affaire de Werwick, le régiment ci-devant Suède et le 2e bataillon de la Vienne se sont particulièrement distingués* ». C'est le premier bataillon de la Haute-Marne et non le 2e de la Vienne et les braves officiers, sous-officiers et volontaires du 1er bataillon de la Haute-Marne, en rendant justice à la bravoure du 2e bataillon de la Vienne, qui a bien fait son devoir aux autres affaires qui ont eu lieu, demandent avec d'autant plus de justice, la rectification de l'erreur, que leur corps a extrêmement souffert et qu'ils ont dans les hôpitaux beaucoup de victimes honorables qui gémissent de ne pouvoir plus servir la République. Nous vous prions donc, Citoyens nos collègues, de décréter que le 1er bataillon de la Haute-Marne a mérité, par sa bravoure à l'attaque de Werwick, les mêmes honneurs que le régiment ci-devant Suède.

Salut et fraternité,

Elie LACOSTE. PEYSSARD.

Le chef de brigade, commandant à Péronne, au Ministre de la guerre.

Péronne, 8 octobre 1793, (17 vendémiaire, an II).

L'armée du Nord, Citoyen Ministre, vient de faire un mouvement qui nous a occasionné un passage de 45.000 hommes au moins. Je ne puis vous rendre l'embarras que nous avons eu ici pour ce passage. Dénué de troupes, il m'a été impossible de maintenir, aussi strictement que j'aurais voulu le faire, l'ordre qui devait régner dans la place que je commande. Une quantité considérable de fourrages ont été expédiés ici pour l'armée du Nord; maintenant que cette armée change de position, les convois rétrogradent et suivent les colonnes; je ne saurais vous exprimer la peine et le désagrément que j'éprouve avec les conducteurs de ces convois, leur indocilité me fait craindre à chaque instant que l'armée se trouve au dépourvu; si j'avais ici une bonne garnison, tout cela n'arriverait pas et le service se ferait exactement. Je ne cesserai, Citoyen, de vous importuner jusqu'à ce que j'ai obtenu de vous ce que je demande depuis longtemps. Vous savez que Péronne est sans canons, sans garnison, sans munitions. Je vous ai dit, il y a longtemps, dans un pareil dénuement, toutes mes plaintes n'ont point encore été écoutées. S'il arrivait ici quelque malheur, certainement je ne pourrais y parer Mon devoir m'oblige de dire la vérité et je la dirai toujours.

Je vous prie, au nom de la Patrie, de faire tous vos efforts pour faire cesser mes craintes et mon extrême embarras. Vous avez promis à mon adjoint Gonard de prendre mes réclamations en considération, il est grand temps que vous teniez parole.

CALANDINY.

P. S. — Le représentant Dumont est ici; sa présence a occasionné l'arrestation d'une infinité de gens suspects, de ci-devant nobles et prêtres.

Composition de la Division Balland.

Cavalerie.......	5e hussards.	380	
	6e chasseurs	429	1,410
	16e régiment de cavalerie	343	
	17e régiment de cavalerie	258	
Infanterie et artillerie.....	4e bataillon belge.	340	
	9e d'infanterie légère	404	
	21e chasseurs à pied	218	1,093
	24e compagnie d'artillerie légère. .	62	
	25e compagnie d'artillerie légère. .	68	

Total à reporter.   2,503

	Report.		2,503

Garde du parc d'artillerie.....	32ᵉ division de gendarmerie à pied.	472	
	5ᵉ de la Meurthe	446	1,292
	1ᵉʳ de la Moselle	274	
Brigade Thori..	5ᵉ du Haut-Rhin	893	
	1ʳᵉ du 49ᵉ	730	
	2ᵉ de la Somme.	572	
	1ʳᵉ du 62ᵉ	713	4,123
	1ʳᵉ de la Vienne.	765	
	2ᵉ du 89ᵉ.	448	
Brigade Bastoul.	2ᵉ du Haut-Rhin	640	
	1ᵉʳ du 36ᵉ	606	
	11ᵉ des Vosges	584	
	6ᵉ du Jura.	599	3,876
	2ᵉ du 36ᵉ. . . . ·	646	
	6ᵉ du Haut-Rhin.	801	
»	2ᵉ de la Gironde	645	
	1ʳᵉ du 89ᵉ	340	1,631
	1ʳᵉ de la Haute-Marne.	646	

TOTAL GÉNÉRAL des présents sous les armes.   13,425

Composition de la Division commandée par Duquesnoy.

Infanterie et artillerie.

2ᵉ bataillon franc	287	
2ᵉ bataillons belge.	177	
17ᵉ bataillon franc.	160	
Chasseurs de Morlaix..	69	
Liégeois	425	1,798
6ᵉ bataillon franc	517	
Corps franc de Pauly	96	
4ᵉ compagnie d'artillerie légère.	67	
12ᵉ compagnie d'artillerie légère.	71	
1ᵉʳ bataillon du 67ᵉ.	458	
2ᵉ bataillon des Vosges.	472	
4ᵉ de la Gironde.	591	
2ᵉ bataillon du 67ᵉ.	421	4,505
7ᵉ bataillon du Jura.	577	
2ᵉ de Paris	554	
1ᵉʳ du 8ᵉ régiment.	709	
1ᵉʳ de la Gironde.	652	

Total à reporter.	6,303

Report.   6,303

1er bataillon de Seine-et-Oise.	458	
1er bataillon du 72e	448	
3e bataillon de Seine-et-Oise	461	
1er bataillon de la réserve	482	3,348
1er bataillon du 78e	520	
25e bataillon de la réserve.	492	
8e de Seine-et-Oise.	577	

Cavalerie.

3e régiment de chasseurs à cheval.	372	
2e régiment de dragons.	330	
3e régiment de dragons.	310	
8e régiment de cavalerie	353	1,960
13e régiment de cavalerie.	325	
24e régiment de cavalerie.	270	
TOTAL GÉNÉRAL		11,611

NOTA. — La 12e compagnie d'artillerie légère, le 3e régiment de chasseurs à cheval, le 8e de cavalerie avaient été prélevés sur les troupes du camp de Gavrelle et adjoints au contingent envoyé par Béru.

Composition détaillée de la Division Fromentin.

Infanterie et Artillerie.

1re compagnie d'artillerie légère.	67	
15e bataillon d'infanterie légère.	285	
3e bataillon de Cambrai	184	
34e division de gendarmerie à pied	406	
1er bataillon de Saint-Denis.	412	
19e régiment d'infanterie.	508	
6e bataillon de Paris.	450	
5e bataillon des Vosges.	373	
1er bataillon du 45e.	385	6,000
10e de Paris.	444	
10e de Seine-et-Oise.	367	
1er du 47e.	379	
1er de la Vienne.	381	
2e bataillon de la Meurthe	431	
1er du 56e régiment d'infanterie.	414	
3e de la Meurthe	443	
Gendarmerie nationale.	13	
Parc d'artillerie.	58	
Total à reporter.		6,000

Cavalerie.

	Report.	6,000
12ᵉ chasseurs à cheval	511	
6ᵉ régiment de cavalerie	275	
22ᵉ régiment de cavalerie.	301	1,764
25ᵉ régiment de cavalerie.	269	
4ᵉ hussards	408	
TOTAL GÉNÉRAL.		7,764

Composition de la Division Carrion puis Cordellier.

Infanterie.

9ᵉ de la réserve (venu des environs de Cassel) . . .	521	
2ᵉ bataillon du 56ᵉ (*Idem*).	589	
2ᵉ bataillon de l'Orne (venu de Bailleul, Mont-Saint-Antoine)	571	
8ᵉ du Pas-de-Calais (venu des environs de Cassel). .	565	
6ᵉ du Pas-de-Calais (*Idem*).	399	
7ᵉ bataillon du Doubs (*Idem*)	796	
4ᵉ bataillon de l'Aisne (venu des cantonnements d'Hondtschoote)	384	6,188
1ᵉʳ bataillon du Nord (*Idem*)	376	
Bataillon de Molière (*Idem*).	619	
7ᵉ de la Seine-Inférieure (*Idem*).	530	
1ᵉʳ de la Haute-Vienne (*Idem*).	366	
2ᵉ des Volontaires nationaux (*Idem*).	482	
1ᵉʳ bataillon de Paris (venu de Bailleul)	411	
Bataillon de la Butte-des-Moulins (*Idem*).	400	
4ᵉ bataillon du Nord (venu de Cassel)	605	
17ᵉ des Fédérés (venu de Bailleul).	240	2,824
5ᵉ de la Somme (*Idem*).	354	
9ᵉ des Fédérés (venu de Cassel)	409	
4ᵉ du Nord (formé à Dunkerque).	405	

Cavalerie.

7ᵉ régiment de cavalerie	312	668
2ᵉ hussards	356	
TOTAL GÉNÉRAL.		9,680

Composition du détachement Beaurgard.

Infanterie.

Chasseurs de la Meuse	300	
Eclaireurs de la Meuse	100	
Légion du Centre	100	
16e bataillon de chasseurs, dit Sédanais	200	
2e de chasseurs francs	300	
Détachement du 43e régiment	100	
— du 47e régiment	200	
— du 94e régiment	100	
— du 99e régiment	400	
— du 1er bataillon du Cher	200	3,600
— du 3e bataillon du Loiret	200	
— du 4e bataillon de la Marne	100	
— du 4e de l'Oise	100	
— du 5e de la Moselle	200	
— du 6e de la Marne	200	
— du 7e de la Marne	200	
— du 9e de Paris	200	
— du 19e de Paris	100	
— du 9e de Seine-et-Oise	100	
— du bataillon belge	200	

Cavalerie.

Détachement du 10e dragons	100	
— du 7e dragons	18	
— du 7e de cavalerie	45	
— du 21e de cavalerie	20	
— du 23e de cavalerie	130	663
— du 2e hussards	20	
Hussards des Ardennes	30	
Chasseurs du 11e régiment	280	

TOTAL GÉNÉRAL 4,263

Le directeur de l'arsenal de la Fère au citoyen Mérenveüe, général de division, commandant en chef l'artillerie de l'armée du Nord.

La Fère, 9 octobre 1793.

Vous avez vraisemblablement oublié, mon cher Mérenveüe, que notre arsenal avait reçu ordre, depuis environ deux mois, de tout évacuer sur Paris, tant munitions qu'effets d'artillerie en général; tout est parti, hors les fers et les bois, et j'ai reçu ordre depuis

huit jours de les envoyer moitié à Paris, moitié à Douai. En conséquence, j'ai dans ce moment nos officiers de l'arsenal de Douai, et
Picard revenu exprès de Paris, pour se les partager, en sorte que
dans une quinzaine de jours, il ne me restera plus rien ; j'ai eu beau
envoyer des courriers à Paris, faire des représentations comme étant
dans le voisinage de l'armée et par conséquent privé de porter aucun
secours. Rien n'a pu faire et il a fallu obéir ; j'ai cependant conservé
quelques artificiers et ai fait encore quelques cartouches en achetant
par ci, par là, un peu de plomb pour ne pas être tout à fait au
dépourvu ; je vous envoie en conséquence 25 ou 26.000 cartouches,
2.000 lances à feu et 20.000 étoupilles et cela pour ne pas laisser
aller les mains nettes votre haut-le-pied que vous m'avez adressé et
auquel j'ai fait donner l'étape, n'ayant point de route. Comme je
vous faisais ma lettre, est arrivé un sous-garde d'artillerie envoyé
par Bollemont qui a dit qu'il désirait avoir des porte-lances et des
dégorgeoirs ; j'en ai donné des premiers 24, des seconds 80, j'ai
fourni aussi quelques boulets sabottés qui me restaient, savoir : de
12 : 50 ; de 8 : 50 et de 4 : 100. Voilà, mon cher Mérenveüe, tout ce que
j'ai pu faire pour vous ; encore avez-vous eu mon reste. Paris a de
quoi vous en fournir par la quantité de munitions de toutes espèces
que j'y ai fait passer aux ordres réitérés de faire partir tout ce que
j'avais dans ce genre : tous mes sacs à charge, à étoupilles, étuis,
porte-lances, bricolles, etc... Il n'y a pas eu de cesse que cela ne
soit parti. Il faut que j'en aie envoyé plus de 600 de chaque espèce ;
enfin, il ne me reste rien, je crois bien que la prudence a dicté ces
ordres, ceci n'étant susceptible d'aucune défense, et surtout ayant
Douai à proximité, d'où les armées peuvent tirer de très grands
secours. Vous y pouvez demander des cartouches ; il y en a une très
grande quantité : à l'égard de Laon, on m'a dit qu'on y en faisait,
mais je n'en suis pas bien sûr, au surplus on ne tire pas la poudre
d'ici. Le moulin de la Fère en fabrique très peu ; il y en a dans ce
moment 4.000 livres que j'attends avec impatience pour en faire passer
à Saint-Quentin qui en manque. Pour moi, je n'en ai pas 500 livres.
Au fur et à mesure qu'il y en a de fabriquée, le directeur du moulin reçoit
des ordres de la faire passer dans des places hors de ma direction et
de toutes celles que j'éprouve, il n'y en a pas le quart dans les
magasins, sa destination étant déterminée à l'avance par des ordres
supérieurs. Si vous pouvez m'envoyer du plomb, je ferai des cartouches ; je n'en trouve plus une livre à acheter. Voilà, mon cher
Mérenveüe, l'état exact de mes faibles moyens ; je n'ai pas d'ouvriers
dans aucun genre, tout est à Paris ; demandez dans cette ville tout
ce qu'il vous faudra et vous l'obtiendrez avec célérité, si Douai ne
vous peut fournir.

Si le peu de boulets sabottés que je vous envoie ne vous est pas
utile, vous pourrez ordonner qu'on les laisse à Guise où ils seront

nécessaires; j'aurais voulu, mon cher Mérenveüe, faire plus pour vous; le fait est que je vous envoie le peu que je m'étais réservé, je ne vous fais pas passer un inventaire, puisqu'il ne nous reste que des bois et des fers.

SAINT-CHAISE.

Jourdan au général Fromentin.

Au quartier général à Guise, 10 octobre.

Il est ordonné au général Fromentin de partir demain matin, 11 du courant, avec sa division pour se rendre à Avesnes et pour de là s'emparer des Hayes d'Avesnes où il se retranchera très fortement. Le général Fromentin ne fera évacuer les postes de la forêt de Nouvion que lorsqu'ils seront relevés par les troupes aux ordres du général Duquesnoy, et exécutera son mouvement sur Avesnes avec les troupes qui sont campées et cantonnées aux environs.

Le général Fromentin enverra dès ce soir à Avesnes un adjudant général ou un adjoint pour se concerter avec le général qui y commande et qui leur indiquera les postes essentiels à garder et à retrancher, de même que le lieu de campement.

Le général Fromentin me fera passer de suite l'état de situation de sa division.

Jourdan au général de division Duquesnoy.

Au quartier général, Réunion-sur-Oise, 10 octobre.

Il est ordonné au général Duquesnoy de partir demain 11 du courant avec sa division pour se rendre à Etrœungt, entre la Capelle et Avesnes, pour y camper dans la position du général Fromentin qui a ordre de se rendre à Avesnes. Le général Duquesnoy fera relever toutes les troupes du général Fromentin qui occupent la forêt de Nouvion et pour assurer et accélérer cette opération, il fera partir de suite un adjudant pour se rendre auprès du général Fromentin et y prendre une connaissance exacte tant de la position du camp que de la forêt de Nouvion.

Le général Duquesnoy fera prendre au parc deux pièces de 8, une pièce de 12 et un obusier de 6 pouces; ce petit parc sera attaché à la division.

Le général Duquesnoy me fera passer de suite l'état de situation de sa division avec les noms des cantonnements qu'elle occupe aujourd'hui, afin que je puisse pourvoir demain à son remplacement par des troupes d'une autre division.

Ordre du 10 au 11 octobre 1793.

Quartier général à Guise.

Les généraux de division feront parvenir tous les jours au bureau de l'état-major général l'état de force des troupes qui sont sous leurs ordres; ils y spécifieront le lieu de campement ou cantonnement de chaque bataillon ainsi que celui de leur quartier.

Les chefs de corps sont avertis que dorénavant la peine d'arrestation et de destitution sera portée contre tous les officiers et sous-officiers qui quitteront leurs camps ou cantonnements, sans une permission de leurs chefs, motivées pour affaires urgentes, que tout officier qui ne se trouvera pas à la tête de sa troupe, lorsque la colonne dont elle fait partie se mettra en route, sera destitué et mis en état d'arrestation.

Les quartiers-maîtres trésoriers seront présents à toutes les distributions : il est enjoint aux commissaires de chaque division de noter ceux qui ne s'y trouveront pas. L'heure et le lieu des distributions seront annoncés dans chaque division. Les chefs de corps enverront toujours une escorte commandée par un officier avec les hommes de corvée pour maintenir le bon ordre et faire en sorte que les distributions se fassent avec la plus grande régularité.

Tout militaire convaincu d'avoir pillé ou engagé à piller les magasins de la République sera sur-le-champ arrêté et puni suivant la rigueur des lois.

Tout quartier-maître ou chef de corps convaincu d'avoir porté l'effectif de son corps plus haut qu'il ne l'est sera sur-le-champ destitué et livré à la rigueur des lois.

Tous les adjoints qui auront été attachés aux adjudants généraux destitués sont tenus de se conformer à la loi du 21 février dernier; en conséquence de se retirer respectivement dans leurs corps; il est enjoint à tous généraux de division et de brigade de tenir la main, sous leur responsabilité, à l'exécution de cette loi.

Ils sont avertis que le Ministre de la guerre vient de faire une défense itérative de ne les employer sur aucuns états de revue. Les représentants du peuple portent la peine d'arrestation et de destitution contre ceux qui y contreviendront.

On a perdu un cheval, la nuit du 8 au 9 octobre. Le ramener au quartier général.

P. S. Texte de l'arrêté de Duquesnoy en date du 10 et qui destitue les citoyens Leroux et Brujevin, lieutenant et sous-lieutenant du 1er bataillon de la réserve.

Texte de l'arrêté de Duquesnoy en date du 10 et qui destitue le citoyen Legris, lieutenant de la 2e compagnie du 1er bataillon de la réserve.

On distribuera aujourd'hui à l'armée un arrêté des représentants du peuple en date du 4 octobre et un décret relatif aux certificats de civisme.

On préviendra les troupes campées qu'elles peuvent venir chercher leurs bois avec leurs voitures aux magasins établis.

La distribution du pain, du riz et de la viande se fera demain matin à 3 heures, pour les 11 et 12. Le sel sera aussi distribué jusqu'au 20 inclusivement.

Duquesnoy aux représentants Elie Lacoste et Peyssard à Arras.

Guise, 11 octobre 1793.

Nous venons de destituer le général Merenvcüe et de l'envoyer devant vous pour y être jugé par la nouvelle commission que vous avez établie à Arras. Ce général, chargé de l'artillerie, malgré les ordres du général en chef, nous laissait aller à l'ennemi sans munitions. Heureusement, un officier d'artillerie vint nous informer du fait. Le général en chef fit venir cet aristocrate, lui demanda s'il avait exécuté ses ordres, si rien ne nous manquait; il répondit que non et que nous pouvions être tranquilles sur cet objet. Interpellé combien nous avions de cartouches à balle, il a répondu que nous en avions 700,000 et tout le monde sait qu'il en faut au moins deux millions. Nous avons bien vite fait expédier des ordres pour en faire venir en poste.

Le général en chef lui avait ordonné de faire venir 400 pionniers et il n'en a rien fait, de manière que cette vieille tête à changer a failli nous perdre. Faites moi guillotiner ce vilain aristocrate.

Deux colonnes sont déjà parties d'ici; demain le restant de notre armée doit se mettre en marche et, si notre poudre arrivait, nous commencerions la danse.

Le vieux j. f. de Merenvcüe est cause que l'ennemi aura le temps de connaître nos dispositions et de se renforcer. Je suis pressé.

Salut et fraternité,

DUQUESNOY.

P. S. J'ai fait arrêter, hier, ici, notre collègue Belin, qui s'y trouve depuis 3 semaines, sans aucune permission. Cet homme était ici le défenseur officieux des aristocrates.

11 octobre.

Il est ordonné au général Beaurgard commandant la division des Ardennes de partir de Fourmies, demain matin 12 courant pour se rendre à Liessies. Il fera camper sa division entre Liessies et Ramousies et se gardera très militairement; il est prévenu que la division du général Duquesnoy sera campée à sa gauche entre Avesnes et Flaumont; il communiquera avec cette division et se gardera principalement sur sa droite.

Le général Beaurgard est prévenu que je donne ordre au 1er bataillon de Paris, à celui de la Butte-des-Moulins, au 4e du Nord, au 5e régiment de dragons et à 20 canonniers de se rendre à sa division. Le général Beaurgard fera passer tous les jours au bureau de l'état-major général l'état de situation de sa division.

Il prendra connaissance de toutes les routes et chemins praticables pour se porter en cas de besoin, soit sur Solre-le-Château, soit sur Beaumont; il ne négligera aucun moyen pour se procurer des connaissances sur les positions et la force de l'ennemi; il me rendra un compte exact de tout.

Le général Beaurgard ne fera point agir jusqu'à nouvel ordre les troupes qui doivent se réunir à Philippeville, mais il leur donnera des ordres afin qu'elles soient prêtes à marcher à la réception du premier ordre; il me fera part de la force de ses troupes.

Au général Belair.

11 octobre.

L'armée part demain, Citoyen général, pour se porter sur Avesnes et pour de là, tâcher de secourir Maubeuge.

L'ennemi a des troupes du côté de Solesmes et du Cateau; il pourrait venir nous inquiéter par les derrières, s'il ne restait pas à Guise une force suffisante pour réprimer sa témérité. Je vous laisse en conséquence quatre bataillons qui faisaient partie de la division aux ordres du général Carion qui est chargé de les prévenir, afin qu'ils viennent prendre vos ordres. Ces bataillons sont le 17e des fédérés, le 4e du Nord-Dunkerque, le 5e de la Somme et le 9e des fédérés. Je vous laisse pareillement le 20e de dragons, qui était sous les ordres du général Balland qui est chargé de le prévenir de venir prendre vos ordres avec ces troupes et celles que vous avez déjà ici; vous garderez avec la plus grande attention la rivière l'Oise et la forêt de Nouvion. Vous vous retrancherez fortement sur tous les points et par des patrouilles fréquentes, vous empêcherez l'ennemi de s'approcher de trop près. Vous ferez tout votre possible pour accélérer les dispositions de la lettre du citoyen Jourdeuil, adjoint au ministre de la guerre en date du 8 octobre, de laquelle vous avez pris copie ce matin. Vous tâcherez d'armer de suite les troupes de nouvelle levée que vous aviez déjà et celles qui doivent vous arriver. Enfin, vous agirez d'après ces principes; vous devez rassembler et former l'armée de la nouvelle réquisition, la placer et la faire retrancher en arrière de la rivière l'Oise : 1° pour protéger nos derrières et notre communication, si l'armée, comme je l'espère, a des succès et avance; 2° pour protéger notre retraite, si, contre mon attente, l'armée était repoussée. Vous sentez l'importance de votre mission, votre patriotisme vous facilitera les moyens de franchir les difficultés que vous pourriez rencontrer en cherchant à atteindre le but que je vous désigne. Vous donnerez de suite ordre à tous les détachements de troupes à cheval que vous avez ici et dont les régiments se trouvent à l'armée qui marche sur Avesnes de rejoindre leurs corps respectifs.

Vous vous procurerez tous les renseignements possibles pour la position, la force et les mouvements de l'ennemi et vous m'en rendrez un compte exact.

Le quartier général sera demain à La Rouillée.

Au général Fromentin.

11 octobre.

J'espère, Citoyen général, que conformément à l'ordre que je vous ai donné hier, vous vous serez rendu à Avesnes aujourd'hui pour vous emparer des Haies d'Avesnes et que vous allez travailler à vous y retrancher fortement.

Je me suis aperçu qu'il y avait dans votre division trop de cavalerie et point assez de troupes légères à cheval. J'ai en conséquence donné ordre au général Balland de vous envoyer demain le 4e régiment de hussards et vous voudrez bien donner ordre au 8e régiment de cavalerie d'envoyer demain soir prendre les ordres du général Duquesnoy qui sera campé à la droite d'Avesnes. Ce régiment fera désormais partie de la division du général Duquesnoy. Retranchez-vous bien, prenez toutes les connaissances que vous pourrez tant sur la force que sur la position de l'ennemi et donnez-moi des nouvelles de tout.

Le quartier général sera demain au soir à la Rouillée, entre la Capelle et Avesnes. Je serai peut-être de ma personne à Avesnes.

Au quartier général à Guise.

11 octobre.

Il est ordonné au général Duquesnoy de partir demain 12 courant d'Etrœungt avec sa division pour se rendre à Avesnes : il fera camper sa division entre Avesnes et Flaumont ; il enverra un adjudant général ou un adjoint en avant, afin de reconnaître la position du camp et le terrain et désigner les cantonnements.

Le général Duquesnoy est prévenu que la division des Ardennes sera campée à sa droite entre Liessies et Ramousies ; il communiquera avec cette division, il placera des postes à la gauche d'Avesnes et se gardera militairement sur tous les points, mais principalement sur sa gauche. Le général Duquesnoy est de plus prévenu que je donne ordre au 8ᵉ régiment de cavalerie qui est avec le général Fromentin, au 3ᵉ régiment de chasseurs qui est de la division du général Balland et à la 12ᵉ compagnie d'artillerie légère qui est parallèlement à la division du général Balland de se rendre à sa division; ces corps lui arriveront demain; il en disposera pour le bien du service et ils feront désormais partie de sa division.

11 octobre.

Il est ordonné au général de division Balland de partir demain matin 12 courant pour se rendre à Etrœungt entre la Capelle et Avesnes où il campera à la place de la division du général Duquesnoy qui y est aujourd'hui, la droite de son camp sera appuyée à Etrœungt; il fera occuper par de l'infanterie légère le village de Cartigny. Il se gardera très militairement sur sa gauche qui sera appuyée à la forêt de Nouvion; il fera prévenir le commandant du parc d'artillerie qu'il doit suivre la colonne et le fera placer en arrière de son camp; il enverra en avant un adjudant général ou un adjoint pour reconnaître la position, tracer le camp et désigner les cantonnements.

Il fera partir demain matin à la pointe du jour la 12ᵉ compagnie d'artillerie légère, le 3ᵉ régiment de chasseurs et le 5ᵉ régiment de dragons. Ces troupes se rendront le plus promptement possible avec la 12ᵉ compagnie d'artillerie légère et le 3ᵉ de chasseurs à Avesnes pour y prendre les ordres du général Duquesnoy et faire partie de sa division, et le 5ᵉ régiment de dragons à Liessies pour y prendre les ordres du général Beaurgard qui commande la division et en faire partie. Il fera pareillement partir à la même heure le 4ᵉ régiment de hussards qui se rendra promptement à Avesnes y prendre les ordres du général Fromentin et fera partie de cette division; il donnera des ordres au 20ᵉ régiment de dragons de rester à Guise y prendre les ordres du général Belair et faire partie de sa division.

11 octobre 1793.

Il est ordonné au général Carion (1) de partir demain matin 12 courant pour se rendre à la Capelle; il se gardera militairement principalement sur sa gauche; il enverra en avant un adjudant général ou un adjoint pour tracer le camp et désigner les cantonnements; il fera occuper par de l'infanterie et de la cavalerie le village de Buironfosse; le général Carion donnera des ordres au 1ᵉʳ bataillon

---

(1) Le général Carion ayant donné sa démission, il faut mettre le général Cordellier. (Note manuscrite de Jourdan).

de Paris, à celui de la Boutte-des-Moulins, au 4ᵉ du Nord, de se rendre après-demain 13 à Liessies y prendre les ordres du général Beaurgard qui commande la division des Ardennes et faire partie désormais de cette division.

Il donnera des ordres au 17ᵉ bataillon des fédérés, au 4ᵉ bataillon du Nord-Dunkerque, au 5ᵉ bataillon de la Somme et au 9ᵉ bataillon des fédérés de rester à Guise et y prendre les ordres du général Belair; le général Carion est prévenu que la division du général Balland et le parc d'artillerie partent demain pour se rendre à Etrœungt en avant de la Capelle. En conséquence, il ne mettra sa colonne en mouvement que lorsque celle du général Balland et le parc seront partis.

Jourdan au représentant du peuple à Arras.

11 octobre.

Je vous fais passer, Citoyen, copie d'une lettre que je viens de recevoir de l'adjoint du ministre de la guerre relative à un rassemblement de 800 chevaux qui doit se faire à Arras. Je vous prie de donner les ordres nécessaires pour que ces chevaux fussent conduits sans retard à Avesnes. L'armée a fait plusieurs mouvements.

Notre avant-garde occupe dans ce moment les Haies d'Avesnes, poste très important. La division du général Duquesnoy sera campée demain à gauche d'Avesnes; elle correspondra sa droite à la division arrivée des Ardennes, campée à Fourmies; le corps d'armée aux ordres du général Balland campera demain à Etrœungt; je m'approcherai peu à peu de l'ennemi pour lui tomber sur le corps un de ces jours; je ferai tout mon possible pour qu'il n'ait plus l'envie d'attaquer un rempart aussi fort que celui de Maubeuge.

Je reçois à l'instant l'avis que le 6ᵉ régiment de cavalerie a enlevé dans une charge neuf chevaux de uhlans.

Le général en chef de l'armée du Nord Jourdan au général de brigade Carion.

11 octobre 1793.

Je vous fais passer, Citoyen, copie de la lettre du Ministre dans laquelle vous verrez qu'il accepte la démission que vous lui avez donnée de votre grade; en conséquence, vous remettrez le commandement de la division qui est sous vos ordres au général de brigade Lemaire et vous lui donnerez les ordres et instructions que je vous ai envoyés aujourd'hui relativement à la marche qui doit avoir lieu demain matin; vous m'accuserez la réception de ma lettre.

Ordre du 11 au 12.

Il est défendu aux troupes campées ou cantonnées de prendre leurs distributions en pain, viande, etc., ailleurs qu'au camp où elles se font. Il est également défendu à tout officier ou soldat de venir à Réunion-sur-Oise sans une permission signée par le général divisionnaire, en y spécifiant le motif pour lequel ils y viennent.

Les généraux de division et de brigade voudront bien envoyer sur-le-champ, l'état de tous les officiers généraux, adjudants généraux, adjoints et aides de camp, actuellement employés ou qui l'ont été précédemment; ils y feront mention du nombre des chevaux, vu que cet état sera nécessaire pour le décompte des fourrages.

On réitère à tous les généraux commandant de division et de places l'ordre qu'on leur a déjà donné d'envoyer sans délai l'état des troupes qui sont sous leurs ordres. Le général proposera aux représentants du peuple la destitution des généraux qui apporteront du retard à l'exécution de cet ordre.

Les représentants du peuple et le général en chef voient avec la plus vive douleur que certains soldats, et notamment quelques officiers de l'armée, ne se comportent pas en vrais républicains. La discipline est une des vertus militaires — sans elle, point de succès, point d'armée. Ce n'est point en se jetant dans les villes auprès desquelles on campe, qu'on garde le poste honorable que la nation nous confie. Ce n'est point en s'enivrant que l'officier prouve qu'il est digne de la confiance que lui ont accordée ses camarades. Nos ennemis sont instruits de tous ces désordres; ils se promettent d'en tirer des succès certains.

D'après ces considérations, il est urgent de remédier aux désordres que produit la conduite irrégulière d'un grand nombre d'officiers et soldats. Les représentants du peuple et le général en chef ordonnent à tous, soldats et officiers de ne jamais quitter leur camp et cantonnement que pour affaire de service, et d'après une permission légale. En conséquence, les chefs de corps feront faire deux appels par jour qu'ils remettront au chef de brigade et ce dernier au général de division. Lorsqu'il y aura des absents, les officiers seront destitués et les soldats sévèrement punis.

Les conseils d'administration sont autorisés à se procurer des linges et charpie dont ils pourront avoir besoin pour le premier pansement des blessés. Le montant leur sera remboursé sur des états certifiés par les dits conseils d'administration ou arrêtés par les commissaires des guerres et payés par les régisseurs des hôpitaux.

Les officiers sont avertis itérativement qu'ils n'ont aucune part aux distributions d'eau-de-vie et que par conséquent, ils ne doivent point être compris dans la force du corps, pour ces distributions.

Le citoyen Jourdan au Ministre de la guerre.

13 octobre 1793.

Je désire bien pouvoir vous annoncer sous peu d'aussi heureux événements que ceux dont vous me faites part dans votre dernière. Je les communique aujourd'hui à toute l'armée; ils ne peuvent que réchauffer son courage et faire le meilleur effet à la veille de l'attaque que je vais tenter. La division des généraux Balland et Cordellier arrive aujourd'hui et campe à la droite et à la gauche d'Avesnes. Mon avant-garde pousse ses postes avancés à l'extrémité de la Haie d'Avesnes. Le général Duquesnoy se porte à la droite du chemin de Maubeuge parallèlement à l'avant-garde.

La division des Ardennes est à Liessies. Je compte faire après-demain une attaque générale; suivant tous les rapports, les forces ennemies se montent à 64.000 hommes d'infanterie et 25.000 hommes de cavalerie. Je compte sur le courage et l'énergie des républicains que je commande : un en doit valoir deux. Je vais tâcher de profiter de toutes les dispositions que le terrain pourra rendre avantageuses pour tomber à l'imprévu avec l'audace la plus décidée sur cette horde d'esclaves qui n'est encouragée que par le peu de résistance qu'on a opposé jusqu'à présent, le manque d'efforts et la perfidie des chefs. Je pars faire ma reconnaissance générale; je n'ai que le temps de vous dire que ma patrie sera triomphante ou que je périrai en la défendant.

Le représentant du peuple Laurent au Comité du Salut Public.

Péronne, 14 octobre 1793 (23 vendémiaire an II).

J'ai expédié à Duquesnoy présentement votre adresse aux soldats républicains, mais après en avoir tiré copie. La nouvelle de la prise de Lyon a fait sensation ici; je l'ai fait proclamer au son du tambour; les sans-culottes à la société populaire ont crié à différentes reprises : vive la République! On voit aussi quelques physionomies s'allonger sous les yeux du public : pour les mettre plus à leur aise, j'en ai fait enfermer hier la nuit, encore une douzaine au château.

A l'instant, je reçois un courrier de Duquesnoy qui m'annonce une conspiration par le moyen d'empoisonnement d'eau-de-vie fournie à Péronne. Je vais faire l'essai avant mon départ.

Le courrier qui a porté les ordres d'expédier, au lieu d'ordonner en passant la première fois, de tenir tant de chevaux prêts à telle époque, arriva une heure avant l'arrivée des convois, pendant la nuit, et veut avoir des relais sur-le-champ. C'est vouloir l'impossible! Les généraux ne mettront-ils jamais d'ordre dans les ordres qu'ils donnent? Je vais achever de débrouiller ce cahos et à huit heures tout sera parti.

Nous sommes ici dans la confusion pour les voitures. Trois convois de poudre nous sont arrivés hier pour Guise, venant de Saint-Omer, Lille et Douai.

Il faut observer que Péronne est le centre des approvisionnements qu'il fournit pour toutes sortes de roulage, et qu'il faut toute la bonne volonté et la patience de l'agriculteur pour y suffire. Mais enfin il faut frapper un grand coup! Je les anime, et ils vont...

Dans ma dernière, je vous ai déjà parlé de la demande que vous fait le général Belair de Dupont-Chaumont pour son adjoint. Ce général a la confiance du ministre et paraît vraiment la mériter. Il vient de revenir à la charge par une nouvelle missive dans laquelle il s'intéresse vivement pour les trois Chaumont frères. Il prétend qu'on a surpris la religion du citoyen Bouchotte; il assure que ces trois officiers ne sont point entachés de la noblesse et que d'ailleurs ils sont pleins de patriotisme et de valeur. J'en ai vu deux, l'un au camp de la Madelaine, l'autre à Douai, qui vraiment ont bien travaillé et avec zèle pour la chose publique. Il paraît que leur retraite serait une perte. Bentabole a connu l'ingénieur particulièrement à Lille, et l'a avancé. Je remplis ma commission avec intérêt, mais je soumets le tout à votre décision, pour ne plus revenir sur cet objet.

Je termine ma lettre par un rapport que je viens de recevoir, et où vous verrez des détails curieux sur Valenciennes.

L'ennemi, dit le général Chapuy, ayant attaqué le 8, le mont Sopère, a été repoussé avec beaucoup de perte. L'ennemi porte des forces vers Orchies; il a levé le camp de la Briquette qui s'est porté à Salain; il travaille à relever les fortifications de Valenciennes, qu'il a palissadé à neuf; il a rétabli le régime ecclésiastique, la guimpe et le frac, réglé le prix de la viande à sept sols la livre, l'assignat s'y donne pour un louis en or, et les bourgeois aristocrates qui y sont restés, ont l'air d'être contents pour ne pas déplaire à leurs maîtres, malgré les fréquentes bastonnades qu'ils en essuient. A présent, ils rongent le frein après avoir ouvert la bouche pour le recevoir.

J'oubliais de vous dire que, malgré notre détresse des vivres pour l'armée, vu les semailles et la force du contingent dans le district de Péronne, malgré les demandes de la commune de Cambrai et du département de la Somme, j'ai invité le directoire à faire quelques efforts pour Paris, et je compte obtenir. Mais ce ne sera pas une quantité considérable. Encore faudra-t-il faire venir des voitures de Paris ou des environs, à l'époque de l'amas fait; en fournir ici serait la chose impossible.

Mon dernier mot est une prière pour l'envoi à Péronne et à Cambrai de bulletins et papiers publics: il faut éclairer le peuple, l'électriser. Il faut d'ailleurs faire trembler les aristocrates. Faites-moi passer des nouvelles de guillotine.

LAURENT.

Le général de division Drut au Comité du Salut public.

Douai est assurément une place respectable par la construction des ouvrages dont elle est environnée pour sa défense et par le nombre des bouches à feu dont elle est armée ; je vous ai écrit en date du 28 nivôse, l'état de dénuement où cette place se trouve, des poudres nécessaires. L'activité des fournitures journalières, auxquelles cette place est obligée de faire droit, diminuent chaque jour les munitions dont les magasins ne recèlent qu'à peine le sixième de ce qui serait nécessaire à sa propre défense.

Les grains et farines ne sont pas dans une proportion plus heureuse.

Les fourrages se délivrent au jour le jour : je laisse à votre sagacité à juger les conséquences résultantes de cet état de choses, et vous engage au nom de votre mission à prendre en considération l'observation et la demande que je vous fais des munitions, grains et fourrages qui sont nécessaires à l'approvisionnement de cette place que l'ennemi convoite. Je ne vous parlerai pas, ou si je vous en parle ce n'est que par parenthèses, des autres besoins comme capotes, souliers, fusils, etc. Mais ces demandes qui sans doute vous sont faites de tous les points ne me permettent pas d'assez vous importuner ; pourtant vous m'entendez ?

J'ai fait mettre dans la division dont je suis le premier soldat, le 3e article du décret rendu dans la séance du 13 pluviôse concernant les militaires qui perdront leurs baïonnettes. Maintenant tous ceux qui n'en ont pas, en demandent. C'est d'un bon augure. Mais je n'en n'ai pas à leur fournir.

Ci-joint est l'état des troupes qui manquent au complément de la division. Il est encore des premières réquisitions qui n'ont pas joint. Nous avons dans cette place de beaux terrains pour les exercices, et puis l'armée du Nord, vous le savez, qui à les yeux et le cœur fixés sur Valenciennes, Condé et le Quesnoy, brûle dans l'attente d'un ordre prochain de se venger, et de reprendre à nos cruels ennemis le territoire qu'ils déshonorent depuis trop longtemps.

D'ailleurs un ordre du général en chef dit qu'il faut remplacer par des jeunes gens de la réquisition ceux qui sont passé dans la cavalerie. J'ai bien fourni ceux-ci, mais n'ai pas les autres pour les remplacer.

Je profite de cette occasion pour vous parler d'un inconvénient qui donne naissance à beaucoup d'autres, desquels il peut résulter beaucoup de mal Voici le cas :

Le 16 nivôse, dans une rixe entre nous et l'ennemi, plusieur prisonniers furent faits sur l'ennemi, et six chevaux pris dont quatre par des hussards du 6e régiment. Chacun d'eux prétend à la part générale. Ceux qui ont fait la capture prétendent la posséder à eux seuls en particulier. Personne, disent les uns ne partage mes coups de sabre ; sans nous, disent les autres, tu n'eus pas pris les chevaux. De là, l'occasion saisie par l'aristocratie pour travailler nos frères des différentes armes. Je vous invite de tout mon pouvoir à prononcer sur cet objet dont l'importance mérite qu'on y pense. Il faut engager nos frères à prendre le plus de chevaux possible, et faire pour tous un mode de loi dont chacun puisse être content.

Le Ministre à Jourdan.

14 octobre.

J'ai reçu votre lettre d'hier, général, par laquelle vous me rendez compte de vos positions en avant d'Avesnes ; nous avons en attendant la confiance d'heureux résultats, mais l'intérêt est si majeur que nous désirons vos nouvelles avec la plus vive impatience. Je vous envoie un nouveau courrier afin que vous puissiez vous en servir pour nous tenir constamment au courant des événements intéressants qui se préparent et qui doivent assurer le triomphe de la République et la destruction de ses féroces ennemis. Jusqu'à présent, l'on a estimé le nombre des ennemis de Dunkerque à Maubeuge à 100.000 il aura bien de la difficulté d'entreprendre sur plus d'un point, si réellement ils sont au nombre de 90.000 aux environs de Maubeuge.

Jourdan au général Cordellier.

14 octobre.

Il est ordonné au général Cordellier de se porter avec sa division à Dompierre où il se réunira à celle du général Fromentin ; les troupes qui occupent les postes en avant des haies d'Avesnes ne partiront pour se rendre à Dompierre que lorsqu'elles seront relevées par une brigade de la division du général Balland. Le général Cordellier sera sous les ordres du général Fromentin qui lui communiquera l'ordre que je vais lui adresser, il exécutera son mouvement au reçu du présent ordre ; le général Cordellier enverra son adjudant général à ses postes avancés ; cet adjudant général sera chargé de faire connaître la position des postes au chef qui viendra pour le relever et conduira cette troupe à Dompierre ; le général Cordellier fera passer ses équipages en arrière d'Avesnes et fera distribuer l'eau-de-vie à la troupe.

Jourdan au général Beaurgard.

Au quartier général à Avesnes, 14 octobre 1793.

Il est ordonné au général Beaurgard de se mettre en marche et il combinera sa marche de manière à être rendu à 6 heures du

matin à Solre-le-Château; il partira de Solre-le-Château à 7 heures
et dirigera sa marche par Eccles; il s'emparera des bois qui sont
entre Eccles et Hestrud et de celui entre Ramond et la Folie et qui
est traversé par un ruisseau. Il jettera un corps de tirailleurs sur sa
droite pour surveiller l'ennemi qui pourrait venir l'attaquer en flanc
du côté de Beaumont et Grandrieux.

Le général Beaurgard est prévenu que le général Duquesnoy
partira à 7 heures de Beugnies pour se porter sur Wattignies et comme
il est destiné à flanquer la droite de cette division il communiquera
avec le général Duquesnoy et même suivra les ordres que ce dernier
jugera convenable de lui faire passer comme devant être chargé de
l'attaque principale; il fera filer de suite ses équipages derrière
Avesnes.

Le général Beaurgard est prévenu que le général en chef se
tiendra sur la chaussée d'Avesnes en avant des haies proche
Semousies.

Jourdan au général Élie.

14 octobre 1793.

Il est ordonné au général commandant les troupes réunies sous
Philippeville de se mettre en marche au reçu du présent ordre pour
se porter sur Beaumont afin d'y former une fausse attaque; il tâchera
d'inquiéter l'ennemi sans cependant compromettre ses troupes, s'il
rencontrait des forces supérieures; il tâchera de s'instruire du mouvement de l'ennemi, et dans le cas où le mouvement de l'armée le
forcerait à abandonner Beaumont, il s'en emparera. Dans le cas contraire, il fera bivouaquer sa troupe dans la position qu'il croira la
plus avantageuse jusqu'à nouvel ordre.

Jourdan au général Duquesnoy.

14 octobre 1793.

Il est ordonné au général Duquesnoy de réunir toute sa division
demain matin, à 6 heures; il partira à 7 heures et se dirigera sur
Wattignies; il débusquera l'ennemi du bois du prince et s'en emparera
jusqu'à Clarge; il s'emparera pareillement du petit bois qui est à la
droite du bois du prince. Le général Duquesnoy est prévenu que la
division du général Beaurgard se portera en même temps sur Eccles
pour flanquer sa droite; il est prévenu qu'il pourra donner des ordres
au général Beaurgard suivant les circonstances. Le général en chef
se tiendra sur la grande route de Maubeuge près de Semousies; il
m'instruira du résultat de son attaque, il fera distribuer l'eau-de-vie
à sa division et réunira tous ses équipages derrière le camp qu'il
occupe dans ce moment.

Jourdan au commandant du parc.

14 octobre 1793.

Il est ordonné au commandant du parc d'envoyer sur-le-champ à Avenelle deux pièces de 12, une pièce de 8 et un obusier avec les canon niers nécessaires au service de ces pièces. Le commandant de ces pièces prendra les ordres du général Duquesnoy, il enverra pareillement de suite à Dompierre, deux pièces de 12, une pièce de 8 et un obusier avec les canonniers nécessaires pour le service de ces pièces. Le commandant de cette artillerie prendra les ordres du général Fromentin; le commandant du parc enverra au général Fromentin à Dompierre le chef de bataillon *Eblé*; la distribution de l'eau-de-vie sera faite cette nuit; le parc suivra la division du général Balland.

Jourdan au commandant de la place de Landrecies.

14 octobre 1793.

Il est ordonné au commandant de la place de Landrecies de faire partir de suite 800 hommes de la garnison pour se rendre à Maroille. Le commandant de Landrecies désignera un officier intelligent pour commander le poste; il aura sous ses ordres outre ces 800 hommes, les deux bataillons qui sont à Maroille et le 6ᵉ régiment de cavalerie; il mettra la troupe sous les armes à la pointe du jour, fera faire des patrouilles sur Noyelle et Tenières, et s'opposera à l'ennemi dans le cas où il voudrait passer le pont d'Hachette; il restera là jusqu'à nouvel ordre.

Jourdan au général Fromentin.

14 octobre 1793.

Il est ordonné au général Fromentin de réunir demain matin à 6 heures toute sa division avec celle du général Cordellier qui a reçu l'ordre d'aller le joindre et de se porter sur Moucheaux et Saint-Vaast; il cherchera à tourner l'ennemi qui est dans le bois de Saint-Aubin en dirigeant des troupes sur Malmaison et l'hôpital. Il s'emparera du bois de Saint-Aubin et prendra la position la plus avantageuse qu'il lui sera possible tant pour soutenir l'attaque du bois que pour s'opposer au mouvement du camp d'Aulnois et de Baschamp ainsi qu'aux troupes qui pourraient passer la rivière; il laissera le 6ᵉ régiment de cavalerie à Maroille, et enverra un bataillon à Noyelle-sur-Sambre qui éclairera toute la partie depuis Noyelle jusqu'à Sassogne; il laissera pareillement à Maroille l'infanterie qui y est, qui sera jointe par 800 hommes de la garnison de Landrecies. Le général Fromentin est prévenu qu'il ne doit faire déboucher ses troupes hors des Hayes d'Avesnes, que lorsqu'il entendra commencer l'attaque sur la droite; il est pareillement prévenu que le général en chef se tiendra sur la grande route de Maubeuge près de Semousies. Le général Fromentin recevra cette nuit deux pièces de 12 et une pièce de 8 et un obusier; il est prévenu que le citoyen Eblé officier d'artillerie a ordre de se rendre auprès de lui; le général Fromentin fera distribuer l'eau-de-vie à sa troupe. Le général Fromentin est aussi prévenu que le citoyen Soland est nommé général de brigade et qu'il a l'ordre de se rendre auprès de lui pour prendre le commandement de la cavalerie.

Jourdan au général Balland.

14 octobre 1793.

Il est ordonné au général Balland de faire partir de suite une demi-brigade qui se portera sur la grande route d'Avesnes à Maubeuge, à sa sortie des Hayes d'Avesnes pour relever les troupes du général Cordellier; le commandant de cette demi-brigade trouvera l'adjudant général du général Cordellier à la sortie des Hayes d'Avesnes qui lui indiquera les postes qu'il doit occuper. Le général Balland enverra pareillement avec cette demi-brigade un piquet de 50 hommes à cheval; le général Balland donnera les ordres nécessaires à la division afin qu'elle soit toute réunie dans les faubourgs d'Avesnes sur la route de Maubeuge demain matin, à 6 heures précises. Il laissera les équipages à l'endroit où ils sont et fera distribuer l'eau-de-vie à toute la division.

Jourdan au général Fromentin.

14 octobre 1793.

Je vous recommande, général, la plus grande surveillance, que votre troupe se repose le jour et qu'elle veille la nuit; faites faire aujourd'hui de fortes reconnaissances par des troupes à pied et à cheval commandées par des officiers intelligents; il faut qu'une de ces reconnaissances parte de Tenières, vienne sur Noyelle, fouille toute la partie gauche du bois que vous occupez et pousse des éclaireurs jusqu'à la cense du parc et Sassogne; il faut que ces éclaireurs s'approchent le plus près de l'ennemi possible sans cependant se compromettre et qu'ils tâchent de découvrir la position de l'ennemi. Vous enverrez une découverte du côté de Moucheaux, Saint-Rémy-Chaussée et les Bodelets: cette découverte servira à nous assurer de la position des postes de la division qui est à votre droite et d'après cela vous ferez ce que vous croirez convenable pour établir votre communication avec ces postes. Il faut laisser le 6e régiment de cavalerie à Maroille; ce poste est très important. Revoyez bien tous vos postes. Recommandez la plus grande surveillance et faites tout ce que vous croirez convenable pour le bien du service; vous m'écrirez ce soir pour me rendre compte de votre position et du résultat de vos découvertes. Je crois qu'il n'y a point d'inconvénient à faire camper les bataillons qui sont en avant à Dompierre et vous ferez relever tous les jours ceux qui sont en avant des Hayes d'Avesnes qui doivent nécessairement bivouaquer. Si vous le pensez comme moi, vous pourrez envoyer chercher vos équipages, vous avez à votre droite une route qui conduit d'Avesnes à Moucheaux et par laquelle vous auriez passé hier, si elle n'avait pas été coupée; vous la ferez déblayer et raccommoder. Vous emploierez à cela des militaires et des citoyens des communes qui avoisinent; cela est nécessaire pour faciliter votre communication.

Division Fromentin.

Journée du 14 octobre.

Il est ordonné au 12ᵉ régiment de chasseurs à cheval de faire faire une découverte à sa droite; il approchera le plus qu'il pourra de la route d'Avesnes à Maubeuge; il s'assurera de la position des postes qui s'y trouveront; il fera faire une autre découverte du côté des Bodelets et Saint-Remy-Chaussée; il en rendra compte de suite au général Fromentin. Ces découvertes ne se compromettront pas.

Il est ordonné au 2ᵉ bataillon de la Meurthe de partir de suite de son cantonnement pour se rendre à Dompierre où il recevra de nouveaux ordres.

Il est ordonné au 3ᵉ bataillon de Cambrai de se rendre de suite à Dompierre pour y faire le service de l'état-major; il y cantonnera jusqu'à nouvel ordre, il aura soin d'amener ses pièces de canon.

Ordre au 4ᵉ régiment d'hussards de fouiller toute la partie gauche du bois d'Avesnes, en se portant sur Noyelle et Tenières; il poussera des éclaireurs jusqu'à la cense du parc et Sassogne, le plus près qu'ils pourront de l'ennemi, sans cependant se compromettre; ils tâcheront de découvrir la position de l'ennemi; il suffira pour faire cette reconnaissance d'un escadron commandé par des officiers intelligents; il lui est ordonné en outre de prendre avec lui un piquet d'infanterie, du 15ᵉ bataillon d'infanterie légère, aussi fort qu'il croira convenable. Il en rendra compte de suite au général Fromentin à Dompierre. Les découvertes ne se compromettront pas.

Jourdan au général Fromentin.

15 octobre.

Le général Fromentin me fera connaitre de suite la position qu'il occupe et me rendra compte du plan de son attaque; il fera distribuer de suite l'eau-de-vie à sa troupe. Il me fera connaître les munitions dont il aura besoin afin que je puisse les lui envoyer; il me fera également connaître la position du général Cordellier et lui fera de même distribuer l'eau-de-vie. Mon quartier général est toujours à Avesnes, il fera prendre aux parc les cartouches dont il a besoin.

Jourdan au général Balland.

15 octobre 1793.

Il est ordonné au général Balland de faire rentrer son infanterie dans les Hayes d'Avesnes : une partie bivouaquera sur la route qui conduit à Beugnies, et une autre partie dans les bois et en arrière des retranchements qui sont sur la route d'Avesnes à Maubeuge. Chaque bataillon aura une grand'garde en avance des bois et poussera ses postes jusqu'à Le Luttiau et Semousies: tous ces postes se garderont très militairement; il se rendra demain matin une heure avant le jour à sa division et la fera mettre sous les armes. Il enverra sa cavalerie en arrière des Hayes d'Avesnes; il laissera avec le poste d'infanterie un détachement d'hussards et de chasseurs à cheval; il fera distribuer de suite l'eau-de-vie à toute sa division.

Le général Balland logera à portée de sa division et lorsqu'il aura exécuté le présent ordre, il me fera prévenir par une ordonnance qui lui portera des ordres ultérieurs. Mon logement est le même qu'hier. Les bataillons qui auront fait filer leurs pièces de canon sur les derrières, les feront chercher, ils doivent être au parc situé en arrière des Hayes d'Avesnes; sur la suite, il préviendra les bataillons qui ont besoin de cartouches d'en prendre de suite au parc.

Jourdan au général Duquesnoy.

15 octobre.

Le général est prévenu qu'il ne nous a pas été possible de forcer l'ennemi et que nous occupons la même position qu'hier; il me fera connaître de suite celle qu'il occupe dans ce moment, de même que la division du général Beaurgard et celle de notre avant-garde, afin que je puisse vous faire passer des ordres ultérieurs. Si le général Duquesnoy est en avant de Dimechaux, il se gardera bien sur son flanc à droite, veillera à n'être point surpris par l'ennemi qui occupe les bois qui sont à sa droite; il fera délivrer l'eau-de-vie à sa troupe et me fera connaître s'il a besoin de munitions. Mon quartier général est toujours à Avesnes.

Jourdan au commandant du parc d'artillerie.

15 octobre 1793.

Il est ordonné au commandant du parc de se réunir en arrière de la Haye d'Avesnes et de délivrer les cartouches qui lui seront demandées par les chefs de bataillon, Il me fera connaître de suite le lieu de son logement, afin que je puisse lui faire passer des ordres ultérieurs; il fera de suite délivrer l'eau-de-vie à sa troupe. Le général commandant est toujours à Avesnes.

Jourdan au commissaire ordonnateur.

15 octobre.

Il est ordonné au commissaire ordonnateur de faire trouver demain matin des voitures garnies de paille sur les trois points que je lui ai indiqués par l'ordre d'hier pour servir à transporter les blessés et il veillera à ce que le pain et la viande soient également fournis aux troupes demain ainsi que le fourrage à la cavalerie.

Jourdan au général Cordellier.

15 octobre 1793.

Il est ordonné au général Cordellier de faire porter sur la grande route d'Avesnes à Maubeuge demain matin 16 du courant, le plus matin possible, trois bataillons d'infanterie et un régiment de hussards de la division. Le commandant de cette troupe préviendra de son arrivée le général Balland et prendra ses ordres. Le général Cordellier restera avec le restant de sa division avec le général Fromentin et prendra ses ordres d'après l'instruction que je vais faire passer à ce dernier.

Jourdan au général Fromentin.

15 octobre 1793.

Il est ordonné au général Fromentin de faire prendre les armes demain matin 16 du courant à sa division et à celle du général Cordellier et de faire mettre ses troupes en bataille en avant des Hayes d'Avesnes; il tâchera de s'emparer de le Val et du moulin de le Val Il n'attaquera pas sérieusement l'ennemi à moins que par les mouvements que je ferai demain, ce dernier ne se retire de l'autre côté de la Sambre; il veillera avec attention à ce que l'ennemi ne le tourne pas du côté de Noyelle et Maroille et correspondra avec la division du général Balland qui sera à sa droite. Le général Fromentin fera demander au commandant du parc d'artillerie les munitions dont il pourrait avoir besoin; il est prévenu que je viens de donner l'ordre à ce dernier de lui faire passer de suite une pièce de 12 et une pièce de 8 et quatre caissons de cartouches d'infanterie.

Jourdan au général Balland.

15 octobre 1793.

Il est ordonné au général Balland de faire rassembler demain 16 du courant à 4 heures précises sur le chemin qui conduit de la chaussée de Maubeuge à Solre-le-Château, neuf bataillons d'infanterie de ligne et le 6ᵉ régiment de chasseurs à cheval et le 17ᵉ régiment de cavalerie. Le général Balland désignera un général de brigade pour commander cette colonne; le général attendra à la tête de sa troupe les ordres ultérieurs que je lui porterai moi-même. Le général Balland est prévenu qu'il sera renforcé de trois bataillons d'infanterie et deux régiments de cavalerie de la division du général Cordellier; le général Balland fera mettre demain matin sa troupe en bataille en avant de la Haye d'Avesnes. Il fera garnir son front de bandière par des pièces de position; il tâchera de s'emparer par des troupes légères du bois qui est à la mi-distance Semousies et Floursy et sur toute chose empêchera l'ennemi de pénétrer dans la Haye d'Avesnes. Il fera délivrer de suite des cartouches aux bataillons de sa division qui en manquent.

Jourdan au commandant à Maroille.

15 octobre 1793.

Je vous préviens, Citoyen, que je donne ordre au général commandant à Avesnes de faire partir demain matin à quatre heures précises, un bataillon pour renforcer le poste que vous commandez; je vous préviens pareillement que, d'après le projet que j'ai l'intention d'exécuter, il est de la plus grande importance que l'ennemi ne force pas Maroille; vous vous retrancherez fortement et me rendrez compte tous les jours des mouvements que l'ennemi ferait de votre côté; vous ferez de fréquentes patrouilles sur Noyelle et Tenières.

Jourdan au général commandant à Avesnes.

15 octobre 1793.

Il est ordonné au général commandant à Avesnes de faire partir demain matin à quatre heures précises un bataillon de la garnison d'Avesnes pour se rendre à Maroille; ce bataillon sera sous les ordres de qui commandera ce poste et y restera jusqu'à nouvel ordre.

Jourdan au commandant du parc d'artillerie.

15 octobre 1793.

Il est ordonné au commandant du parc d'artillerie de faire passer de suite à Dompierre une pièce de 12 et une pièce de 8 avec les caissons et canonniers nécessaires au service de ces pièces. Le commandant de cette artillerie prendra les ordres du général Fromentin; il tiendra deux pièces de 12 et deux pièces de 8 et un obusier, de même que dix caissons de cartouches prêts à partir demain matin 16 du courant, à 4 heures du matin; ces pièces et ces canons attendront l'ordre de marcher que je leur donnerai moi-même demain matin.

Jourdan ou général Belair à Guise.

15 octobre 1793.

Nous nous sommes battus aujourd'hui, Citoyen général, depuis neuf heures du matin jusqu'à la nuit; nous avons eu du succès sur notre droite, mais notre gauche n'a pas pu faire ce que je désirais, de manière que nous recommencerons demain; il est donc très essentiel que vous continuiez à garder la position que je vous ai indiquée par mon ordre d'hier et que tous les jours, jusqu'à nouvel ordre, vous mettiez votre petite armée en mouvement tant pour inquiéter l'ennemi que pour vous opposer à ce qu'il ne vienne nous inquiéter sur nos derrières.

Au commandant de la 34e division de gendarmerie nationale.

Journée du 15 (2 heures 1/2 du matin)

Ordre donné à la 34e division de gendarmerie nationale de partir de son cantonnement de suite pour se rendre à Dompierre où elle recevra de nouveaux ordres.

Au Commandant du 10e bataillon de Seine-et-Oise.

Partir sur-le-champ de son camp pour se rendre à Noyelle où il prendra poste pour éclairer la droite.

A l'armée.

Ordre aux troupes campées d'être sous les armes à cinq heures du matin.

Au citoyen Durieux.

Ordre donné à la compagnie franche Durieux de partir à 5 heures en fouillant le bois, pour se réunir au 12e régiment de chasseurs qu'elle éclairera.

Au Commissaire des guerres.

Ordre donné au commissaire des guerres de faire partir sur-le-champ l'eau-de-vie au camp qu'il distribuera à la pointe du jour; ensuite, il la fera conduire en avant des bois. Il se trouvera également à la pointe du jour en avant du bois avec son ambulance.

Texte de l'arrêté d'après lequel Gratien fut destitué le 16 octobre 1793.

Arrêté de Carnot et de Duquesnoy daté du 16 octobre.

Nous, représentants du peuple près l'armée du Nord et des Ardennes, considérant que le citoyen Gratien général de brigade a refusé d'exécuter les ordres du général de division Duquesnoy, en ordonnant la retraite aux troupes confiées à son commandement, lorsque le général Duquesnoy lui avait ordonné de chasser l'ennemi, arrêtons que le citoyen Gratien est destitué de ses fonctions et qu'il sera mis sur-le-champ en état d'arrestation pour être jugé par une commission militaire, conformément à la loi. Le général Gratien sera remplacé provisoirement par le citoyen Sorlus, chef du 2e bataillon de la Gironde Le général Ernouf chef de l'état-major, est chargé de l'exécution du présent arrêté.

Fait à Avesnes, le 16 octobre 1793, l'an II de la République.

Belair, général commandant l'armée intermédiaire, au Ministre de la guerre.

Réunion-sur-Oise, 19 octobre 1793 (28 vendémiaire, an II)

J'avais reçu ordre du général Jourdan de me porter à Etreux Landernat et de tâcher de m'emparer de la forêt d'Arouaize pour inquiéter l'ennemi qui était du côté du Cateau et éclairer les mouvements qu'il pouvait faire dans cette partie où il avait une asse nombreuse cavalerie.

J'ai rempli ponctuellement cet ordre et par là nous avons tenu en échec les troupes que l'ennemi a dans cette partie, pendant que le général Jourdan attaquait les ennemis postés entre Maubeuge et Avesnes, et qu'il obtenait les succès dont il vous a sûrement rendu compte ; nous avons entretenu la correspondance la plus exacte toutes les nuits, moi pour le tenir au courant des mouvements des ennemis et lui pour me faire part de ses succès et de ses progrès.

Mes avant-postes ont été tâtés par l'ennemi à plusieurs reprises, et toujours il a été repoussé. Dans une de ces escarmouches, une maison de Catillon a été incendiée, dit-on, par l'éclat d'un obus des ennemis; je n'ai pu le voir étant alors d'un autre côté, vu que l'ennemi menaçait alors plusieurs points à la fois. L'ennemi a eu alors plusieurs gens tués et blessés, mais nous n'avons pu faire qu'un prisonnier. Les choses auraient été encore mieux, si nous eussions été mieux approvisionnés et si une partie du détachement du 16e régiment de chasseurs à cheval n'avait pas abandonné ses officiers, pour s'enfuir. Il faut l'espérer que ce régiment qui est de nouvelle formation, fera mieux son devoir une autre fois (1).

Quant aux approvisionnements militaires, vous allez en juger. J'ai trois pièces de 8, pour lesquelles il faudrait trois caissons approvisionnés. J'en ai seulement deux à moitié vides, parce que le général Beaurgard, m'a-t-on dit, a fait éventrer plusieurs cartouches de ce calibre pour en avoir la poudre, qui a servi à tirer le coup de retraite, ce qui n'était pas économique, et pour faire tirer lors d'un baptème plusieurs coups de canon.

Les pièces de 4 sont un peu mieux approvisionnées.

Je n'ai point d'obusiers.

Je n'ai point non plus de pierres à fusils.

Je n'ai point reçu les obusiers de six pouces que vous avez bien voulu me faire espérer.

Tous ces déficits me font craindre d'être entraîné dans une affaire un peu sérieuse, n'ayant pas de munitions pour une demi-heure de combat. Depuis, il m'est arrivé des cartouches d'infanterie. J'ai écrit à Amiens où on m'a dit qu'il y en avait; je me donne tous les mouvements pour être un peu en état, mais si vous ne venez pas à mon secours, Citoyen Ministre, je resterai longtemps dénué.

Nos escarmouches m'ont fourni des nouvelles que notre artillerie était ce que nos ennemis craignent le plus. C'est donc avec l'artillerie qu'il faut les combattre. C'est dans l'exécution et dans la perfection de cette arme que le Français réussit le mieux. C'est donc une raison de porter tous nos soins de ce côté.

Je vous ai écrit plusieurs fois pour vous mettre sous les yeux les

---

(1) Le régiment qui devait être rendu depuis deux jours m'a écrit ce matin qu'il ne pouvait venir d'ici à quelques jours, parce que ses armes étaient engagées sur des chariots qui étaient partis quelques jours après le corps. J'ai écrit en conséquence à ce corps qui est encore à Laon, où il attend que les armes, sans lesquelles il ne devrait jamais marcher, lui arrivent.

grands avantages qui résulteraient de l'adoption des changements
que j'ai proposés, ou plutôt des perfections que je puis ajouter à
cette arme déjà si redoutable. Vous avez jugé à propos, Citoyen
Ministre, de renvoyer les épreuves à cet hiver, je vous certifie plus à
propos de les adopter sur-le-champ. Croyez-en un homme vrai, franc,
loyal républicain, qui jamais ne trompe qui que ce soit. Par là, vous
conserverez des milliers de braves sans-culottes, sans que nos succès
en soient moins brillants.   La supériorité de ces moyens étonnera
l'ennemi L'Europe esclave verrait avec autant de surprise que de
terreur que la France libre l'emporte par l'industrie comme par le
courage sur les nations étrangères. La jalousie peut-être. s'agitera
quelques instants pour le succès des mesures que je puis proposer;
que m'importe? Je la terrasserai. Si vous et tous les braves républicains voulez me seconder, la lutte impie du despotisme contre les
enfants de la liberté sera plus promptement terminée et elle le sera
d'une manière plus avantageuse et plus glorieuse.

Je m'occupe du soin d'organiser la petite armée intermédiaire et à
empêcher les désordres de pulluler. Nous avons des détachements de
50 hommes composés des dépôts de quatre corps différents; nous
avons des bataillons de 200 hommes! Nous avons des corps qui manquent presque de tout. Quels mouvements faire en avant, surtout dans
la saison où nous sommes, sans avoir à craindre des pertes énormes
d'hommes?

D'un autre côté, quelques bataillons se sont permis de faire et de
demander des rations de pain et d'eau-de-vie fort au-dessus du
nombre d'hommes existant sous les armes. Je fais mes efforts pour
faire cesser ce scandaleux désordre et pour établir un ordre que
nulle puissance ou nulle fraude ne puisse outrepasser. Sans cela, il
arriverait qu'une petite armée consommant autant et plus qu'une
nombreuse et épuisant les pays où elle serait obligée de se tenir
quelque temps, pourrait être forcée sans que l'ennemi s'en mêlât,
de quitter une bonne position qu'il pourrait être instant de conserver.

Je ne vous parle pas des peines que j'ai, des soins multipliés que
je me donne. Si je puis y suffire, je serai dédommagé par la certitude
d'avoir bien servi la République et de mériter votre confiance et votre
estime.

Ces soins m'empêchent souvent de répondre ou de faire répondre à
beaucoup de choses importantes, ce qui peut être l'occasion de quelques délations; mais dans toute grande besogne, il faut d'abord s'at-
tacher à ce qui peut amener les résultats les plus avantageux.

Dans ma seconde dépêche, je vais vous parler fortifications relativement à la défensive générale et particulière de ces contrées.

Aux citoyens composant le Comité du Salut public à Paris.

Maubeuge, 22 octobre, an II

Le blocus de Maubeuge est levé sans que notre division ait fait le moindre mouvement pour seconder les efforts de l'armée libératrice. Je vais vous dire ce qui se passa ici depuis le 29 septembre jusqu'au 17 octobre.

L'on était prévenu par des déserteurs autrichiens le 28 septembre que l'ennemi devait attaquer le lendemain à la pointe du jour; cela n'empêcha pas que nos avant-postes furent surpris, et qu'il passa la rivière de Sambre à Jeumont et à Baschamp. Une vive canonnade se faisait entendre de droite et de gauche, nos avant-postes se repliaient; le citoyen Egret, capitaine de canonniers, voyant cette retraite sans beaucoup d'opposition fut en demander la cause au général Colomb, qui commandait la droite et lui fit réponse en lui montrant un ordre signé Ferrand qui lui ordonnait de se retirer. Nous étions tranquilles spectateurs de tous les mouvements, et l'on ne fit battre la générale dans le camp que vers midi, et quand les deux colonnes ennemies eurent opéré leur jonction dans le bois de Beaufort; aucune troupe n'a sorti dans la matinée pour seconder les avant-gardes que des forces supérieures obligeaient à plier.

Les sorties qu'on a faites les 5, 6 et 7 octobre ne nous ont procuré aucun avantage, et nous ont fait perdre beaucoup de monde; l'on en fit encore une le 13, à la pointe du jour, pour s'emparer du bois du Tilleul. Les prisonniers qu'on y a fait ont dit qu'ils en étaient prévenus dès la veille; qu'on avait en conséquence doublé les postes et qu'ils étaient restés sous les armes toute la nuit; toutes les sorties faites avant le blocus ont été, comme celle-ci, divulguées avant l'exécution.

Arrive le 14; l'on entendit un feu très vif toute la journée; on débita que c'était une feinte de la part des ennemis. Le 15, même feu, et même discours; le 16, un feu plus terrible encore se fit entendre, l'on en était toujours sur la feinte; cependant toute la division trépignait de ne point marcher; enfin le général Vézu monte à la tour, voit que l'ennemi commençait à plier, demande qu'on fasse marcher 6.000 hommes pour le tenir en échec, lui couper la retraite ou la rendre plus difficile; il ne fut pas écouté. L'on ne fit sortir une colonne que le lendemain matin, quand on fut bien assuré, par des habitants de villages voisins, que l'ennemi était entièrement retiré.

Pouvait-on s'imaginer que l'ennemi aurait fait une feinte continuelle pendant trois jours pour nous attirer et s'emparer du camp? Pourquoi n'a-t-on pas fait marcher une colonne sur la droite, une sur la gauche de la Sambre pour couper sa retraite? Voilà deux questions importantes à résoudre.

20

Les généraux accusent les volontaires de lâcheté; c'est toujours leur ressource en pareil cas; il est vrai que quelques centaines de lâches ont fui dans les sorties qu'on a faites, et cela n'est pas surprenant. Le soldat était convaincu de la supériorité de l'ennemi, il voyait en outre que ces sorties ne tendaient qu'à nous détruire en détail, sans qu'il en résulte aucun bien, puisqu'on ne gardait pas les postes qu'on prenait; d'ailleurs, les bataillons nombreux qu'on faisait marcher au feu sont composés aux trois quarts du contingent des 300.000 hommes qui, pour la plupart, se sont vendus à prix d'argent, ne sont point guidés par cet ardent amour de la patrie, fuyaient et mettaient en désordre des bons citoyens qui s'étaient déjà distingués par leur courage.

Un arrêté des représentants du peuple avait prévu cela, et ordonnait que les bataillons de la division seraient égalisés; cet arrêté ne fut point exécuté, et chose étonnante, il existe dans la même division, des bataillons de 800 à 1.000 hommes, tandis que d'autres ne sont que de 2 à 300 hommes et se trouvent réduits à l'impuissance, malgré la bonne envie qu'ils ont de se battre pour la cause commune; il est évident que si les bataillons avaient été égalisés, les demi-brigades, auraient marché d'un pas égal, la masse des bons citoyens l'aurait emporté sur celle des mauvais et ces désordres n'auraient pas eu lieu.

Ces observations furent faites à la société populaire de cette ville par mon camarade Rogier et par le citoyen Yecmann, chef du bataillon de Tournai; ces deux citoyens furent hués, et peu s'en est fallu qu'ils ne soient traduits au tribunal militaire pour avoir émis leurs opinions; ils en furent expulsés hier pour cette raison. Voilà la liberté qui existe dans Maubeuge. Enfin, cette société est dominée par les commissaires des guerres, des aides de camp, des adjudants généraux et leurs adjoints. Les généraux y sont considérés comme inviolables, sauf aux autorités supérieures à examiner leur conduite; car je vous observe que pendant le blocus, ils se sont constitués en comité, soi-disant secret; j'ignore s'ils ont ce droit, puisqu'en tout autre temps, les chefs de corps sont membres du conseil de guerre.

Votre concitoyen, le chef du 6e bataillon du Nord, dit de Cambrai.

GORIS.

Au Comité de Salut public.

Sedan, le 2e jour de la première décade du 2e mois de l'an II de la République, une et indivisible. (23 octobre 1793).

Je vous fais passer, Citoyens mes collègues, le rapport que m'envoie le général Elie de l'échec qu'il a éprouvé sur Bossus au-delà de Beaumont, en faisant une diversion utile à l'attaque sous Maubeuge.

Cet échec, quoique déplorable pour un bon républicain, n'est cependant point définitif par ses conséquences; au contraire, cette escarmouche a tenu en échec environ 15.000 hommes des forces ennemies qui n'ont pu se battre à Maubeuge; et si la troupe aux ordres du brave Élie eût fait son devoir, il est probable qu'il eut plus fait que de les tenir en échec. On informe contre plusieurs officiers des dernières levées qui ont prouvé par leur conduite que le mode d'après lequel ils ont été choisis ne peut être que préjudiciable à la patrie; beaucoup de militaires aussi expérimentés que patriotes pensent qu'il aurait été beaucoup plus avantageux, et moins dispendieux pour la République, de compléter les anciens cadres avec les nouveaux bataillons; ceux-ci eussent été plus tôt formés, se fussent mieux montrés en une action, et on eût économisé les appointements d'un grand nombre d'officiers qui ont autant besoin d'instruction que leurs soldats.

Nous nous occupons en ce moment à faire arriver tous les jours et en poste sur l'armée du Nord, de la poudre, des boulets, des obus et autres munitions d'artillerie qu'un envoyé du général Jourdan est venu demander dans toutes les places de l'armée des Ardennes. Nous continuons aussi l'envoi de 100.000 rations, tous les quatre jours. Faites en sorte que des munitions de poudre soient envoyées de Paris sur Avesnes où est le quartier général de Jourdan. Pressez auprès du Ministre de l'intérieur le remplacement des grains et des farines qui vont incessamment nous manquer tant pour la troupe que pour les citoyens du département.

MASSIEU-CALÈS.

BIBLIOGRAPHIE

MANUSCRITS

Cette étude s'appuie, à peu près uniquement, sur les documents classés dans les archives indiquées ci-dessous :

1° *Les archives historiques du Ministère de la guerre*, qui se subdivisent en quatre catégories principales, savoir : *Correspondance générale. Registres de correspondance. Situations de l'armée Mémoires historiques.* Parmi ces derniers, on a utilisé les mémoires de Jourdan, de Desjardin et de d'Arnaudin (1).

2° *Archives administratives du Ministère de la guerre* (1).

3° *Archives des cartes du Ministère de la guerre* (1).

4° *Archives nationales.* — La plupart des documents qui présentent un intérêt, au point de vue de notre sujet, ont été reproduits *in-extenso* dans les tomes VI et VII, du « *Recueil Aulard* » ou dans le tome III de la « Correspondance générale de Carnot publiée avec des notes historiques et biographiques » par Etienne Charavay. Paris 1897, Imprimerie nationale.

5° *Archives de la chefferie du génie de Maubeuge*; elles contiennent des renseignements très complets, sur l'historique de la place.

6° *Archives autrichiennes de la guerre.* — (*K. und Kriegsarchiv à Vienne, Stiftgasse*). Ces archives ont été consultées par l'auteur dans les conditions qui ont été indiquées précédemment (1). Les pièces, qui concernent la campagne de 1793, y sont classées sous la rubrique: 1° *Krieg mit Frankreich. Armée in Niederland 1793. Coburg-Feld-Akten* et *Kabinets-Akten.* 2° *Berichte des Prinzen von Coburg in französischen Krieg.*

---

(1) On trouvera des renseignements sur ces sources diverses dans la bibliographie du volume intitulé : « *Les opérations militaires sur la Sambre en 1794* » Commandant Dupuis. Chapelot, 1907.

IMPRIMÉS

Parmi les nombreux ouvrages qui traitent de la campagne de 1793 ou d'événements connexes, on citera seulement ceux qui ont servi de base aux discussions de l'auteur, ou permis de combler certaines lacunes que les documents manuscrits laissaient subsister.

1° Carnot. *Mémoires sur Carnot par son fils.* — Tome Ier. Paris. Paguerre 1861. Bibl. Min. Guerre D²e 610.

2° Chuquet. *Les guerres de la Révolution.* — XI. Hondtschoote. Paris. Chailley 1896. Bibl. Min. Guerre A²d 771.

3° Coutanceau (colonel). *La campagne de 1794, à l'armée du Nord.* 1re partie. Tome Ier. Paris, Chapelot 1903. 2 vol. In-8. Bibl. Min. Guerre A²d 1103.

4° Dupuis V. (capitaine). *La campagne de 1793, à l'armée du Nord et des Ardennes* (de Valenciennes à Hondtschoote). Paris, Chapelot, 1906.

5° Dupuis V. (commandant). *Les opérations militaires sur la Sambre en 1794.* — Paris. Chapelot, 1907.

6° Foucart et Finot. *La défense nationale dans le Nord de 1792 à 1802.* — Lille. Lefebvre. 1893. Bibl. Min. Guerre. A²d 778.

7° Joliclerc. *Volontaire aux armées de la Révolution. Ses lettres* (1793-1796). Recueillies et publiées par Etienne Joliclerc. Paris, Librairie académique Perrin. 1905.

8° Jomini. *Histoire critique et militaire des guerres de la Révolution,* par le lieutenant-général Jomini. Tome IV, campagne de 1793, 2e période, Paris. Anselin et Rochard 1819. Bibl. Min. Guerre. A²d 17.

9° Leclaire. *Mémoires et correspondance du général Leclaire.* — Paris, Chapelot, 1904.

10° Lorédan Larchey. *Journal de marche du sergent Fricasse de la 127e demi-brigade.* — (1792-1802.) Paris 1882. Bibl. Min. Guerre. A²d 1185.

11° Marmottan (Paul). *Le général Pierre-Jacques Fromentin.* — (1753-1830.) Paris. Charavay, 1890. Bibl. Min. Guerre. A²h 746.

12° Piérard (Z. J.). *La Grande Epopée de l'an II.* — 2e édition. Paris. 29, rue des Bons-Enfants. 1866. Bibl. Min. Guerre A²d 774.

13° Witzleben (von). Prinz Friedrich Josias von Coburg-Saalfeld. Zweiter Theil. (1790-1774.) Berlin 1859. Bibl. Min. Guerre. D²l 316.

Les volumes 7, 9 et 10 sont l'œuvre de témoins oculaires ; ceux qui sont numérotés 2, 3, 4, 5, 6 et 11, ont été écrits à l'aide de documents originaux ou contemporains, le plus souvent reproduits *in extenso.*

Les *Mémoires sur Carnot* et *la Grande Epopée de l'an II* reposent sur des souvenirs recueillis tardivement auprès de certains témoins oculaires; on n'en a fait usage qu'à défaut d'autres sources et sous toutes réserves.

Les ouvrages de Jomini et de Witzleben ont servi à appuyer ou à réfuter un petit nombre d'opinions générales plus ou moins admises et qui prêtent à discussion.

On verra du reste, grâce aux références indiquées dans le texte, que notre récit est basé, principalement, sur les documents manuscrits.

ABRÉVIATIONS

Les documents qui proviennent des cartons de correspondance des Archives du Ministère de la guerre ont été désignés par les initiales A. H. G.

Ceux qui sont conservés aux archives autrichiennes de Vienne sont indiqués par la notation KK. Arch.

Le volume n° 4 : « La campagne de 1793 de Valenciennes à Hondt-schoote » est cité sous la rubrique : Tome Ier.

ORTHOGRAPHE DES NOMS DE LIEUX

L'orthographe des noms de lieux est celle des cartes de Ferraris et de Cassini, jointes à ce volume.

PIÈCES JUSTIFICATIVES

Les principales pièces justificatives sont publiées à la suite du récit dans l'ordre chronologique.

TABLE DES MATIÈRES

DOCUMENTS ANNEXES

TABLE DES CARTES

Paris. — Imp. R. Chapelot et Cⁱᵉ

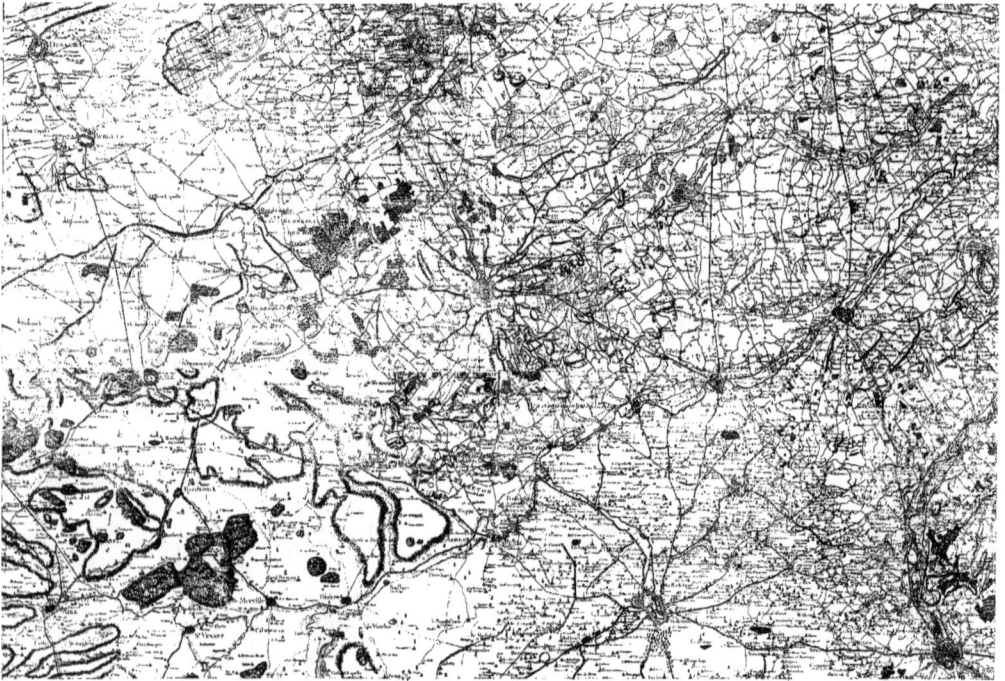

L'INVESTISSEMENT DE MAUBEUGE

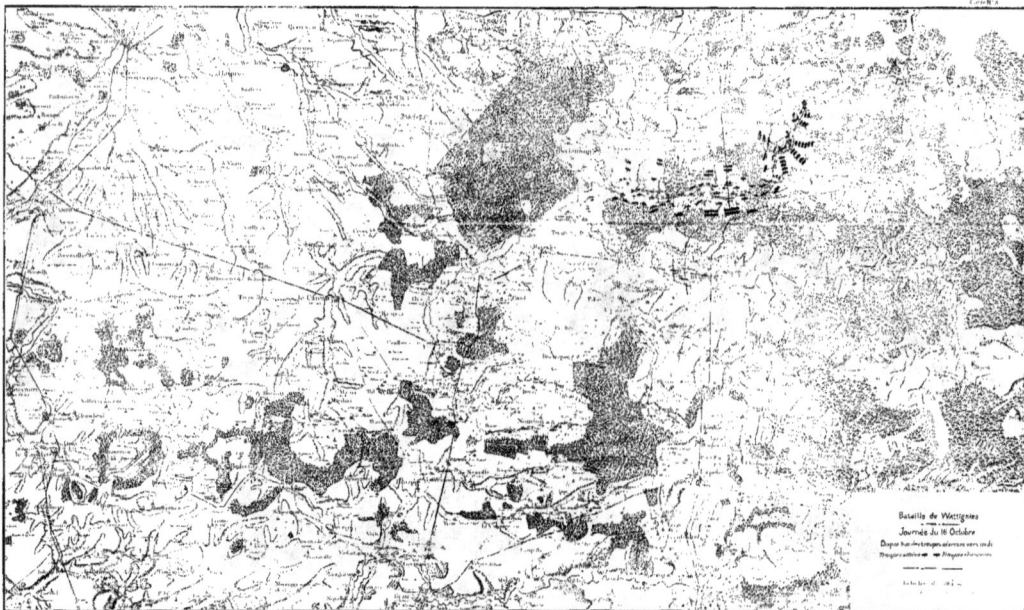

Bataille de Wattignies
Journée du 16 Octobre
Depuis huit heures du matin vers midi
Troupes coalisées ... Troupes françaises

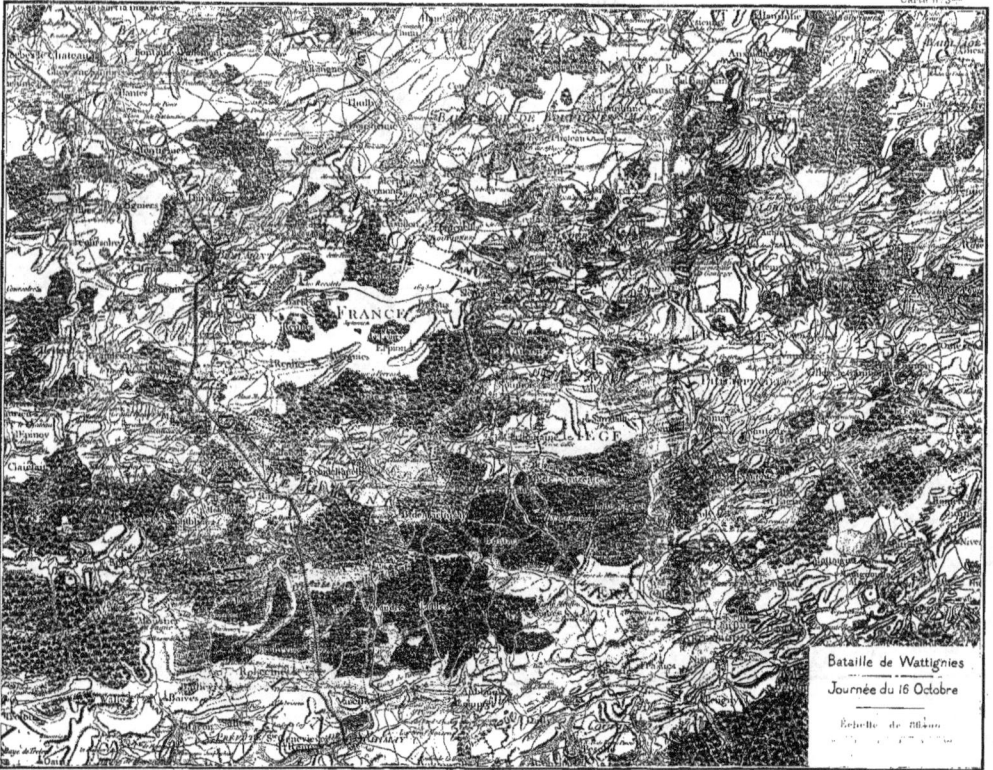

Bataille de Wattignies

Journée du 16 Octobre

Échelle de 50.000

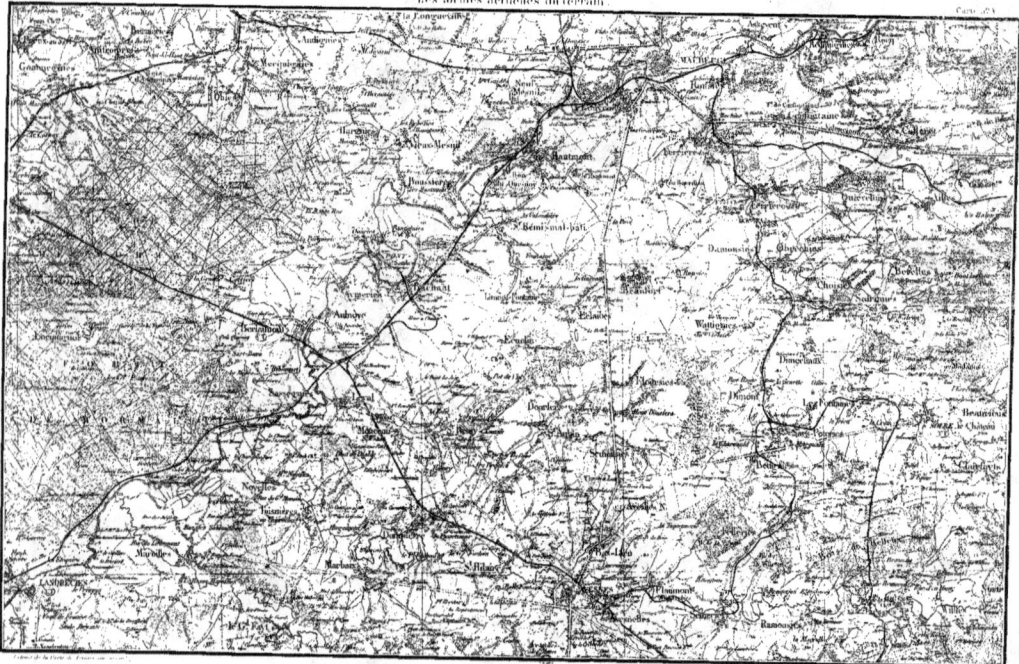

LE CHAMP DE BATAILLE DE WATTIGNIES

Les formes actuelles du terrain.

OUVRAGES PUBLIÉS

sous la Direction de la Section historique de l'État-Major de l'Armée

Les volontaires nationaux (1791-1793). — Étude sur la formation et l'organisation des bataillons, d'après les archives communales et départementales, par Eugène **Déprez**, archiviste départemental du Pas-de-Calais, ancien membre de l'École française de Rome, Docteur ès lettres. 1908, 1 vol. gr. in-8 ...... 10 fr.

La campagne de 1793 à l'armée du Nord et des Ardennes : *De Valenciennes à Hondschoote;* par le capitaine V. **Dupuis**, de la Section historique. (*Ouvrage couronné par l'Académie française*, prix GOBERT.) 1 vol. gr. in-8 avec cartes .... 12 fr.

La campagne de 1794 à l'armée du Nord; par le lieutenant-colonel **Coutanceau**, chef de la Section historique de l'état-major de l'armée.

    Iʳᵉ PARTIE : *Organisation :*

    TOME Iᵉʳ : *L'action militaire du Gouvernement.* — *Le Commandement.* — *L'État-Major.* — *L'Infanterie.* 1903, 1 vol. gr. in-8 .... 10 fr.
    TOME II : *Cavalerie.* — *Artillerie.* — *Aérostation.* — *Génie.* 1905, 1 vol. gr. in-8 .... 10 fr.

    IIᵉ PARTIE : *Opérations :*

    TOME Iᵉʳ : *Le plan de campagne.* — *Le Cateau.* — *Landrecies.* 1907, 2 vol. gr. in-8 avec 6 cartes .... 18 fr.
    TOME II : *Mouscron.* — *Menin.* — *Courtrai.* — *Tourcoing.* — *Pont-à-Chin.* 1908. 1 vol. gr. in-8 avec 7 cartes .... 20 fr.

Études sur les armées du Directoire. — Iʳᵉ partie : Joubert à l'armée d'Italie; Championnet à l'armée du Rhin (octobre 1798-janvier 1799); par Patrice **Mahon**, capitaine d'artillerie à l'état-major de l'armée. (*Ouvrage couronné par l'Académie française.*) 1 vol. gr. in-8 avec cartes en couleurs .... 10 fr.

La campagne de 1800 en Allemagne; par le commandant Ernest **Picard**, chef d'escadron d'artillerie breveté, détaché à la Section historique de l'état-major de l'armée. (*Ouvrage couronné par l'Académie française.*)
    TOME Iᵉʳ. *Le passage du Rhin.* 1 vol. gr. in-8 .... 12 fr.

Campagne de 1800 à l'armée des Grisons; par le lieutenant Henri **Leplus**, détaché à la Section historique. 1 vol. gr. in-8 avec 5 cartes .... 10 fr.

La campagne de 1805 en Allemagne; par P.-C. **Alombert**, contrôleur de l'Administration de l'Armée, et J. **Colin**, capitaine d'artillerie à la Section historique de l'état-major de l'armée.
    TOME Iᵉʳ. 1 vol. gr. in-8 avec *Annexes* contenant 5 cartes et 7 tableaux. 20 fr.
    TOME II. 1 vol. gr. in-8 avec cartes et croquis. .... 18 fr.
    TOME III. 1 vol. gr. in-8 avec cartes et croquis. .... 25 fr.
    TOME IV. Vᵉ partie : *Saint-Pœlten et Krems.* 1 vol. gr. in-8 avec 15 cartes et croquis. .... 22 fr.

1793-1805. — **Projets et tentatives de débarquement aux îles Britanniques;** par Edouard **Desbrière**, capitaine breveté à la Section historique de l'état-major de l'armée.
    TOME Iᵉʳ. 1 vol. gr. in-8 avec croquis .... 10 fr.
    TOME II. 1 vol. gr. in-8 avec cartes et croquis .... 10 fr.
    TOME III. 1 vol. gr. in-8 avec cartes et croquis. .... 15 fr.
    TOME IV et DERNIER. 2 vol. gr. in-8 avec 10 croquis et cartes........ 20 fr.

La campagne maritime de 1805. — **Trafalgar;** par le lieutenant-colonel **Desbrière.** 1 vol. gr. in-8 avec planches.............................. 24 fr.

Paris. — Imprimerie R. CHAPELOT et Cᵉ, rue Christine, 2.

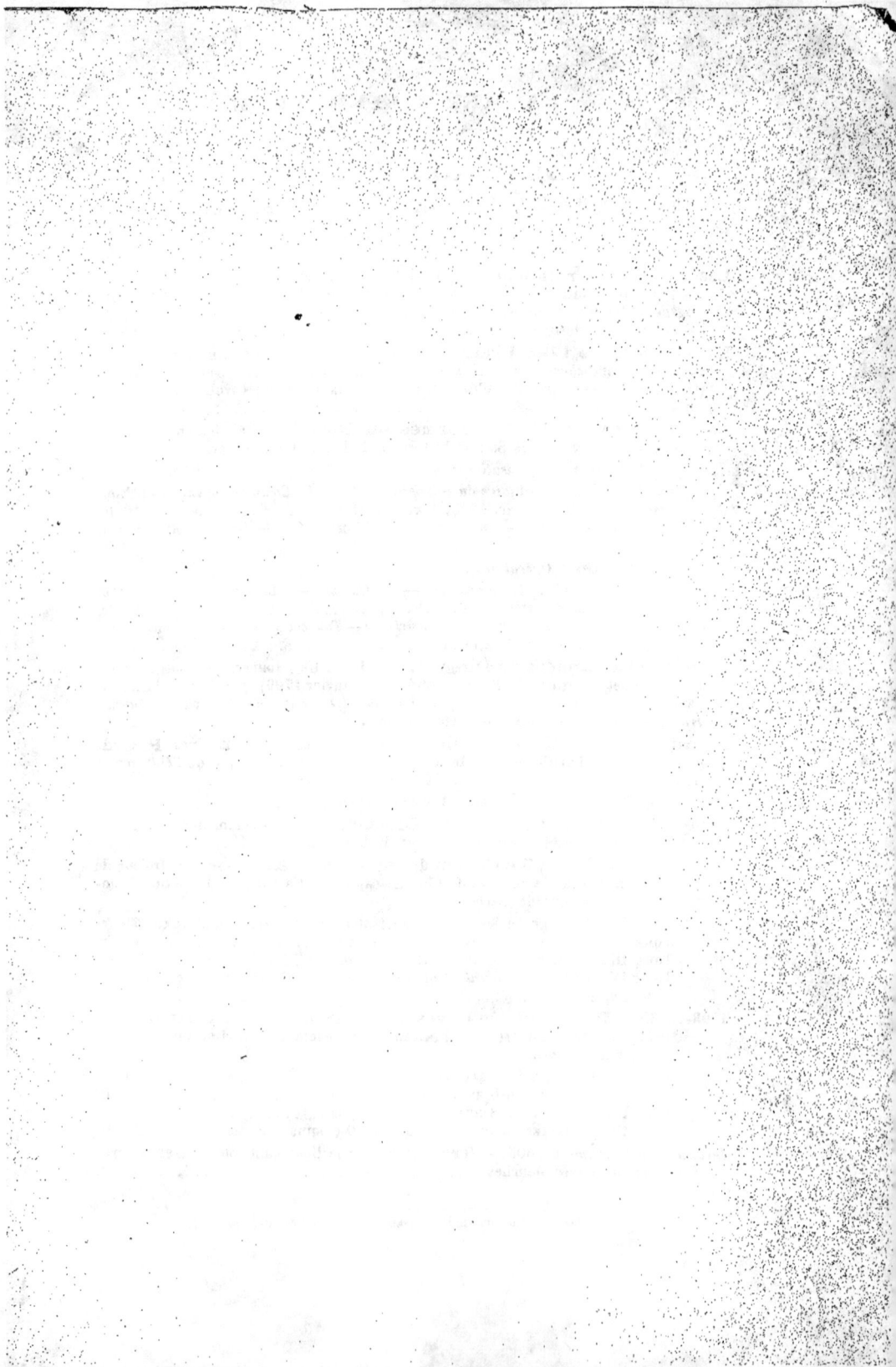

www.ingramcontent.com/pod-product-compliance
Lightning Source LLC
Chambersburg PA
CBHW050503270326
41927CB00009B/1872